Ullstein Sachbuch

ÜBER DAS BUCH:

Eine neue Erkenntnis zum ewig aktuellen Thema: Wenn Männer nicht lieben können.
Carter/Sokol erklären, warum das Problem der Bindungsangst der Männer immer häufiger wird. In Hunderten von Interviews befragten sie Männer, die Angst vor der Bindung haben, und die Frauen, die sich in diese Männer verlieben. Zum erstenmal erzählen hier beide Partner ihre Version der Beziehungsgeschichte. Deutlich wird, daß es sich bei diesem Verhalten um eine regelrechte Phobie mit den klassischen Angstsymptomen körperlicher wie seelischer Art handelt. Daraus läßt sich manches lernen, vor allem für die Frauen. Der zweite Teil des Buches besteht folgerichtig aus einer systematischen Aufschlüsselung, wie frau sein Verhalten erkennt und wie sie richtig darauf reagiert.
Eine wertvolle Lebens- und Liebeshilfe für Männer, die an der Angst vor der Bindung leiden, und vor allem für Frauen, die solche Männer – dennoch! – lieben wollen.

FÜR CARLA

Steven Carter
Julia Sokol

Warum der Mann nicht lieben kann

**Bindungsphobien der Männer . . .
und was Frauen dagegen unternehmen können**

Ullstein Sachbuch

Ullstein Sachbuch
Ullstein Buch Nr. 34753
im Verlag Ullstein GmbH,
Frankfurt/M – Berlin
Titel der amerikanischen
Originalausgabe:
Men who can't love
Aus dem Amerikanischen
übertragen von Teresa Müller-Roguski
und Diethard H. Klein
Titel der deutschen Erstausgabe:
Die Angst vor der ewigen Liebe

Ungekürzte Ausgabe

Umschlagentwurf:
Elżbieta Woźniewska-Krüger

First published by M. Evans and
Comp. Inc. N.Y.

Printed in Germany 1991
Druck und Verarbeitung:
Ebner Ulm
ISBN 3 548 34753 3

April 1991

CIP-Titelaufnahme
der Deutschen Bibliothek

Carter, Steven:
Warum der Mann nicht lieben kann: Bindungsphobien der
Männer ... und was Frauen dagegen unternehmen können /
Steven Carter; Julia Sokol. [Aus dem Amerikan. übertr. von
Teresa Müller-Roguski und Diethard H. Klein]. – Ungekürzte
Ausg. – Frankfurt/M; Berlin: Ullstein, 1991
(Ullstein-Buch; Nr. 34753: Ullstein-Sachbuch)
Einheitssacht.: Men who can't love <dt.>
ISBN 3-548-34753-3
NE: Sokol, Julia:; GT

INHALT

DANK

Bei einem Projekt wie diesem schuldet man stets vielen Menschen Dank. Zuerst und am meisten all den Männern und Frauen, die bereitwillig und offenherzig ihre Gedanken, Gefühle und Erfahrungen mitteilten, damit andere davon profitieren können, meinen aufrichtigen und tiefempfundenen Dank. Ein besonderes Dankeschön auch an Ronald Fields, Ken Starr, Mary Jane Nolan Kelly, Harold Levinson, Meredith Macrae, Stacey Cahn, Alfred und Sydelle Carter, Peter Coopersmith und Paddington Coopersmith für ihre Hilfe und ihren Rat. Vielen Dank auch den Mitarbeitern des Verlages M. Evans, wobei mein ganz besonderer Dank George de Kay gilt, der diesem Projekt von Anfang bis Ende seine volle Unterstützung zukommen ließ. Meinen größten Dank schließlich an Julia Sokol für ihren nicht hoch genug einzuschätzenden, entscheidenden Beitrag zu diesem Buch.

EINLEITUNG

Schon viele Frauen haben das einmal durchgemacht – sie liebten einen Mann, der ihre Liebe nicht erwidern konnte; einen Mann, dessen Angst vor einer Bindung dazu führte, daß er sie schlecht behandelte oder davonlief. Obwohl über dieses Thema schon so viel geschrieben wurde, haben viele Frauen das Problem immer noch nicht erkannt, oder sie wissen einfach nicht, was man dagegen tun kann. Noch schlimmer aber ist, daß viele Frauen glauben, nur ihnen könne etwas Derartiges passieren.

Ich habe dieses Buch geschrieben, um den Frauen klarzumachen, daß solche Erfahrungen keineswegs vereinzelt dastehen. Vereinfacht gesagt: Ein Mann tut so etwas nicht gerade *Ihnen* an, sondern *jeder* Frau, mit der er eine Beziehung eingeht, würde das gleiche geschehen. Dieses Buch will Frauen auch begreiflich machen, *warum* dies eigentlich geschieht. Es will ihnen verdeutlichen, wie sich eine solche Bindung für manche Männer darstellt, was daran sie so in Furcht versetzt, und zu welchen bizarren, verwirrenden und widersprüchlichen Verhaltensweisen diese Furcht oft führt. Aber am wichtigsten ist, daß dieses Buch Frauen in die Lage versetzen wird, etwas gegen ein solches Schicksal zu tun.

Allzuleicht gibt eine Frau sich selbst die Schuld daran, daß sie diesen Typ Mann anzieht. So übernimmt sie die volle Verantwortung für die damit auftauchenden Probleme. Dies ist ein entscheidender Fehler. Der Grund dafür, daß so viele Frauen mit solchen Männern eine Beziehung eingehen, liegt weder in irgendwelchen unterschwelligen Selbstbestrafungswünschen noch in irgendeiner besonderen Schwäche der Frau. Das liegt vielmehr einfach daran, daß so viele der Männer, denen sie begegnen, an einer solchen Beziehungsangst leiden. Während es vielen dieser Männer schließlich gelingt, ihre Ängste zu bewältigen, werden manche *niemals* in der Lage sein, eine Bindung einzugehen, unter welchen Voraussetzungen auch immer. Es ist ganz entscheidend, daß die Frauen dies verstehen und einsehen und daß sie lernen, im voraus Anzeichen für einen schlimmen Ausgang zu erkennen und ihn so vermeiden.

Ich glaube, die meiste Verwirrung und die meisten Mißverständnisse bei den Frauen sind das Ergebnis einer einseitigen Betrachtungsweise des Beziehungsproblems. Damit meine ich folgendes: Allzuoft wird die Bindungsangst des Mannes nur aus weiblicher Sicht betrachtet und zu erklären versucht. Ratschläge werden dann ebenfalls aus dieser Perspektive erteilt. Aber dieses Problem hat seine Ausgangspunkte in den Köpfen der *Männer*, nicht in denen der Frauen. Es kann nur gelöst werden, wenn man sich in das Denken eines Mannes hineinversetzt und es aufzuschlüsseln versucht.

Aber verstehen Sie mich nicht falsch. Auch wenn es den Anschein hat, daß ich den größten Teil des Buches dem *Mann* und *seinem* Problem widme, heißt das nicht, daß *Sie* darüber *Ihre* Bedürfnisse aus den Augen verlieren sollen. Dies geschieht leider allzuoft und ist ein schlimmer Fehler. Es heißt auch nicht, daß Ihnen ein solcher Mann leid tun, daß Sie ihn bedauern oder sich Sorgen um ihn machen sollten – das empfehle ich auf keinen Fall. Und es heißt ebensowenig, daß Sie versuchen sollten, ihn zu ändern oder sein Therapeut sein zu wollen – nur ein Fachmann kann einem solchen Mann helfen.

Ich gebe Ihnen diese Informationen, um *Ihnen* zu helfen, Ihnen zu helfen, sich selbst zu helfen. Denn um etwas gegen die Bindungsproblematik tun zu können, müssen *Sie* ganz genau verstehen, was im Kopf eines solchen Mannes vorgeht. Ohne diese Einsicht werden Sie ihm vielleicht für immer ausgeliefert sein, aber mit ihr werden Sie in der Lage sein zu erkennen, was da vorgeht und damit Ihr Leben und Ihre Beziehung richtig zu steuern. Das, und nur das, wird Ihnen zu jener Art von Liebe verhelfen, die Sie brauchen und verdienen.

1. TEIL

SEIN PROBLEM

1. KAPITEL

Das Bindungsproblem

Das Problem ist folgendes: Viele Männer haben eine übertriebene Furcht davor, sich zu binden. Für eine Frau von heute ist die Wahrscheinlichkeit, daß sie mindestens mit einem Mann, der vor der Liebe davonläuft, möglicherweise aber sogar mit mehreren, eine Beziehung eingeht, sehr groß. Das kann ein Mann sein, der nicht mehr anruft, obwohl das erste Treffen sehr befriedigend verlaufen ist; das kann der feurige Verehrer sein, der hinreißend um Sie wirbt, um Sie dann jedoch nach der ersten Liebesnacht zu verlassen; das kann der zuverlässige Freund und Liebhaber sein, der Ihrer Beziehung gerade dann den Todesstoß versetzt, wenn Sie auf eine Heirat lossteuern; oder es kann der Mann sein, der bis nach der Hochzeit wartet, um auf die »ungeheuerliche Bedrohlichkeit« seiner Bindung zu Ihnen zu reagieren, indem er Ihre gefühlsmäßigen Bedürfnisse mißachtet und Ihnen untreu wird oder Ihre Zuneigung mißbraucht. Wann immer das jedoch geschieht: Es besteht eine große Wahrscheinlichkeit dafür, daß es sich dabei um einen Mann mit einer verschreckten Reaktion auf die Vorstellung von einer Bindung handelt. Für *ihn* bedeutet irgend etwas an *Ihnen* Frau, Mutter, Zusammengehörigkeit: *immer* – und das erschreckt ihn. Darum verläßt er Sie, und Sie verstehen das nicht. Sie betrachten sich selbst natürlich nicht als dermaßen furchteinflößend. Tatsächlich erwarteten Sie vielleicht gar nicht so viel, gerade von diesem Mann. Falls das ein Trost für Sie sein könnte: Er versteht seine Reaktionen wahrscheinlich auch nicht besser als Sie. Alles, was er weiß, ist, daß diese Beziehung »zu eng ist, um angenehm zu sein«. Etwas daran macht ihm angst und für ihn sind das ganz einfach Sie selbst.

Wenn diese Furcht groß genug ist, wird dieser Mann letztlich vor jeder dauerhaften, guten Beziehung weglaufen, sie sabotieren oder zerstören. Er will Liebe, aber jegliche Bindung ängstigt ihn – erschreckt ihn wirklich zu Tode –, und er wird daher vor jeder Frau weglaufen, die für ihn den Satz verkörpert »Und sie lebten glücklich bis an ihr Ende«. Mit anderen Worten: Wenn seine Furcht zu groß ist, wird der Bindungsscheue nicht in der Lage sein zu lieben, auch wenn er es noch so sehr möchte.

Am Anfang jedoch scheint das keineswegs so zu sein. Am Beginn der Beziehung sehen Sie einen Mann vor sich, der Liebe zu brauchen und zu wollen scheint. Seine heftige Werbung und sein rührendes Zugeständnis scheinen Gefühlen unterworfen zu sein, überzeugen Sie davon, daß es »unproblematisch« für Sie ist, positiv darauf zu reagieren. Aber sobald Sie dies tun, und sobald Sie willens sind, der Liebe eine Chance zu geben, sobald es also Zeit ist, daß die Beziehung sich weiterentwickelt, ändert sich etwas. Plötzlich läuft der Mann davon, entweder in übertragenem Sinn, indem er sich zurückzieht und Streit provoziert, oder ganz direkt, indem er verschwindet und sich nie mehr meldet. Wie auch immer: Sie bleiben mit enttäuschten Träumen und zerstörtem Selbstwertgefühl zurück. Was ist eigentlich passiert, was lief falsch, und warum ist dieser Ablauf so vielen Frauen vertraut?

»Eines Tages sagte er, wir wären ein perfektes Paar – am nächsten Tag waren wir keines mehr. Was ist denn nun wirklich geschehen?«

Jamie erinnert sich lebhaft daran, wie sie sich an dem Tag fühlte, als sie Michael begegnete:

»Ich war schon über achtundzwanzig, und obwohl es keinen Mann in meinem Leben gab, war ich sonst ziemlich zufrieden. Ich hatte gerade die erste Woche in einem neuen Job hinter mir – Verwaltungsassistentin bei einer bedeutenden Ballett-Truppe –, und diese Tätigkeit gefiel mir, weil ich den Tanz liebte. Ich hatte eine kleine Sozialwohnung mit einem Erkerfenster und gerade genug Geld in der Tasche, um mir ein Mozart-Konzert zu gönnen. Nach dem Konzert hatte mich meine ehemalige Zimmergenossin zu einer Party eingeladen. Ich wäre fast nicht hingegangen. Auf jeden Fall habe ich dort Michael getroffen. Ich trug einen langen rosa-weiß gemusterten Rock mit einer darüberhängenden Bluse, und er kam auf mich zu und sagte: ›Sie sehen aus wie 'ne Eistüte!‹«

Jamie sagt, daß etwas an der Direktheit von Michaels Annäherungsversuch sie abschreckte und veranlaßte, ihm für den Rest des Abends aus dem Weg zu gehen; aber als sie nach Hause kam, fand sie dort eine Nachricht von ihm auf dem Anrufbeantworter: Ob sie wohl am nächsten Tag Zeit für ein ausgedehntes spätes Frühstück mit ihm hätte. Sie beschloß, nicht darauf einzugehen. Es lag nicht daran, daß Michael nicht attraktiv gewesen wäre – er war es durchaus. Aber er war nicht ihr Typ. Er war ein bißchen zu sehr ein »Yuppie« für sie – zu glatt, zu selbstzufrieden, ja, um die Wahrheit zu sagen, zu arrogant.

Als sie am nächsten Tag unterwegs war, um ihre Wäsche wegzubringen, rief er erneut an und hinterließ eine Nachricht. Bevor sie Zeit hatte, darüber nachzudenken, klingelte das Telefon, und er war wieder dran. »Na«, sagte er, »wie wäre es denn heute mit einem schönen Abendessen?« Als sie sagte, sie sei beschäftigt, schlug er einen Brunch am Sonntag vor. Sie antwortete, sie könne auch da nicht. Dann fing sie (weil sie befürchtete, unhöflich gewirkt zu haben) an, Konversation zu machen. Sie unterhielten sich schließlich eine volle Viertelstunde lang miteinander. Sie erinnert sich nicht mehr daran, worüber sie sprachen, nur daran, daß es lustig war und daß sie dabei erfuhr, daß er ein hochbezahlter Werbetexter war. »Ich dachte während der Woche viel darüber nach und fragte mich, ob es falsch gewesen war, nicht mit ihm auszugehen. Es war nicht so, daß ich von gutaussehenden Männern umlagert gewesen wäre, die sich danach drängten, mich zum Abendessen einzuladen – ich war vielmehr mindestens sechs Monate nicht mehr verabredet gewesen. Ich kam zu dem Schluß, daß ich wie stets zu kritisch, zu wählerisch war. An diesem Freitag ging ich mit einer Freundin ins Kino, die die ganze Zeit darüber jammerte, daß sie mit ihrem Freund irgendwo Urlaub machen solle, wo es ihr gar nicht gefiele. Am Samstag blieb ich zu Hause, hockte vor dem Fernseher und tat mir selber leid.«

Ich habe festgestellt, daß sich viele Frauen Sorgen darüber machen, ihre letzte Chance für die Liebe zu verpassen. Jamie ging es nicht anders, und als Michael am folgenden Mittwoch wieder anrief, sagte sie nicht nein. Sie trafen sich zum Abendessen. Er überraschte sie, indem er sowohl sehr offen über sein

Leben erzählte als auch daran interessiert war, etwas über ihres zu erfahren. Er wirkte einfühlsam, und das gefiel ihr sehr gut. Er habe sich, erzählte Michael, in letzter Zeit regelmäßig mit einer Frau getroffen, die aber mehr an ihrer Karriere und an geschäftlicher Zusammenarbeit interessiert gewesen sei als an ihm. Wenn er einmal seßhaft würde, sagte Michael, wolle er eine Frau wie Jamie, die ihre Prioritäten richtig gesetzt hätte. Es freute sie, daß er ihren Lebensstil bewunderte, aber sie fragte sich auch, woher er diesen eigentlich kenne. Er sagte weiter, er hätte erkannt, daß es Zeit für ihn wäre, daran zu denken, sich einen Hund, einen Kombi und eine Frau zuzulegen – »nicht unbedingt in dieser Reihenfolge«. Und er wisse auch, was ihn veranlassen könnte, mehr Zeit mit kreativem Schreiben zu verbringen und weniger mit Werbung. Er sagte Jamie, er finde es reizend, daß sie komponiere. »Wenn es mit uns klappt, landen wir vielleicht am Ende in einem großen viktorianischen Haus in einem Vorort. Ich kann in der Bibliothek den großen amerikanischen Roman schreiben, und du spielst im Wohnzimmer auf unserem Flügel.« Jamie wagte nicht, ihm zu sagen, daß ihre Vorliebe dem Hardrock gelte, aber sie war entzückt von seiner Vorstellung.

»Als Michael ›Gute Nacht‹ sagte, fragte er mich, ob ich gern mal ans Meer führe. Nun, ich mag den Strand, und so verabredeten wir uns für Sonntag. Michael war so aufmerksam an diesem Tag. Er rieb meine Schultern mit Sonnenmilch ein, schwamm mit mir hinaus hinter die Brandung und versicherte sich, daß ich mit all den Wellen zurechtkam... Ich stamme aus dem Mittleren Westen und bin nicht ans Meer gewöhnt. Danach gingen wir in ein kleines, abgelegenes Restaurant, in dem nur Einheimische verkehrten. Michael sagte, es gebe dort eine tolle Muschelsauce, und das stimmte. Die Tische standen in der Nähe des Wassers, und es gefiel mir sehr. Michael war so wahnsinnig aufmerksam, daß es mich befangen machte. Er strich sogar das Brot für mich. Er spielte mit meinem Haar, küßte meinen Nacken, wenn niemand hersah, und schaffte es, daß ich mich völlig unwiderstehlich fühlte.«

Als sie in ihr Appartement zurückkehrten, sagte er natürlich, daß er gerne über Nacht bleiben würde. Aber Jamie widerstand, auch als Michael vorbrachte, sie hätten doch an diesem einen Tag so viel Zeit miteinander verbracht und so viel miteinander gesprochen, daß es wäre, als würden sie schon länger als einen Monat miteinander ausgehen. Aber Jamie glaubte immer noch nicht ganz, daß er wirklich so sehr an ihr interessiert war, wie er sagte. Sie war noch nicht davon überzeugt, daß sie wirklich sein Typ war.

Er mußte gleich anfangs der Woche verreisen, aber er rief sie jeden Abend vom Hotel aus an und redete stundenlang. Jamie glaubt, daß sie von da an seiner Werbung zu vertrauen begann. Er verabredete sich mit ihr für Freitagabend. Als das Essen beendet war, stand fest, daß er mit zu ihr nach Hause gehen würde, und dort blieben sie bis Sonntagmorgen.

»Ich hatte keinen Zweifel. Ich fing an, mich ernsthaft für Michael zu interessieren, weil er sich ernsthaft für mich zu interessieren schien. Ich war überwältigt von dem Ausmaß an emotioneller Wärme, das er mir gab und erwartete. Und das gefiel mir – ich fühlte mich dadurch sicher und geschützt. Ich glaube, als es aus war, war es das, was ich am meisten vermißte. Ich war nicht so hingerissen vom Sex, wie es bei Michael der Fall zu sein schien – er war viel ausdauernder in seiner Leidenschaft als ich –, aber ich ließ ihn das bestimmt nicht merken. Warum hätte ich das tun sollen? Er sagte: ›Du bist perfekt. Ich kann es nicht fassen, wie perfekt wir zusammenpassen.‹ Außerdem verliebte ich mich, und ich nahm an, wenn erst einmal mein Körper und meine Gefühle in Übereinstimmung seien, sei alles gut. Er muß mir alles aus seinem Leben erzählt haben, angefangen bei seinen Beziehungen zu seinen besten Freunden bis zu den Problemen mit seinem Vater und seiner Unzufriedenheit bei der Arbeit. Mir war das damals noch nicht klar, aber ich fing an, ein Experte für Michaels Leben zu werden. Ich glaube, als unsere Beziehung vorbei war, wußte ich mehr über sein Leben als er und erinnerte mich an mehr. Als er mich an diesem Sonntagabend verließ, glaubte ich, dies sei der Beginn von etwas Ernstem.

Er rief mich nicht mehr jeden Abend an, wie er es in der vergangenen Woche getan hatte. Statt dessen rief er mich jeden Tag während der Arbeitszeit an. Eine feine Veränderung, der ich nicht viel Aufmerksamkeit schenkte. Wieder sagte er, er könne mich während der Woche nicht sehen, habe schon vorher anderes vereinbart und tausend Dinge zu erledigen, aber wieder kam er am Freitag, und wieder krochen wir ins Bett, aßen chinesisches Essen aus Warmhaltepackungen, und er redete wie verrückt. Samstagabend sahen wir einen Film im Fernsehen, und etwa in der Mitte davon stand ich auf, um ihm eine Cola zu holen. Als ich sie ihm gab, sah er mich sehr eindringlich an und sagte: ›Ich bin im Begriff, mich in dich zu verlieben.‹ Als wir ins Bett gingen, war er noch mutiger. Er sagte: ›Ich liebe dich.‹ Er schien mich so gern zu haben, daß das alle Bedenken überwog, die ich gehabt haben mag. Ich erinnere mich, daß ich dachte, ich sei vielleicht endlich reif genug, einen Mann zu schätzen, der mich aufrichtig gern hatte. In diesem Augenblick war ich sehr glücklich, geliebt zu werden, und ich war bereit, ihn zu lieben, zu tun, was in meiner Macht stand, um ihn glücklich zu machen und mit dem Leben zurechtzukommen. Ich fragte mich, ob er mit meinen Freunden auskommen würde und ob ich mit seinen Eltern zurechtkäme. Ich vermute, ich war naiv, aber zur Liebe gehört für mich, daß man an Heirat denkt. Zur Liebe gehört für mich die Ehe. Liebe gleich Ehe. Es kam mir nicht in den Sinn, daß dies nicht eins sein könnte. Ich dachte an die Zukunft; es wurde mir auch nicht bewußt, daß unsere Beziehung sich schon auf dem absteigenden Ast befand.

Dann, am Sonntagmorgen, stand Michael auf und sagte, daß er gehen müsse, da die Leute, mit denen er sich die Wohnung teilte, zum Brunch eingeladen hätten und er dabei sein müsse. Ich fragte mich zwar, warum er mich nicht bat, ihn zu begleiten, aber ich wollte nicht übertrieben reagieren. Ich wollte auch nicht fordernd oder nörgelnd erscheinen – ich wünschte mir eine Beziehung, die auf gegenseitigem Vertrauen und Respekt aufgebaut war. Aber Sie verstehen natürlich, daß ich mich ärgerte. Es klingt unwahrscheinlich, aber wir gingen fünf Monate lang miteinander, ohne daß ich jene Leute, mit denen er zusammenwohnte, jemals zu Gesicht bekam.«

An diesem Wochenende legte Michael das Muster fest, nach dem die nächsten paar Monate verlaufen sollten. Er würde Jamie jeden Tag bei der Arbeit anrufen und sich für das Wochenende verabreden. Er würde Freitagabend kommen, und sie würden den größten Teil des Wochenendes damit verbringen, etwas gemeinsam zu unternehmen und sich zu lieben. Manchmal würden sie ins Kino oder zum Abendessen gehen, aber wie sich Jamie erinnert, verbrachten sie die meiste Zeit in der Wohnung.

»Michael fuhr fort, mir zu erzählen, wie erschöpft er von der Arbeit sei, daß ich seine Zuflucht sei – der einzige Mensch oder das einzige Etwas, was er um sich haben wollte. Lassen Sie mich erwähnen, daß unsere sexuelle Beziehung mittlerweile wunderbar war – großartig eingespielter Sex. Ich baute auf den Sex, die Vertrautheit, die Freundschaft. Michael erzählte mir alles über sich. Er sagte, ich mache ihn glücklich. Es stimmte alles bei mir. Es klappte wunderbar mit uns, wir waren einander nahe und fanden es großartig.«

Während dieser Zeit lernte Jamie nur einen von Michaels Freunden kennen, einmal auf einen schnellen Drink, und sie glaubt, daß das eine »Panne« war. An einem Freitag war dann seine Mutter, die in Connecticut lebte, über Nacht in New York, und Michael aß mit ihr zu Abend. Jamie meinte, man hätte sie ja auch einladen sollen, aber Michael sagte, daß seine Eltern wirklich schwierig seien, wenn es darum ginge, eine neue Frau zu akzeptieren, und er müsse sie erst vorbereiten. Dann nahten der Thanksgiving Day* und die sich anschließenden freien Tage. Obwohl Michael ihr versicherte, daß sie ein festes Paar seien, wußte Jamie, daß das, was über diese Feiertage passieren würde, klarmachen würde, was für ein Paar sie denn nun wirklich waren.

»Er fuhr zu seinen Eltern und lud mich nicht ein. Ich war am Boden zerstört. Er hatte offenbar ein schlechtes Gewissen, denn am Mittwoch vorher kam er mit einer Flasche Wein und Blumen vorbei. Er sagte, es setze ihm furchtbar zu, daß er mich alleine lassen müsse. ›Dann geh nicht fort‹, sagte ich. ›Wenn du wirklich glaubst, daß deine Eltern mich nicht akzeptieren, warum kannst du dann nicht einfach bei mir bleiben? Du bist erwachsen, bleib bei mir. Setz mich an die erste Stelle.‹ Er sagte, das könne er nicht.

Was es noch widerwärtiger machte: Er hatte seinen Lebenslauf neu verfaßt, und ich hatte mich bereit erklärt, ihn auf dem Computer in meinem Büro zu tippen, was ich am Freitag nach Thanksgiving tun mußte. Er wollte am Montag zurück sein. Ich erwartete, daß er sofort anrufen würde. Das tat er aber nicht. Er rief erst am Mittwoch an und fragte mich, ob ich mit ihm einen Kaffee trinken würde. Das fiel mir auf, weil er mich nie zuvor mitten in der Woche getroffen hatte, wenn er am nächsten Tag arbeiten mußte. Ich dachte, das würde zeigen, daß er über unsere Beziehung nachgedacht und sich darauf eingestellt hatte, ihr mehr Zeit zu widmen. Er kam in mein Appartement, nahm seinen Lebenslauf, und wir landeten im Bett. Dann sagte er, zum Übernachten müsse er nach Hause, weil er ja nichts dabei habe und sich umziehen müsse. An der Tür sagte er: ›Ich

* Der Thanksgiving Day (Erntedankfest) ist einer der höchsten Feiertage in den USA. (Anm. d.Ü.)

liebe dich.‹ Er sagte nichts über das Wochenende, und ich auch nicht – für mich war alles klar diesbezüglich. Aber ich begann, mir Gedanken zu machen. Ich wollte mich mit Michael aussprechen, wenn ich ihn das nächste Mal treffen würde, und wenn wir mehr Zeit hatten, darüber zu reden. Der Freitag ging allmählich vorbei, doch er rief nicht an, um Vorschläge zu machen. Ich rief meine Freundinnen an und fragte sie, was ich tun sollte. Übereinstimmend waren sie der Meinung, ich solle nichts unternehmen, weil es nicht aussehen sollte, als würde ich ihm nachlaufen. Außerdem hätte er ja gerade in einer Sitzung oder etwas Ähnlichem sein können. Aber der Tag verstrich, und Michael rief nicht an.

Ich werde nie vergessen, wie ich mich an diesem Freitag nach Arbeitsschluß fühlte. Ich glaube, ich wußte eigentlich schon, daß diese Beziehung vorbei war, aber ich konnte es einfach nicht akzeptieren. Warum waren wir denn dann am Mittwoch im Bett gelandet, wenn es vorbei war? Ich machte mir auch – ich weiß, es klingt dumm, aber es war eben so – Sorgen, daß ihm irgend etwas passiert sein könnte. Um zehn Uhr abends konnte ich es nicht mehr aushalten und rief bei ihm an. Natürlich meldete sich nur sein Anrufbeantworter. Ich hängte ein; dann war es mir unangenehm, daß er sich denken könne, daß ich angerufen und dann einfach wieder aufgelegt hätte, und daher rief ich nochmals an und hinterließ eine Nachricht. Als er am Samstag zurückrief, sagte er, er wisse schon, daß er mich eigentlich hätte anrufen müssen, aber er sei einfach zu beschäftigt gewesen, und nun müsse er nach Connecticut zurück, da seine Eltern ihn zu einer Familienfeier eingeladen hätten, bei der er nicht fehlen könne. Ich war so eingeschüchtert, daß ich ihm nicht vorzuschlagen wagte, mich mitzunehmen. Michael versprach, mich nach seiner Rückkehr anzurufen, und kam am Sonntag dann auch tatsächlich vorbei. Wie immer und als ob nichts wäre, herrschte eine warme und wundervolle Stimmung zwischen uns. Er schlief vor dem Fernseher ein, und ich hing sein Jackett auf. Dabei fiel mir eine Theaterkarte auf, die aus der oberen Tasche herausragte. Sie war für ein New Yorker Theater und vom Abend vorher. So fand ich heraus, daß er nicht in Connecticut gewesen war und daß er mich angelogen hatte.«

Von diesem Zeitpunkt an etablierte Michael ein neues Beziehungsschema nach dem Motto: »Alles ist möglich.« An manchen Tagen rief er an, an anderen nicht. Er fuhr fort, sich mit

Jamie zu verabreden, aber nicht regelmäßig oder nach einem bestimmten Plan.

»Er sagte mir, er hätte sehr viel Arbeit und sei wirklich gestreßt durch die Anforderungen, die seine Arbeit an ihn stelle. In der ersten Woche nach dem Erntedankfest besuchte er mich am Freitag und ging am Samstag nach Hause. In der Woche darauf kam er samstags und ging gleich nach dem Abendessen nach Hause, mit einer völlig an den Haaren herbeigezogenen Entschuldigung. Dabei versicherte er mir ständig, daß er mich liebe, und bat mich, noch ein bißchen Geduld mit ihm zu haben. Wann immer er zu mir kam, ertappte ich mich selbst dabei, daß ich unendlich viel Zeit dafür aufwandte, ihn mit etwas Besonderem zu verwöhnen und mich für ihn schönzumachen. Ich wußte nicht, was zu tun war, um wieder das frühere Verhältnis zwischen uns herzustellen. Es hätte sich wohl noch länger hingezogen, aber schnell rückte Weihnachten näher. Ich hatte weder die Zeit noch das Geld, um nach Hause zu fahren, und ich wollte nicht allein sein; also stellte ich wohl Forderungen, die er nicht verkraften konnte. Ich wollte von ihm hören, daß wir die Feiertage zusammen verbringen würden; er aber konnte sich nicht festlegen. Er sagte mir, es sei ihm bewußt, daß er unfair sei, aber er wisse einfach nicht, was er wolle. Er fühlte sich sehr unsicher und schob die Schuld dafür auf seine Arbeitssituation. Er sagte, er brauche Zeit, um über ›gewisse Dinge‹ nachzudenken. Ich fragte ihn, ob er sich mit einer anderen träfe. Er sagte nein, aber ich glaubte ihm nicht.

In der Woche vor Weihnachten trafen wir uns schließlich auf mein Drängen hin, und ich fragte ihn, was denn nun zwischen uns passiert sei. Er meinte, solche ›Künstlertypen wie ich‹ seien im Umgang einfach zu mühsam für ihn, und er müsse von meiner ›Intensität‹ weg. Glauben Sie mir, ich hatte niemals etwas getan, was im entferntesten ausgefallen gewesen wäre. Ich versuchte, ihn dazu zu bringen, ausführlicher darüber zu reden, doch er wollte nicht und wiederholte nur, ich sei einfach zu ›intensiv‹ für ihn.

Er rief mich dann noch einmal an, um mir kurz frohe Weihnachten zu wünschen, und als er aufgelegt hatte, wurde ich so wütend, daß ich ihn zurückrief und ihn anschrie. Er sagte, er könne nicht mit mir sprechen, wenn ich so die Kontrolle über mich verloren hätte. Ich wollte ihn bitten, mich zu treffen, damit ich ihm persönlich sagen konnte, wie aufgewühlt ich mich fühlte, aber ich hatte Angst, daß er nein sagen würde. Nachdem wir aufgelegt hatten, fühlte ich mich schuldig, weil ich ihn angeschrien hatte. Ich wollte mich entschuldigen. Obwohl ich es besser wußte, machte ich mir Sorgen, daß ich nicht verständnisvoll genug gewesen sei und daß ich jetzt tatsächlich einmal ›*intensiv*‹ und heftig gewesen war, womit er wirklich eine Entschuldigung dafür hatte, mich abblitzen zu lassen. Ich wollte zurückrufen, aber ich hatte Angst, er würde einfach auflegen. Und das war's dann – es war vorbei.«

Wenn es vorbei ist

Jamie schilderte mir lebhaft, was sie wegen dieser Beziehung durchgemacht hatte. Die Tatsache, daß das Ende während der Feiertage kam, war kein bißchen hilfreich. Sie sagte, in ihrem Kopf hätte es nur noch so geschwirrt. Sie konnte die Tatsache nicht akzeptieren, daß »ihr« Michael, derselbe, der ihr gesagt hatte, er liebe sie, sie so behandeln konnte – und daher suchte sie nach Leuten, denen sie daran die Schuld geben konnte. Sie beschuldigte seine Freunde, sie schob alles auf seine Kindheit und seine schwierige Beziehung zu seinen Eltern. Aber am meisten gab sie sich selbst die Schuld – sie wußte doch, wie schwer es Michael fiel, jemandem zu vertrauen. Sie hätte sich noch mehr Mühe geben müssen, sein Vertrauen zu gewinnen, bevor sie sich mit ihm auseinandersetzte. Dann wieder dachte sie, sie sei ihm wohl zu spät entgegengetreten. Wenn sie schon am ersten Sonntag, als er zum Brunch ging, ohne sie mitzunehmen, etwas gesagt hätte, wäre vielleicht das ganze Schema, nach dem die Beziehung verlief, anders gewesen.

Vielleicht hatte er sie auch gar nicht wirklich gemocht. Vielleicht war sie rein äußerlich nicht wirklich sein Typ. Dann wieder: Vielleicht war das alles, was sie war – äußerlich sein Typ, körperlich anziehend. Vielleicht hatte er immer nur mit ihr schlafen wollen. Wenn sie darüber nachdachte, ergab das aber auch keinen Sinn. Tatsächlich ergab nichts für Jamie einen rechten Sinn – klar war nur, daß sie sich miserabel fühlte. Sie erinnerte sich an alles, was er am Anfang zu ihr gesagt hatte, und kam zu dem Schluß, daß etwas an ihr selbst sein müsse, das ihn verjagt hatte. Wenn sie das ändern könnte, wäre sie vielleicht in der Lage, ihn zurückzuerobern.

Aber dann wieder: Er hatte sich als so unfreundlich erwiesen – warum eigentlich sollte sie ihn zurückhaben wollen?

»Ich fühlte mich von Michael verraten, betrogen, getäuscht. Er hatte mir doch gesagt, daß er mich liebe, und ich hatte ihm geglaubt, und ich war überzeugt davon gewesen, daß die Liebe wirklich etwas bedeutete. Der Eindruck, daß das nun offenbar nicht so war, bereitete mir so viel Schmerz, daß ich mir keinen Rat mehr wußte. Ich zog los und kaufte jedes Buch über Beziehungen, das ich kriegen konnte. Ich hatte eine Freundin, die eine ähnliche Erfahrung hinter sich hatte, und wir verbrachten Stunden zusammen am Telefon und quälten uns mit den Details jeden Gesprächs, das jede von uns mit dem jeweiligen Mann gehabt hatte. Schließlich machte ich eine Therapie, die ich mir übrigens gar nicht leisten konnte. Aber nichts war wirklich sinnvoll. Ich muß noch erwähnen, daß ich aufhörte, mit meinen Bekannten über die Geschichte zu reden. Sobald ich versuchte, jemandem zu erzählen, was passiert war, sah man mich an, als würde ich sowohl die Heftigkeit seiner Werbung als auch die Heftigkeit seiner Ablehnung übertreiben. Da fühlte ich mich verlegen und kam mir pathetisch vor. Aber ich verstand eben nicht, wie er mir erst sagen konnte, er liebe mich, und mich dann derart behandeln konnte.«

Jamie erzählte mir auch, daß sie weiter glaubte, es müsse irgendwo ein Geheimnis geben, und wenn sie den Schlüssel dazu hätte, könnte sie eine sinnvolle Erklärung finden. Aber was war es? Warum änderte sich Michael? Warum behandelte er sie so schlecht? Wie konnte ein sensibler Mann sich so grausam verhalten? Wie konnte ein Mann, der sie so sehr zu mögen schien, sich ihr gegenüber so verändern? Was war passiert? Was war falsch gelaufen? Warum ging es zu Ende? Warum lief Michael vor der Liebe davon?

Meine eigene Geschichte

Um all diese Fragen beantworten zu können, muß ich mich an meine eigenen Beziehungen zu Frauen erinnern, und es scheint mir richtig, daß ich der erste Mann in diesem Buch bin, der das Gefühl der Bindungsangst zugibt. Als meine letzte Beziehung zu Ende war, mußte ich vor mir selbst zugeben, daß irgend etwas an der Art und Weise, wie ich mich Frauen gegenüber verhielt, völlig falsch war. Viele von meinen Entschuldigungen dafür, daß ich keine enge Bindung eingegangen war, hatten sich plötzlich als fadenscheinig erwiesen. Sie stimmten noch, als ich 20 war, sie stimmten vielleicht noch mit 25, aber mit über 30 jedenfalls nicht mehr. Was ich bisher als einzelne Pannen und alberne unbedeutende Begebenheiten hatte einstufen können, begann sich als Lebensmuster zu erweisen. Und es war mir klar, daß es an der Zeit war, etwas dagegen zu tun.

Meine verspätete Selbstprüfung wurde wahrscheinlich dadurch beschleunigt, daß verschiedene Ereignisse und Entwicklungen sowohl in meinem beruflichen als auch in meinem Privatleben wie zufällig zusammentrafen. Ironischerweise befand ich mich, als meine letzte Beziehung auseinanderging, auf einer Lesereise, wo ich mir die Rolle eines Gurus für zwischenmenschliche Beziehungen anmaßte – ironischerweise deshalb, weil ich allmählich mehr Fragen als Antworten hatte.

Das Publikum, an das ich mich wandte, bestand zum größten Teil aus Frauen. Das ist ganz typisch, weil – wie jeder weiß – Frauen meist mehr daran interessiert sind, über Beziehungen zu diskutieren. Frauen neigen auch dazu, mehr Fragen zu stellen, sie gehen mehr aus sich heraus und haben weniger Angst vor Selbsterforschung. Viele dieser Frauen waren offenkundig außer Fassung, und manche von ihnen erzählten mir, daß sie dabei waren, aus Schwierigkeiten mit Männern herauszufinden, die vor einer voraussichtlich echten Bindung davonliefen. Sie durchlitten so viele Gefühle, daß es mir oft vorkam, als würde ich förmlich von einer ganzen Lawine von Gefühlen überrollt.

Ich erinnere mich lebhaft an viele dieser Frauen und ihre Geschichten. Manche erzählten mir lange, komplizierte Geschichten von Männern, die sie dazu gedrängt und getrieben hatten, eine Art emotionaler Bindung einzugehen. Wenn die Frauen dann schließlich ja gesagt hatten, hatten sich die Kerle entweder zurückgezogen oder damit begonnen, ein zerstörerisches, schädliches Verhalten an den Tag zu legen, um die Beziehung zu sabotieren. Viele erzählten mir von idyllischen Rendezvous und Wochenenden und romantischen Zukunftsplänen mit feurigen Liebhabern, die plötzlich und ohne Warnung ausgerissen waren. Manche dieser Männer hatten sich nur gefühlsmäßig zurückgezogen; andere hatten schlagartig aufgehört, sich zu melden und waren so vollkommen untergetaucht, daß manche Frauen Witze darüber machten, daß sie eigentlich Alpträume haben müßten wegen all der Männer, die da zweifellos ihretwegen gestorben waren. Sie konnten keine vernünftige Erklärung für ein Verhalten finden, das nicht nur bizarr und unvorhersehbar war, sondern auch geradezu gefühllos und grausam.

Ich unterhielt mich gern mit diesen Frauen. Es war wundervoll, ihnen gegenüber als der große Einfühlsame und Verständnisvolle, als Prachtkerl dazustehen; aber das war eine Täuschung. Als ich aufhörte, über meine eigenen Beziehungen nachzudenken, blieb mir nichts anderes übrig, als mir einzugestehen, daß es Zeiten gegeben hatte, zu denen ich mich nicht von den »Monstern« unterschied, über die sie sich bei mir beklagten. Ich hatte niemals für eine Bindung meine ganze Kraft eingesetzt. Ich hatte keinen Zweifel: Mein Verhalten machte deutlich, daß ich mich vor Bindungen fürchtete. Ich hatte es nie geschafft, es ernsthaft zu versuchen. Sicher, ich hatte Lippenbekenntnisse abgelegt, aber wenn ich darüber nachdachte, mußte ich zugeben, daß es Zeiten gegeben hatte, wo ich Gründe suchte, warum eine eigentlich perfekt passende Frau für mich nicht akzeptabel sei – als läppische Ausflucht für den Abbruch einer Beziehung.

Ein dürftiger Vorwand, um sich nicht binden zu müssen – eine verbreitete Ausflucht

Ich dachte an die vielen Male, die ich mit Männern über Sex gesprochen hatte, über Liebe und Beziehungen, und an all die Vorwände, die ich von meinen männlichen Freunden gehört hatte, warum eine Frau nicht akzeptabel sei oder eine Beziehung enden mußte – »zu fordernd«, »zu klein«, »zu groß«, »zu schwer«; »Hat sie nicht vielleicht Magersucht?«, »Sie hat eine schwierige Mutter«, »Sie hatte ein schwieriges Kind«, »Sie hatte eine schwierige Katze«, »Sie hatte den falschen Beruf«, »Sie hatte denselben Beruf«: immer *sie* hatte, *sie* war usw. usw. Ich dachte an all die Männer, die sich nach der Veröffentlichung meines ersten Buches an mich um Rat gewandt hatten. Es schien unwahrscheinlich – aber war es nicht doch vielleicht so, daß all diese »unglücklichen« Männer – dieselben, die so viele Gründe fanden, warum eine spezielle Beziehung zu Ende gehen mußte, warum sie die Frau ihrer Träume nicht finden konnten, warum sie nie fähig gewesen waren, eine dauernde Bindung einzugehen – dieselben Männer waren, über die sich die Frauen, die ich traf, beklagten? Dienten all die Klagen, die ich hörte, bloß dazu, eine tiefe Furcht vor Bindungen zu verstecken? Waren all diese Männer, die mir immer leid taten, in Wirklichkeit »Wölfe im Schafspelz«?

Was Männer sagen und was Männer tun – der Widerspruch

Eine Hauptklage von seiten der Frauen: Er sagt das eine, aber macht das andere. So viele Frauen erwähnten diesen Widerspruch, daß ich beschloß, ihn näher zu untersuchen. Sicher traf er für viele ledige Männer, die ich kannte, zu. Wir sagen, daß wir uns nichts mehr wünschen als eine glückliche Ehe – aber wir handeln nicht danach. Warum? Ich stand mit der Erkenntnis, daß ich komplizierte verstandesmäßige Begründungen ersann, um eine bestimmte Beziehung nicht weiterführen zu müssen, bestimmt nicht allein, aber ich wollte sicher sein. Ich beschloß also, Männer zu bitten, mir die Wahrheit zu sagen. Ich wollte ehrliche Antworten und meinte auch zu wissen, wie ich sie bekommen könnte. Aber auch folgendes war mir bewußt: Bevor ich mich mit Männern unterhalten konnte, mußte ich von den Frauen selbst erfahren, worüber genau sie sich denn nun beklagten. Wenn ich die Männer interviewte, wollte ich in der Lage sein, spezifische Fragen zu stellen. Was empfand eine Frau als »unfaire Behandlung«, und was glaubte sie, daß da vorgehe? Ich mußte also zunächst mit den Frauen reden.

Gespräche mit Frauen

Ich begann damit, etwa fünfzig alleinstehende Frauen zu interviewen. Alle diese Frauen waren attraktive, begehrenswerte Frauen von heute, die einem Mann viel bieten konnten. Ich versuchte, eine gleich große Zahl von ledigen, geschiedenen und verheirateten Frauen zu interviewen, so daß ich keine einseitige Sicht der Dinge erhalten würde. Ich wählte auch Frauen aus verschiedenen Regionen des Landes aus und aus unterschiedlichen wirtschaftlichen Schichten. Ich sammelte ihre Beziehungsgeschichten und die durchlebten Situationen aus erster Hand. Einige dieser Erzählungen waren ziemlich extrem. Ich hörte zu und versuchte, nicht schockiert zu wirken, wenn Frauen mir von Männern erzählten, denen sie vertraut hatten und die das alte Verschwinde-Spiel spielten: Sie verschwanden in der Nacht und lösten sich sozusagen in Rauch auf. Ich hörte zwei verschiedene Geschichten von Männern, die eine Beziehung beendeten, indem sie abhauten, während die Frau unter der Dusche stand, und die sich nie mehr meldeten. Eine Frau erzählte mir, daß ihr Verlobter ein Hotelzimmer in Rom verließ, um angeblich ein Päckchen Zigaretten zu kaufen, und nie wieder zurückkehrte.

In all diesen Fällen hatte es keinen Streit gegeben, waren keine harten Worte gefallen. So viele Frauen berichteten mir von Männern, die sich während der Hochzeitsvorbereitungen absetzten, daß ich bald die Übersicht verlor. Eine Frau erzählte mir, daß der Mann, den sie heiraten wollte, sich dem Friedenskorps anschloß, als das Ereignis näherrückte, und zwei Tage, bevor sie heiraten wollten, wirklich nach Bangkok abreiste. Ich möchte betonen, daß er freiwillig ging. Andere erzählten mir von Beziehungen, in denen feurige Verehrer sich in schweigende, ärgerliche Feinde verwandelten, sobald die Frau mit einem der folgenden Dinge einverstanden war: zu ihm zu ziehen, zu heiraten, Kinder zu bekommen.

All diese Frauen sprachen im Grund über dasselbe Thema: enttäuschtes Vertrauen und Ausbruch aus einer Beziehung, in welcher sie durch den Mann ermutigt worden waren, zärtliche Verbundenheit zu erwarten.

Gespräche mit Männern

Im Besitz dieser Geschichten und Geständnisse begann ich die Männer zu interviewen. Die ersten Männer, mit denen ich sprach, waren intelligente, normale Jungs. Ich verwendete dieselben Auswahlkriterien wie bei den Frauen. Viele von ihnen hatten eine gute Ausbildung. Die meisten legten Lippenbekenntnisse zur Frauenbewegung ab. Zum größten Teil waren es Männer, die den Anspruch erhoben, aufgeschlossen für Frauenthemen zu sein. Die Frage war: Waren es diese durchschnittlichen, gut erzogenen, patenten Männer, die Frauen so schlecht behandelten? Was machten sie, und wie machten sie es? Und – am wichtigsten – warum?

Hier sind einige der Dinge, die ich wissen wollte: Wenn sie eine Beziehung anfingen, hatten sie dann einen versteckten Plan? Manipulierten sie absichtlich? War ihnen bewußt, daß sie vor einer dauernden Bindung Angst hatten? Führte diese Angst dazu, die Auflösung einer Beziehung vorwegzunehmen und zu provozieren, indem sie Vorwände fanden, weshalb sie nicht andauern konnte?

Ich wollte auch Antworten auf besondere Fragen: Hatte irgendeiner dieser Männer eine Frau umworben und dann aufgehört, sich bei ihr zu melden, wenn sie erst einmal miteinander geschlafen hatten? Hatte einer von ihnen einmal um eine Frau angehalten, nur um in der letzten Minute die Meinung zu ändern? Warum, und was haben sie dann getan? War einer von ihnen mit einer Frau zusammengezogen, hatte Angst vor der Bindung bekommen und mit Wut darauf reagiert, daß er in der Falle saß – das sprichwörtliche Tier im Käfig, zornig und auf die Frau schimpfend, die er als seine Fängerin empfand? Verhielten sich Männer so, um sich selbst zu distanzieren? Taten sie es, um Beziehungen zu zerstören, so daß entweder die Frau genug haben würde oder die Bühne für ihren eigenen Auszug bereitet wäre? Wurde einer von ihnen untreu, sobald die Beziehung zu gut, zu eng wurde? Waren sie jemals vor einer Frau weggelaufen, mit der sie eng und intim verbunden waren, einer Frau, die jeden Grund dafür hatte, eine Ehe und/oder eine bessere Behandlung zu erhoffen? Traktierte irgendeiner von ihnen so viele verschiedene Frauen mit Wein, Abendessen und Charme, daß dadurch möglicherweise keine einzelne Frau eine Chance hatte, seine Zuneigung zu gewinnen? Wählten viele von ihnen fortwährend Frauen, die nicht zu ihnen paßten, Frauen, bei denen sie stets eine automatische Entschuldigung hatten, wenn sie sich zurückzogen, anstatt die Beziehung zu vertiefen?

Ich weiß nicht, was ich erwartete. Aber ich war schockiert von dem, was die Männer mir erzählten. Nicht, daß ich die Versionen der Frauen über ihre Probleme mit bindungsscheuen Männern nicht geglaubt hätte. Aber irgendwie hatte ich gedacht, es würde sich dabei um eine andere Sorte von Männern handeln, um Fehlentwickler und nicht jene Art von »ganz normalen« Männern, die ich kannte. Ich hatte unrecht. Ich entdeckte, daß einige der Männer, die ich gut zu kennen glaubte, mir nur teilweise die Wahrheit erzählt hatten über den Verlauf, den ihre Beziehungen genommen hatten, und darüber, wie und warum sie endeten. Ich war nach der ersten Serie von Interviews absolut überzeugt von drei Dingen:

– Wenn eine Beziehung zu eng wird, verhalten sich Männer mit Bindungsangst oft völlig irrational.
–Diese Männer suchen Entschuldigungen und Fehler bei den Frauen, damit sie sich bezüglich ihres eigenen Verhaltens besser fühlen.
–Die meisten dieser Männer wissen tief in ihrem Innern, daß ihre ständige Betonung des Negativen nur dazu dient, sich Gründe auszudenken, mit denen sie die echte Erforschung ihres eigenen Hauptfehlers vermeiden können – die Unfähigkeit, sich zu binden.

»Ich möchte jetzt nicht darüber sprechen« – Wie Männer ihr Geheimnis bewahren

Berge von Büchern wurden schon geschrieben, als Ratgeber für Frauen, die alleine oder in unbefriedigenden Beziehungen leben. Ich habe so ziemlich alle diese Bücher gelesen, und es scheint mir, als böten sie vorwiegend eine Fülle einseitiger und schiefer Informationen. Die meisten dieser Bücher und Artikel beruhen nämlich nur auf Interviews mit Frauen oder extrem oberflächlichen Interviews mit Männern.

Ich schrieb dieses Buch für Frauen, weil ich ihnen einen Einblick in das Denken der Männer geben und ihnen helfen möchte, das Bindungsproblem zu verstehen. Um dies tun zu können, davon war ich überzeugt, mußte ich von so vielen Männern wie möglich die Wahrheit erfahren. Als ich damit begonnen hatte, wurde mir erst so richtig klar, um welch ein Riesenproblem es sich hier handelt. Denn solche Männer sind schwierig. Es ist fast unmöglich, sie festzunageln, und sie wollen nicht über dieses Thema sprechen. Die übliche Antwort ist: »Ich möchte jetzt nicht darüber reden.« Natürlich werden sie ein paar einfache allgemeine Fragen beantworten oder oberflächlich Auskunft geben, aber damit hat es sich. Viele der Männer, mit denen ich sprach, fühlten sich aufrichtig schuldig. Sie wollten aber nicht darüber nachdenken, was sie taten oder was sie veranlaßte, es zu tun.

Wenn ich nicht so entschlossen gewesen wäre, wäre es unmöglich gewesen, so viele Tiefeninterviews durchzuführen, wie es dann schließlich möglich war. Ich tat, was viele Frauen gerne tun würden: Ich spürte Kerle auf, jagte sie aus ihren Verstecken, deckte all ihre Vernünfteleien auf und brachte sie dazu, mir zu erzählen, was wirklich passiert war. An manchen Punkten wurde es direkt lustig. Einige von ihnen reagierten nie auf meine Anrufe. Manche mußte man zehn- oder fünfzehnmal anrufen, nur um ein fünfminütiges Interview zu bekommen. Ich interviewte Männer, die »jetzt nicht reden konnten« in ihren Autos auf dem Weg zur Arbeit. Das Tonband in der Hand, folgte ich einem Mann kreuz und quer durch seine Wohnung, während er packte. Ich ging mit Männern zu ihren Verabredungen. Ich bestach sie, indem ich zustimmte, ihnen Tennisstunden zu geben. Ich wusch sogar das Auto eines solchen Kerls.

Ich war absolut entschlossen, mich nicht mit einem Haufen oberflächlicher Interviews mit Männern zu begnügen. Aber es war nicht leicht, diese Männer dazu zu bringen, sich Fragen wirklich zu öffnen und zu erzählen. Schon diese Erfahrung allein vermittelte mir ein sehr klares Verständnis davon, wie schwer es für Frauen ist, von Männern, die Konflikte mit Bindungen haben, klare Antworten zu bekommen.

»Wahrscheinlich habe ich hier die Schuld« – Wie Frauen dazu beitragen, den Mythos aufrechtzuerhalten

Auf der anderen Seite sind die Frauen nicht nur allzu willig, sich die Dinge von der Seele zu reden, sie sind sogar gewillt, die Verantwortung für das ganze Problem auf sich zu nehmen. Die große Mehrheit unterschied sich in ihrer Haltung völlig von den Männern. Wenn diese Frauen über die Männer in ihrem Leben sprachen, versuchten fast alle von ihnen, die besten Eigenschaften des Mannes zu betonen. Sie schienen stets nach stichhaltigen Gründen für untolerierbares männliches Verhalten zu suchen, auch wenn das bedeutete, daß sie die Schuld übernahmen. Sie hatten fast immer versucht, die Beziehung intakt zu halten, auch wenn da schon nichts mehr zu retten war.

Ich glaube nicht, daß dieser Unterschied in der Einstellung völlig das Ergebnis des Zufalls oder der Biologie ist. Man muß dazu vielmehr auf die diesbezügliche Haltung in Büchern und Medien hinweisen und das Maß an Verantwortlichkeit, das von Frauen für ihre Rolle im gestörten sozialen Umfeld erwartet wird.

Man sollte bedenken: Nette, kluge, gutaussehende Frauen

suchen Rat und psychiatrische Hilfe, weil sie »zuviel lieben«. Ich habe bisher noch nichts davon gehört, daß man Männern nahelegte, sich einer Therapie zu unterziehen, weil sie »zuwenig lieben«. Und es geht auch nicht darum, daß gescheite Frauen im wirklichen Leben eine unkluge Wahl treffen. Diese Frauen wählen nämlich nicht – sie werden gewählt. Und das nicht deshalb, weil sie merkwürdige, neurotische Signale aussenden, sondern weil sie attraktive, intelligente Frauen sind, die Männer anziehen. Das Problem ist, daß so viele von den Männern, die sie anziehen, unter demselben Problem leiden – dem Bindungsproblem.

Der Mann, der nicht lieben kann: Wenn er wegläuft und die Frau sich wundert, warum

Wenn Sie so viele Geschichten gehört hätten wie ich, müßten Sie zwangsläufig bemerken, daß alle von Bindungsangst geprägten Beziehungen eine gemeinsame Dynamik haben und auf eine unheimlich ähnliche Weise enden. Typischerweise zeigt der Mann ein leicht zu erkennendes Verhalten. Sein allgemeines Verhaltensmuster entspricht dem, was ich das »Eroberung-Panik-Syndrom« nenne. All das bedeutet einfach, daß der Bursche eine tausend Grad heiße Werbung abzieht, bis er das Gefühl hat, daß die Liebe der Frau und ihre Reaktion ihm keinen Weg mehr aus der Beziehung offenlassen – *für immer.* In dem Moment, in dem dieses Gefühl auftritt, beginnt er die Beziehung als Falle zu empfinden. Diese Falle löst Angst aus, wenn nicht völlige Panik. Bevor die Frau überhaupt weiß, was geschieht, läuft der Mann aus der Beziehung davon, vor ihr davon und vor der Liebe davon.

In diesen Beziehungen gibt es für gewöhnlich deutlich unterscheidbare Stufen und deutlich unterscheidbare Muster auf jeder Stufe. Die wichtigste Variable ist, wie lange eine Stufe dauert. Manche Männer können alle Stufen des Eroberung-Panik-Syndroms im Verlauf einer Nacht durchlaufen. Andere brauchen Jahre dazu.

Es gibt Männer, die ein erfolgreiches erstes Rendezvous haben und sich nie mehr melden, weil sie sofort besorgt sind wegen der Aussicht auf eine Ehe. Für andere bedeutet Sex Bindung. Für viele ist das der Moment, in dem die Beziehung ernst und damit heikel wird, was für solch einen Mann heißt, daß er sich angebunden fühlt.

Man muß nicht extra betonen, daß eine Frau von solch einem Mann ganz schwer geschädigt werden kann. Die Tiefe ihres Unglücks hängt teilweise davon ab, wie weit die Beziehung ging, bevor er den Knopf für den Schleudersitz drückte. Der einzige gemeinsame Nenner ist, daß der Mann der Frau selten klare Signale gegeben hat und sie selten damit rechnet, daß er sie verläßt. Sie hat für gewöhnlich das Gefühl, daß in seinem Kopf irgend etwas vorgegangen ist, aber sie weiß nicht, was sein Bedürfnis zum Aussteigen ausgelöst hat.

Wann ein Mann wegläuft, hängt davon ab, was er als den »Punkt ohne Umkehr« einer Bindung empfindet. Dieser Moment hängt von verschiedenen Faktoren ab, einschließlich dem Verhaltensmuster des Mannes, dem Verhalten der Frau und dem Grad der Bindung. Wann immer es geschieht, ist es ein Wendepunkt: der Moment, wenn der Mann eine bestimmte Frau anblickt und fühlt, daß er für immer in der Falle sitzen wird, wenn er nicht sofort aussteigt.

Wenn er in Panik gerät, so geschieht das für gewöhnlich an einem von vier verschiedenen Punkten der Beziehung, in vier typischen Situationen.

Die »Punkte ohne Umkehr« einer Beziehung

Situation 1: Eine Verabredung und keine weitere

Jede Frau hat wohl schon ein paar Männer in Situation 1 verloren: Das passiert, wenn der Bindungsscheue eine außerordentlich erfolgreiche erste Verabredung erlebte und trotzdem beschließt, sich nicht mehr zu melden.

Renne T. erinnert sich:

»Ich weiß, es klingt verrückt. Es gab nur eine einzige richtige Verabredung. Aber die war perfekt – ein Tag auf dem Wasser mit dem Boot eines Freundes. Wir ankerten in der Nähe eines Privatstrandes und gingen schwimmen. Wir aßen Hummer an einem Pier. Es war der intensivste, romantischste Tag, den man sich vorstellen kann. Er sagte, er hätte sich nie mehr in Harmonie gefühlt als mit mir. Er sagte mir immer und immer wieder, wie schön er mich finde. Wir verbrachten die Nacht nicht zusammen, weil ich zu meiner Tochter nach Hause mußte, aber als ich zu Bett ging, erwartete ich, daß er als erstes am nächsten Morgen anrufen würde, um dort weiterzumachen, wo wir aufgehört hatten. Er hat mich nie mehr gebeten, mit ihm auszugehen. Lange Zeit dachte ich, das liege an etwas, was ich gesagt hätte. Das ist wirklich unsinnig, aber es zeigt Ihnen wohl, wie verwirrt ich war... Einmal an jenem Tag sah ich an ihm hoch – er ist 1,90 m groß – und sagte: ›He, bist du groß.‹ Ich meinte das als Kompliment. Aber ich war so überzeugt, daß ich etwas Falsches getan hatte, daß ich dachte, vielleicht hätte ich ihn damit befangen gemacht, und er hätte angefangen, mich dafür zu hassen. Ich konnte nicht glauben, daß jemand sich so verhält, wie er es tat.«

Situation 2: Eine Art Don-Juan-Wettbewerb

Wenn ein Mann einmal mit einer Frau schläft und sich anschließend zurückzieht, so überfällt ihn die Panik an Punkt 2. Er ruft vielleicht eine Frau nach der ersten Verabredung noch einmal an, aber mit dem Sex ist das schon nicht mehr so toll. (Er wird leicht für einen klassischen Don Juan gehalten, aber Sie sollten sich durch die oberflächliche Ähnlichkeit nicht verwirren lassen.)

Anne B. erinnert sich:

»Das beste an der Geschichte ist, daß der Kerl ein anglikanischer Priester war, ob Sie's glauben können oder nicht. Er lebte in Philadelphia. Ich wohnte in New York, aber wir hatten gemeinsame Freunde und liebten dieselbe Art von Musik. Was immer das wert sein mag, wir hatten auch dieselbe Religion. Wir machten beide Ferien in der Nähe eines Musikfestivals, und wir verbrachten ein paar Wochen in engem Kontakt. Am Ende der ersten Woche sagte er mir, wie wichtig ich für ihn sei. Er sagte mir schließlich, er hätte sich in mich verliebt. Ich sollte hinzufügen, daß er auch eine Menge Zeit damit verbrachte, über die Bedeutung von Werten, Bindung und lauter solchen Sachen zu reden. Nun, wir fuhren schließlich nach New York zurück, und anstatt direkt nach Philadelphia zu fahren, kam er mit zu mir nach Hause, und ich war einverstanden, mit ihm ins Bett zu gehen. Ich war ganz verzaubert; am nächsten Morgen reiste er ab. Er versprach, mich am folgenden Tag anzurufen, aber er rief zwei Wochen lang nicht an. Als er es endlich tat, wußte ich, daß nichts dabei herauskommen würde, und er klang sehr weit weg und fremd. Ich versuchte ihn mehrmals anzurufen, und ich schickte ihm ein paar Postkarten und, ich schäme mich, es zuzugeben, ein kleines Geburtstagsgeschenk, aber er rief mich nie zurück. Ich war am Boden zerstört. Ich schob die Schuld darauf, daß ich in einer anderen Stadt lebte. Ich schrieb ihm mehrere lange Briefe (zum Glück redeten Freunde mir aus, sie abzuschicken), in denen ich die Verantwortung für die Sünden der Welt übernahm. Wie konnte sich ein Mann, der so viel Zeit damit verbrachte, über Gut und Böse zu reden, so fies verhalten? Ich war für mindestens ein Jahr überzeugt, daß ich irgend etwas Falsches getan haben müßte. Manchmal denke ich immer noch an ihn.«

Situation 3: Kurz vor dem Ziel

In Situation 3 überfällt die meisten Männer Panik. Bis zu diesem Punkt wirkt es so, als versuche der Mann, eine echte Beziehung aufzubauen. Bei Punkt 3 sind alle Vorstufen durchlaufen, und es ist an der Zeit, daß die Beziehung ernsthaft wird. Er springt ab, weil er fürchtet, kleben zu bleiben.

Lori S. erinnert sich:

»Wir lebten in verschiedenen Städten. Er war in Boston, ich in New York; deshalb sahen wir uns zwei Jahre lang nur an den Wochenenden und in den Ferien. Unsere Telefonrechnungen waren gigantisch. Immer wieder bat er mich darum, zu ihm zu ziehen, und schließlich stimmte ich zu. Ich fand eine neue Stelle; er fand eine Wohnung. Es war vorgesehen, daß er innerhalb von ein oder zwei Monaten zu mir zog. Ich wohnte seit zwei Wochen in der Wohnung – die Bücher waren noch in den Kartons –, als er sich veränderte. Zuerst fing er an abzulenken, wenn es um seinen Umzug ging. Dann fing er an, nicht zu erscheinen, wenn er erwartet wurde – er pflegte immer zu spät zu kommen. Ich dachte, er wäre nur nervös angesichts der Bindung, aber wir waren schon so lange zusammen, daß ich nicht dachte, daß wir jemals auseinandergehen würden. Eines Abends bereitete ich ein spezielles Geburtstagsessen für ihn vor, als er anrief. Er sagte, er fühle sich nicht wohl und käme nicht vorbei. Ich fragte ihn, ob er wolle, daß ich das Essen einpacke und es in seine Wohnung brächte. ›Nein‹, sagte er. Ich konnte Stimmen im Hintergrund hören. Ich war so außer mir, daß ich zu seiner Wohnung ging, er war nicht zu Hause. Ich rief ihn die ganze Nacht in Halbstunden-Abständen an – er kam nicht nach Hause. Als ich ihn am nächsten Tag bei der Arbeit erreichte, gab er zu, mit einer anderen zusammengewesen zu sein. Nun, wir trennten uns sofort, aber dann flickten wir die Beziehung wieder. Etwa einen Monat lang ging es so hin und her, aber es wurde immer offensichtlicher, daß er unsere Pläne nicht verwirklichen konnte. Er traf sich offen mit anderen Frauen, und es wurde wirklich häßlich. Ich ging zum Psychiater, um über die Sache hinwegzukommen, und schließlich war ich imstande, gefühlsmäßig frei zu werden.«

Situation 4: Katzenjammer hinterher

In Situation 4 ist bereits eine offizielle Bindung zustande gekommen, und die Beziehung hat alle oberflächlichen Kennzeichen von Dauer. Wenn ein Mann in Situation 4 panisch reagiert (wie jemand, der nach einer getroffenen und besiegelten Entscheidung das Gefühl hat, er habe einen schlimmen Fehler gemacht), ist es für gewöhnlich am verheerendsten.

Carole R. erinnert sich:

»Als ich Bob heiratete, dachte ich, ich sei endlich glücklich geworden. Es war meine zweite Ehe – meine Kinder waren schon erwachsen. Bob war wundervoll zu mir; er sagte, er bete mich an. Er konnte es nicht erwarten, bis wir verheiratet waren, und er versprach, sich um alle Probleme zu kümmern, die bisher aufgetaucht waren. Nun, in Wirklichkeit fing er schon ein paar Tage vor der Trauung an, ein bißchen anders zu werden. Zum Beispiel beklagte er sich, daß meine älteste Tochter ihn nicht angelächelt hätte, als sie das Haus betrat – derartige Kleinigkeiten eben. Aber vorher war bei mir oder in meiner Umgebung nie etwas falsch gewesen, einschließlich der Kinder, der Freunde, der Arbeit. Aber innerhalb von Tagen, nachdem wir geheiratet hatten, fing er an, Fehler bei mir zu suchen. Am Ende des ersten Jahres gab es schließlich an mir nichts mehr, was in Ordnung gewesen wäre. Ich war bereit, mich zu ändern, aber das bremste ihn nicht – er hätte nur etwas anderes gefunden. Er hörte nicht auf. Die Art, wie ich ging, die Art, wie ich sprach, die Art, wie ich Geschirr spülte. Wenn ich hereinkam, machte er ein unglückliches Gesicht. Er fing auch an, krank zu werden. Er muß volle vier Monate lang die Grippe gehabt haben. Ich hatte so etwas Ähnliches schon einmal durchgemacht, und ich konnte sehen, daß er lediglich mit der Ehe nicht zurechtkam. Aber ich glaube, weil er vorher so hartnäckig gewesen war, wollte er, daß ich diejenige sei, die die Beziehung beendete. Als ich bemerkte, daß er nach anderen Frauen schaute, bat ich ihn um die Trennung. Ich glaube, wenn ich nur ein bißchen jünger oder ein bißchen unsicherer gewesen wäre, wäre ich am Ende gewesen.«

Nach dem Ende der Beziehung – das Bewußtsein, daß es nicht an einem selbst liegt

Die Frau, die mit einem dieser Männer eine Beziehung hat, zeigt *ebenfalls* eine typische Reaktion. Am Anfang der Beziehung kann es gut sein, daß sie nicht so stark interessiert ist wie der Mann und erst durch die erstaunliche Intensität seines Interesses an ihr überzeugt wird. Am Ende ist sie völlig verwirrt.

Alle Frauen, mit denen ich sprach, äußerten eine gewisse Sorge, daß irgend etwas, was sie gesagt oder getan hätten, den Mann abgeschreckt hätte. Hatten sie den Mann direkt auf eine Bindung angesprochen, so beschuldigten sie sich selbst, seinen Rückzug beschleunigt zu haben. Wenn sie eine klare Aussprache gescheut hatten, so beschuldigten sie sich selbst, daß sie es dem Mann gestattet hätten, die Beziehung so zu gestalten, daß ihr Scheitern oder ihr Abgleiten in die Unverbindlichkeit vorprogrammiert war. Selbst wenn ihr Verstand ihnen sagte, daß sie an der Zerstörung der Beziehung keine Schuld trugen, konnte keine Frau anders, als nach einer rationalen Erklärung zu suchen und sich zu fragen, ob irgend etwas, was sie getan oder unterlassen hatte, den Mann schließlich vertrieb.

Aber in den meisten Fällen ging in der Beziehung selbst gar nichts schief. Tatsächlich ist es ein Teil des Problems, daß er den Rücken kehrt, wenn alles *zu* gut läuft. Man sieht, der einzige Fehler ist, daß dieser Mann einfach keine Bindung eingehen kann. Wenn er deshalb denkt, der Tag der Entscheidung sei gekommen (eine Annahme, die wenig oder gar nichts mit der Realität zu tun haben muß), vollführt er plötzlich eine Wendung um 180 Grad, hört auf, um die Frau zu werben, beginnt wegzulaufen, und in einigen Fällen verschwindet er buchstäblich aus ihrem Gesichtsfeld.

Die Situation ist nicht der Fehler der Frau, aber sie wurde ihr Problem

In einer idealen Welt muß eine Frau nur ständig so sein, wie viele auch wirklich sind – warm, freundlich, attraktiv, geschickt, gebildet und sympathisch – und die Männer fliegen auf sie. Leider läuft das aber nicht so – es stimmt eben meist nicht, daß prächtige Frauen prächtige Beziehungen mit prächtigen Männern haben. Die Frauen reagieren darauf, indem sie den Kopf schütteln und denken, sie müßten noch prächtiger sein – absolut vernünftig, voller Hingabe, absolut hinreißend – mit einem Wort: absolut perfekt. Ich glaube nicht, daß das funktioniert, und zwar einfach deshalb: Diese Männer fürchten die Bindung, und wenn sie Sie und Ihre Perfektion sehen, dann wissen sie, daß es sich bei Ihnen um jemanden handelt, den man heiraten und mit dem man glücklich für alle Zeiten leben sollte. Das ist aber genau das, was sie nicht wollen – und deshalb laufen sie rasch davon. Das ist nicht Ihr Fehler, aber es ist bestimmt Ihr Problem.

Aber die Lage ist keineswegs hoffnungslos; man kann nicht alles nur schwarzweiß sehen. Bei vielen Männern ist es eine Frage des Grades. Wenn Sie eine Frau sind, die mit einem solchen Mann eine Beziehung hat oder die sich Sorgen darüber macht, wie es weitergehen wird, gibt es meiner Meinung nach eine Menge, was Sie unternehmen können, um sich selbst zu schützen und die Zukunft Ihrer Beziehungen mit Männern zu ändern. Aber zuerst müssen Sie das Problem erkennen, und Sie müssen in der Lage sein, es zu merken, wenn Sie an einen solchen Mann geraten sind. Sie müssen auch erkennen lernen, wie viele der Verhaltensweisen, auf die Sie festgelegt wurden, das Problem vielleicht verschärfen. Sie können sich in Beziehungen mit Männern, die Bindungen fürchten, schützen, indem Sie lernen:

1. Den Mann, der nicht lieben kann, zu erkennen (und das Ausmaß seines Problems), bevor Sie eine Beziehung eingehen.

2. Zu erkennen, ob sich ein Mann jemals ändern kann oder nicht.
3. Zu erkennen, ob er die Mühe wert ist oder nicht.
4. Dem Bindungsscheuen seine Angst zu nehmen, ehe er zwanghaft auf seine Furcht reagiert.
5. Es abzulehnen, die Verantwortung und Schuld für empörendes männliches Verhalten auf sich zu nehmen.
6. Ihr eigenes Verhalten so zu ändern, daß das zu von Ihnen gewünschten Änderungen in seinem Verhalten führt.
7. Ihn aufzuhalten, bevor er wieder wegläuft.

In den folgenden Kapiteln werden Sie lernen, wie man das macht.

2. KAPITEL

Hat der Mann, den Sie lieben, Angst, Sie zu lieben?

Wie erkennt man den Mann, der Angst vor Bindungen hat? Verhaltensmuster in der Verwirrung

Wenn man weiß, worauf man achten muß, ist es leicht, einen Mann zu erkennen, der unter Bindungsangst leidet. Hin und her gerissen zwischen seinem Bedürfnis nach Liebe und seiner erdrückenden Furcht, ist er unfähig, seinen Konflikt zu verbergen. Üblicherweise ergibt sich aus seiner Verwirrung ein leicht zu erkennendes Verhaltensmuster – es treten sozusagen typische Kennzeichen auf.

Wenn ein Bindungsscheuer auf eine Frau trifft, von der er sich angezogen fühlt, verführt die Intensität seines Interesses sie oft zu dem Glauben, daß sie in der Beziehung die Überlegene ist. Am Anfang bringt er sie oft dazu, sich so sicher zu fühlen, daß sie dazu neigt, die Anhaltspunkte zu ignorieren, die auf sein Problem hinweisen. Später, wenn die Frau schon in die Beziehung verstrickt ist, kann das Verhalten des Mannes so widersprüchlich sein, daß sie seine Symptome von Bindungsangst entschuldigt oder sich einen Grund dafür ausdenkt; sein Benehmen ist oft so bizarr, daß es schwerfällt zu glauben, daß der gleiche Mann, der einen einst so angebetet hatte, so sonderbar geworden ist.

Der typische Bindungsscheue ist verwirrt und verwirrend zugleich. Eine Frau, die mit ihm eine Beziehung hat, wird häufig von ihm sagen, es sei so, als handle es sich um »zwei ganz verschiedene Menschen«. Und das trifft es genau: Er ist ein Mann, der mit sehr mächtigen Dämonen kämpft. Einerseits hat er einen ungeheuer starken Wunsch nach einer Beziehung. Andererseits wird er, wann immer es zu einer solchen kommt, überwältigt von seinem Drang zur Flucht. Das ist sein Problem – bis Sie sich mit ihm einlassen und es zu Ihrem wird.

Aber wie ernst oder weniger schwerwiegend auch immer sein Problem sein mag, Sie können meiner Beteuerung glauben, daß er seinen Bindungskonflikt nicht wirklich versteckt. Er mag versuchen, ihn zu verbergen. Er mag versuchen, Argumente dafür zu finden oder ihn wegzuerklären. Aber er kann ihn nicht steuern. Das Ergebnis ist, daß ihn sein innerer Konflikt dazu treibt, sich in einer bestimmten Weise zu verhalten. Daran können Sie diesen Konflikt erkennen, wenn Sie das wollen. Dieses Kapitel wird Ihnen den Weg dazu zeigen.

Leider haben ja auch Frauen eine ebenso vorhersehbare Art zu reagieren. Wenn eine Frau eine Beziehung zu einem Bindungsscheuen aufnimmt, ist es sehr schwierig für sie, genau zu wissen, was vorgeht. Sein anfängliches Verhalten ist oft so romantisch, es ist der Stoff, aus dem die Träume sind. Wenn Sie eine Frau in einer solchen Situation sind, dann lösen Sie sich für einen Moment von Ihren Erfahrungen mit diesem Mann – lösen Sie sich von den schmerzlichen Erinnerungen, der Frustration, dem Zorn – und betrachten Sie sich und ähnlich betroffene Frauen aus der Perspektive einer Außenstehenden.

Ich habe ausführlich mit vielen Frauen gesprochen, Frauen, die Ihnen zweifellos sehr stark ähneln. Und glauben Sie mir, ich weiß, daß diese Frauen weder dumm noch leichtgläubig sind. Sie sind gescheit, aufmerksam, sensibel und einfühlsam. Aber wenn jede von ihnen ihre Geschichte erzählte, war es völlig klar, daß sie von einem Mann manipuliert wurde, der nicht lieben kann.

Aus sicherer Entfernung wirken diese Männer so durchschaubar, ihr Verhalten so abscheulich, ihre Absichten so offensichtlich. Aber wenn Ihnen das selbst passiert, wenn er Ihnen erzählt, wie sehr er sie liebt, braucht, will, dann wollen Sie ihm glauben und unternehmen alle Anstrengungen, *um* ihm zu glauben, selbst wenn Sie skeptisch sind.

Trotz all Ihrer Bedenken, Ihrer Skepsis, Ihrer Zweifel: Lassen Sie sich deshalb überzeugen und beschließen Sie, diesem Mann – und seiner Liebe – eine Chance zu geben. Unglücklicherweise beginnt genau dann der Kummer. Aber Sie sollten nicht sich die Schuld geben. Obwohl auch Sie sich vorhersehbar benehmen, ist *er* derjenige mit dem Problem. Ihr einziger Fehler ist, daß sie soziologisch darauf ausgerichtet sind, empfänglich auf einen Mann zu reagieren, der sich wie ein Ritter in schimmernder Rüstung benimmt, den Helden spielt, der im Begriff ist, Sie auf sein Pferd zu ziehen und mit Ihnen dem Sonnenuntergang entgegenzureiten.

Was können Sie also dagegen tun? Ich glaube fest, daß man viel tun kann. Das wichtigste – und das, womit sich dieses Kapitel insgesamt befaßt – ist es, das Schema zu erkennen, wenn es sich andeutet.

Wie das Eroberung-Panik-Syndrom sich zeigt: Warnzeichen der Bindungsangst

Die folgenden Äußerungen stammen von Frauen, die Beziehungen mit Männern hatten, die um sie warben und dann in Panik gerieten. Jede dieser Frauen fühlt sich unglücklich und zurückgestoßen und zugleich verwirrt über das, was vorgeht. Jede dieser Beziehungen liefert ein gutes Beispiel für die Art, wie sich ein Mann benimmt, wenn bindungsangstbestimmte Furcht sein Leben prägt:

»Wenn er bei mir ist, ist alles wunderbar. Aber er läuft immer davon; manchmal sehe und höre ich wochenlang nichts von ihm.«

»Stunden, nachdem wir uns verlobt hatten, änderte er sich. Nun ist er launisch, in sich zurückgezogen und sucht ständig Streit. Ich war so sicher, daß wir glücklich wären, und ich verstehe nicht, was passiert ist.«

»Sie glauben nicht, wie nahe wir uns sind, wenn wir allein in meiner Wohnung sind. Aber wenn wir irgendwohin gehen, benimmt er sich immer, als würde er mich nicht kennen. Sogar wenn wir die Straße entlanggehen, gelingt es ihm stets, schneller als ich zu gehen oder langsamer oder anders – auf jeden Fall so, daß wir uns nicht mit der gleichen Geschwindigkeit bewegen.«

»Er sagte, er sei einsam und benahm sich so, als sei es das wichtigste für ihn auf der Welt, eine Beziehung mit mir zu haben... Als wir anfingen, miteinander auszugehen, hatte er für niemanden sonst Augen, aber innerhalb von ein paar Monaten fing er an, sich mit zwei anderen Frauen zu verabreden. Ich weiß, er liebt mich, und das macht mich verrückt.«

»Er sah mich aus meinem Bürohaus kommen, und er beschloß, jeden Tag zur selben Zeit wiederzukommen, bis ich wieder vorbeikam – nur damit er mich kennenlernen konnte! Er war so wunderbar zu mir! Nach sechs Monaten bestand er dann sein Jura-Examen, und er hatte in der gleichen Woche Geburtstag. Ich rief einige seiner Freunde an, und wir veranstalteten eine Überraschungsparty für ihn. Zwei Tage später sagte er ohne jede Erklärung, er könne sich nicht mehr mit mir treffen.«

»Wir lernten uns bei der Arbeit kennen. Er tat alles, um meine Aufmerksamkeit zu erregen. Schließlich gingen wir miteinander aus. Wir redeten und redeten und redeten. Unter Tränen erzählte er mir, wie schlecht er sich wegen seiner Scheidung und seiner Kinder fühle. Um vier Uhr morgens schlichen wir uns schließlich in meine Wohnung. Ich fühlte mich ihm so nahe und es schien dumm und kindisch, nein zu sagen, da ich doch wußte, wie sehr wir beide einander wollten. Ich dachte, dies wäre der Anfang einer echten Beziehung, und daher schien mir das richtig. Jetzt beachtet er mich bei der Arbeit kaum mehr, er klingt ärgerlich, wenn er etwas zu mir sagen muß. Ich kann nicht glauben, daß er mich zurückstößt, gerade weil ich mit ihm geschlafen habe.«

»Es begann am Abend vor der Hochzeit, als er anfing, daran herumzumäkeln, was ich anziehen wollte, indem er sagte, es sei einer Braut ›in mittleren Jahren‹ nicht angemessen. Es war so grausam, ich bekam einen richtigen Schock. Bis dahin war er so liebenswürdig gewesen, daß ich zunächst nur dachte, er hätte eine Art ›Nervosität vor dem letzten Schritt‹. Jetzt, ein Jahr später, ist ihm nichts mehr recht, was ich mache oder sage... absolut gar nichts. Aber wenn ich die Scheidung vorschlage, weint er und verspricht, sich zu ändern.«

Sein Verhaltensmuster in der Liebe – wie er das »auf immer und ewig« vermeidet

Wenn Sie das Interesse eines Bindungsscheuen erregt haben, werden Sie merken, daß der Mann sich drastisch verändert, wenn eine Beziehung das Risiko läuft, eine »für immer« zu werden. Typischerweise durchläuft die klassische Bindungsangst-Beziehung vier verschiedene, deutlich voneinander getrennte Stadien:

1. Der Anfang: Alles, woran er denken kann, ist, wie sehr er Sie begehrt.
2. Die Mitte: Er weiß, er hat Sie, und das verängstigt ihn.
3. Die Schlußphase: Sie wollen ihn, und er läuft erschrocken davon.
4. Das bittere Ende: Alles ist aus, und Sie wissen nicht, warum.

Der Anfang: furchtlose Eroberung

Dieses Stadium ist gekennzeichnet durch energische Bemühungen von seiner Seite. Er ist offensichtlich von Ihnen angetan und läßt nichts unversucht, um zu erreichen, daß auch Sie Gefallen an ihm finden. Um das zu schaffen, zieht er alle Register. Wie lange der Anfang dauert, hängt davon ab, wie lange es geht, bis er sein Ziel erreicht, und was er als »Punkt ohne Umkehr« in der Beziehung empfindet.

Typisch ist:

1. Er dreht mächtig auf und ist wahrscheinlich viel stärker an Ihnen interessiert als Sie an ihm.
2. Innerhalb sehr kurzer Zeit zeigt er, daß er Sie für »etwas Besonderes« hält, und scheint vorbehaltlos um Sie zu werben.
3. Er hat eine dornenvolle Vergangenheit mit Frauen hinter sich, aber er gibt Ihnen das Gefühl, mit Ihnen sei es ganz anders.
4. Er tut alles, um Sie zu beeindrucken: Wenn er Geld hat, gibt er es aus; wenn er spezielle Talente hat, zeigt er sie; wenn er über »Sensibilität« oder »gefühlsmäßige Tiefe« verfügt, enthüllt er sie.
5. Er wirkt verletzlich und benimmt sich, als brauche er die Beziehung mehr als Sie.
6. Er gibt zu verstehen, entweder durch Worte oder Taten, daß er eine ernsthafte, monogame Beziehung sucht, nicht nur eine oberflächliche Affäre.

7. Er überschlägt sich förmlich, um mit Ihnen zusammenzusein und etwas für Sie zu tun, er ändert seine Pläne, überwindet, wenn nötig, große Entfernungen usw.
8. Er ruft dauernd an, oft »nur um hallo zu sagen« oder »nur um deine Stimme zu hören«.
9. Er läßt sich offen auf »Zukunftsgespräche« ein, indem er Dinge plant, die Sie beide zusammen machen wollen. Er spricht vielleicht sogar von Ihnen beiden als »wir«.
10. Er benimmt sich, als wären Sie das Wichtigste in seinem Leben.
11. Er scheint empfänglich für Frauenprobleme und putzt andere Männer herunter, die Frauen gegenüber gedankenlos und unfreundlich sind.
12. Er tut alles, was er kann, um Sie zu überzeugen, ihm zu vertrauen – und schließlich tun Sie es.
13. Er überzeugt Sie, eine Bindung mit ihm einzugehen (emotioneller und/oder sexueller Natur).

Die Mitte: das erste Grollen der Panik

Die Mitte beginnt für gewöhnlich dann, wenn es eine definitive Veränderung der Machtverteilung in der Beziehung gibt. Nun ist es zum »Abschluß« mit Ihnen gekommen, und er fühlt, daß man von ihm irgendeine Form einer wirklichen Bindung erwartet. Zum ersten Mal in der Beziehung sieht er sich mit seinen eigenen Bindungsproblemen direkt konfrontiert. Dieses Stadium ist von Konflikten und Zweifeln gekennzeichnet. Sie geben ihm das, was er nach seinen eigenen Aussagen wollte, aber anstatt glücklich zu sein, fühlt er sich unter Druck gesetzt und im Zwiespalt. Wenn er bei Ihnen ist, empfindet er die ersten angsterfüllten Qualen der Bindungsfurcht. Oft versteht er das nicht, deshalb beginnt er, sich Gründe für die Furcht auszudenken und bei Ihnen nach Fehlern zu suchen. In manchen Beziehungen ist die Panik des Mannes sehr stark; in diesem Fall ist dieses Stadium sehr kurz, und es geht rasch auf das Ende zu. In anderen schleppt sich dieses Stadium unendlich hin und hält die Beziehung viele Jahre lang qualvoll am Leben.

Typisch ist:

1. Er scheint sich zurückzuziehen, als ob ihn etwas ängstigt. Er ruft vielleicht nicht mehr so häufig an, ist nicht mehr so aufmerksam usw.
2. Wo seine Absichten einst klar waren, sind seine Worte und Taten jetzt voller einander widersprechender Signale.
3. Er stellt klar, daß bestimmte wichtige Teile seines Lebens, wie z. B. Freunde, Familie oder Arbeit, »verbotenes Gebiet« sind, und er schließt Sie von einem oder mehreren davon aus. Oft hat er scheinbar plausible Gründe dafür.
4. Er nimmt sich vor Ereignissen in acht, die Ihre Familie und Freunde einschließen und vermeidet es ernsthaft, Zeit mit ihnen zu verbringen. Es ist, als ob er sicher wäre, daß dort jemand die Wahrheit über ihn weiß, und daß diese nicht für ihn spricht.
5. Er behandelt Sie, als stünden Sie nicht mehr an erster Stelle, und hat tausend Entschuldigungen dafür.
6. Sein sexuelles Verhaltensmuster ändert sich, und möglicherweise drängt er Sie behutsam in die Rolle des fordernden Teils.
7. Er stellt ein festes Schema auf, wann und wie er (unter seinen Bedingungen) Zeit für Sie hat, und es scheint immer andere Anforderungen zu geben, denen er zuerst nachkommen muß; dies stört ganz selbstverständlich den natürlichen Verlauf einer Beziehung.
8. Er behandelt die meisten Ihrer Bitten, als seien es Forderungen, und scheint es übelzunehmen, daß man »auf ihn zählt«. Er zeigt, daß er »Erwartungen« übelnimmt, obwohl er nicht klar sagt, um welche Erwartungen es sich handelt.
9. Er scheint »nicht zu hören«, was Sie sagen, und scheint Ihren Bedürfnissen immer weniger Aufmerksamkeit zu widmen.
10. Er lobt Sie dafür, daß Sie treu, zärtlich, intelligent, eine gute Köchin und verständnisvoll sind – also alle »Ehefrau«-Qualitäten haben –, aber gleichzeitig scheint ihm dies Unbehagen zu verursachen.
11. Er beginnt, Probleme in bezug auf das Zusammentreffen oder Zusammensein mit Ihnen zu finden; Beispiele dafür: Er kann »nie einen Parkplatz in der Nähe finden«, er hat »Schwierigkeiten, in Ihrem Bett zu schlafen«. Sie »leben zu weit weg«, er ist »allergisch auf Ihre Katze«.

12. Er fängt an, Fehler an Ihnen zu finden und sucht nach Gründen, warum die Beziehung nicht gutgehen kann. Er verletzt Sie vielleicht, indem er Sie auf diese »Fehler« aufmerksam macht, vor allem, wenn es sich um Dinge handelt, die Sie nicht ändern können. (Typischerweise sagt er etwa: »Ich bin nicht sicher, ob meine Eltern akzeptieren können, daß du... bist!« Und da können dann beliebig folgende Adjektive eingesetzt werden: irisch, italienisch, schwarz, weiß, jüdisch, nichtjüdisch, weiß und angelsächsisch und protestantisch, klein, groß, geschieden, zu alt, zu jung, zu reich, zu arm, zu durchschnittlich.) Oder er spart sie sich auf und kommt plötzlich mit ihnen heraus, wenn er schlußendlich beschließt, daß die Beziehung enden sollte. (Nebenbei, diese »Fehler« haben selten etwas damit zu tun, daß Sie ihm etwas angetan haben; sie haben vielmehr fast immer damit zu tun mit der »Art, wie Sie sind«. Er war sich über diese Eigenschaften völlig im klaren, als er die Beziehung begann und Sie überredete, sich mit ihm einzulassen.)
13. Er beginnt versteckte Hinweise darauf zu geben, daß er sich mit einer anderen Frau beschäftigt, an sie denkt oder sie tatsächlich trifft. (Oft ist es eine Frau aus seiner Vergangenheit.)
14. Wenn er sich mit einer anderen Frau getroffen hat, streitet er es ab, spielt es herunter und fährt fort, Ihnen zu versichern, daß Sie der wichtigste Mensch in seinem Leben sind.
15. Er steckt offensichtlich in einem tiefen Konflikt und reagiert vielleicht auf Ihre Drohungen, die Beziehung zu beenden, indem er verspricht, sich zu ändern – vielleicht bricht er sogar in Tränen aus.
16. Trotz allem, was er sagt, ändert sich nichts; er gestattet es der Beziehung nicht, zu wachsen oder sich weiterzuentwikkeln, und er will nicht darüber sprechen.

Die Schlußphase: erschrockenes Weglaufen

Man kann dieses Stadium der Beziehung nicht besser zusammenfassen, als wenn man sagt, daß der Bindungsscheue »auf der Flucht« ist. Der Mann, den Sie am Anfang kannten, ist verschwunden: Ihr starker Romeo hat sich in einen erschlagenen Drückeberger verwandelt. Er ist zu weit gegangen, und das weiß er. Er mag bezüglich seiner Gefühle in einem Zwiespalt stecken, aber sein stärkster Impuls ist wegzulaufen. Wenn alles zu schnell begann, kann dieses Stadium innerhalb von Stunden erreicht werden. Es gibt jedoch viele Männer, die lieber der Frau die Verantwortung für den Bruch zuschieben; sie werden für gewöhnlich das Ende verschleppen, bis Sie Ihrerseits etwas unternehmen.

Typisch ist:

1. Seine Einstellung Ihnen gegenüber hat sich fast völlig geändert, und es gibt deutliche Anzeichen dafür, daß er sich auf dem Absprung befindet.
2. Er verbringt weniger Zeit mit Ihnen und denkt gar nicht mehr daran, Ihnen große Erklärungen dafür zu geben.
3. Er besteht auf Flexibilität und Freiräumen.
4. Er hält Verabredungen nicht ein und ändert Pläne.
5. Er ist die meiste Zeit launisch, aber er schiebt es immer noch auf etwas anderes; er geht vielleicht sogar so weit zu sagen: »Es liegt nicht an dir.«
6. Er verwirrt Sie weiterhin durch das, was er *sagt*, und sendet sehr widersprüchliche Signale aus. In der einen Minute kann barsche Zurückweisung und Suche nach Fehlern vorherrschen, in der nächsten sentimentale Liebe oder völlige Zuwendung.
7. Er zieht sich sexuell zurück und schiebt es auf die Arbeit, auf Erschöpfung oder Krankheit. Er unterstellt, daß Sie das verstehen würden, wenn Sie wirklich verständnisvoll wären.
8. Er will überhaupt nichts tun, um zu versuchen, die Beziehung zu verbessern – er will nicht einmal darüber reden.

Das bittere Ende: die große Flucht

In diesem Stadium versucht der Bindungsscheue, ein Ende zu machen, aber er weiß selten genau, wie er das anstellen soll. Wann immer es möglich ist, wird er einen Weg finden, der Frau die Schuld zu geben oder ihr die Verantwortung zuzuschieben. Er mag vielleicht auch schwanken. Warum? Weil seine Entscheidung, sich zu trennen, seine Angst etwas mildert, und er wieder damit anfangen kann, Gefühle für die Frau zu entwikkeln. Seine Verwirrung und seine Unfähigkeit zu verstehen, was ihm widerfährt, erzeugt oft ein Verhalten, das bizarr erscheint und die Frau auf den Gedanken bringt, daß er eine Art Zusammenbruch erleidet. Er beendet die Beziehung typischerweise auf eine von drei möglichen Arten oder eine Kombination davon, und zwar wie folgt.

Typisch ist:

1. Er *provoziert* Sie, Schluß zu machen, indem er einen riesigen Streit anfängt oder sich besonders eklig benimmt.
2. Er zieht sich so total zurück (er zieht vielleicht sogar um), daß die Beziehung an Auszehrung stirbt.
3. Er hört auf anzurufen, beantwortet Ihre Anrufe nicht mehr und *verschwindet* völlig aus Ihrem Leben, oft auf eine ebenso bizarre als auch zerstörerische Weise.

Da capo: Wenn er zurückkommt

Oft ist alles, was der Bindungsscheue braucht, um sich von seiner Angst zu befreien, Distanz. Die Beziehung ist vorbei, deshalb hat er keine Angst mehr. So können die Gefühle, die er für Sie empfindet, in dieser nicht bedrohlichen Umgebung befreit wieder erwachen. Nicht länger von der vermeintlichen Falle in Panik versetzt, vermißt er Sie! Deshalb ruft er an. Wenn das passiert, spielt sich für gewöhnlich die ganze Geschichte von vorne ab. Der einzige Unterschied: Dieses Mal geht es schneller.

3. KAPITEL

Warum er nicht lieben kann

Wovor fürchtet sich dieser Mann?

RUSS: 32 Jahre, Investmentberater, ledig

Russ, der gut 1,85 m groß ist, sieht eher wie ein Berufssportler aus. Als 32jähriger graduierter Betriebswirt bringt er es auf gut über 100000 Dollar im Jahr. Russ könnte noch mehr verdienen, aber er bleibt nicht gern lange am selben Ort und wechselt seine Stellungen im Durchschnitt mindestens einmal pro Jahr. Daher gibt es in den meisten Jahren eine Zeit, in der er arbeitslos ist.

Russ stammt aus einer großen, eng miteinander verbundenen Familie. Seine Eltern, seine beiden älteren Schwestern und sein jüngerer Bruder sind alle glücklich verheiratet. Obwohl er sich ein Sommerhaus nahe der Küste und eine Skihütte in den Bergen gekauft hat, lebt er noch bei seinen Eltern. Er sagt, er gehe seinen eigenen Weg und finde es sowohl bequem als auch wirtschaftlich, weiter daheim zu wohnen.

Russ hat sehr wenige Beziehungen gehabt, die länger als ein paar Monate dauerten. Er sagt, Frauen würden für gewöhnlich nach fünf bis sechs Verabredungen anfangen, die Sache ernst zu nehmen, und das wolle er nicht. Wenn dies passiert, zieht er sich zurück, hört auf anzurufen, schaltet sein Telefon zu Hause auf Anrufbeantworter oder hebt nicht ab. Im Büro hat seine Sekretärin Anweisung zu sagen, er sei nicht da.

Er erinnert sich, in mindestens ein halbes Dutzend Frauen verliebt gewesen zu sein und mit ihnen geschlafen zu haben, mit denen er sich an einem Abend oder auch zwei traf und die er dann nie mehr anrief. In seinem Privatleben und im gesellschaftlichen Umgang »haßt er die Förmlichkeit des Vorausplanens«. Im Beruf ist es etwas »völlig anderes«, und er hat da keinerlei Probleme, Verabredungen Wochen im voraus zu treffen. Er macht eine klare Unterscheidung zwischen Geschäft und persönlichen Angelegenheiten. »Ich kann leicht Entscheidungen treffen«, sagte er. »Bindungen sind mir dagegen beinahe unmöglich.«

Soweit es Frauen betrifft, mag Russ den Gedanken einer »dauernden« Bindung an jemanden nicht, und er sagt, die einzige Art, wie er es schaffen könnte zu heiraten, wäre, wenn er eine solche Ehe als »vorübergehend« betrachten könnte. Gegenüber Kindern empfindet er nicht in derselben Weise, da sie »nicht dauernd seien«, sondern »nur für rund 14 oder maximal 15 Jahre geborgt«.

Letztes Jahr hatte Russ die wahrscheinlich wichtigste Beziehung seines Lebens mit einer Frau namens Susan, die er durch seine Arbeit kennenlernte. Es hielt ein Jahr. Russ sagt, »sie machte Schluß«.

Es begann, wie die meisten von Russ' Verhältnissen beginnen:

»Ich bin in allem, was ich tue, sehr zupackend; bei Beziehungen ist es nicht anders. Bei Susan legte ich sehr schnell los. Als wir am ersten Abend ausgingen, bewunderte sie ein Kleid, das wir in einem Schaufenster sahen. Ich ging am nächsten Morgen hin, kaufte das Kleid und ließ es an ihr Büro schicken. Ich dachte, das wäre sehr romantisch... und es funktionierte. Innerhalb von drei oder vier Wochen lebten wir zusammen in ihrer Wohnung.«

Obwohl Russ in Susans Wohnung zog, machte er klar, daß er das nicht als Bindung ansah, und hat viele Erklärungen, um seine Logik zu rechtfertigen.

»Zusammenzuleben ist nur ein Arrangement; es ist halt bequem. Es bedeutet nicht, daß auf irgendeiner Seite eine Bindung besteht. Tatsächlich stellt es sehr deutlich klar, daß man nicht sicher ist; deshalb hat man ja nicht geheiratet. Der andere Grund, mit ihr zu leben, war, daß ich nur sehr begrenzt Zeit zur Verfügung habe. Bei ihr zu wohnen, ersparte mir die Zeit für das Hin-und-her-Fahren, und sie hätte mich nicht so oft gesehen, wenn ich hätte pendeln müssen. Ich machte klar, daß es uns beiden offenstehen müsse, uns mit anderen Leuten zu treffen.«

Russ sagt, während der ersten paar Monate sei alles gut gewesen, und jeder sagte ihm, daß er und Susan das perfekte Paar seien. Die Leute nahmen eben an, sie würden heiraten.

»Sie tat alles, was sie konnte, um mir zu gefallen. Sie war immer für mich da. *Immer*. Alles, was ich tun mußte, war zu sagen, daß ich etwas tun wollte oder irgendwohin wollte, und sie war bereit. Anfangs war das prima, dann fühlte ich mich, als würde ich ersticken... als würde ich erstickt.

Schauen Sie, es ist immer dieselbe alte Geschichte. Wenn man nach einer Entschuldigung sucht, um Fehler bei jemandem zu finden, ist das einfach. Ich fing an, Fehler bei ihr zu entdekken. Ich ärgerte mich, daß sie versuchte, die Spielregeln zu ändern, es ernsthafter zu machen, als es war. Wenn es damit losgeht, fange ich an, Herzflattern zu bekommen. Ich erinnere mich an eine Gelegenheit, als ich mit ihr ihre Familie besuchte. Ich wollte nicht dahin, und wir mußten während des ganzen Familienessens dableiben, und ich hatte keinerlei Lust dazu. Ich wollte nur noch dort raus. Ich dachte: ›Was um des Himmels willen mache ich hier? Das ist zu ernsthaft für mich.‹ Ich bekam Herzflattern davon.«

Russ sagt, verschiedene Faktoren hätten zum Ende der Beziehung beigetragen.

»Ich traf diese Frau im Blumenladen, als ich für Susan Blumen kaufte. Ich dachte nicht, daß Susan zu Hause wäre, so nahm ich sie mit mir in die Wohnung. Susan kam früher nach Hause und fand uns zusammen.«

Ich fragte Russ, warum er mit der Frau denn nicht zu seinem Sommerhaus gefahren sei, das wenige Stunden entfernt liegt, oder mit ihr in ein Hotel gegangen sei. Er sagte, so gut hätte er ja die Frau auch nicht gekannt, und es hätte die Umstände nicht gelohnt. Es lohnte sich aber offensichtlich zu riskieren, daß seine Beziehung zu Susan gefährdet wurde. Wie man sich vorstellen kann, war Susan außerordentlich aufgebracht, aber Russ überzeugte sie, daß die Frau ihm nichts bedeute und daß so etwas nie wieder passieren würde. Die Beziehung hielt noch ein paar Monate, aber von diesem Zeitpunkt an war sie offensichtlich in Schwierigkeiten.

»Ich vermute, ich hatte Angst davor, mich für immer an Susan zu binden, denn je länger die Beziehung dauerte, desto ausfallender wurde ich Susan gegenüber. Ich benahm mich ihr gegenüber wirklich wie ein Schuft. Ich kam nicht nach Hause, ich lud eine Menge Büro-Ärger auf sie ab, ich traf mich mit anderen Frauen, ich stellte sie kalt und hörte auf, mit ihr zu reden. Sie war attraktiv, sie war gescheit, sie hatte alle Eigenschaften, die man sich nur wünschen konnte, aber das war alles nicht genung. Was schließlich passierte, war, daß Susan mich eines Abends mit jemand anderem unter Druck setzte. Sie sagte, es gäbe einen anderen Mann, der sagte, er wolle mit ihr zusammensein. Sie sagte, er würde mehr Zeit mit ihr verbringen, netter sein usw. Ich lasse mich aber nicht unter Druck setzen. Ich fühlte mich schuldig, weil ich überzeugt davon war, daß sie darauf wartete, daß ich sie davon abhielte, ihn zu treffen, daß ich ihr sagte: ›Nein, mach das bitte nicht.‹ Aber ich konnte nicht klein beigeben, denn wenn ich das gemacht hätte, hätte sie mich um den Finger wickeln können, und wenn jemals etwas schiefgegangen wäre, hätte sie gewußt, womit sie mir hätte drohen können. Wir wachten am nächsten Morgen auf – und das war's dann. Ich packte eine Tasche, als sie unter der Dusche stand, und ging. Susan war zu aufmerksam... das ist manchmal toll, aber es ist kein Spaß, jeden Tag gegen sich selbst zu kämpfen. Sie sagte, ich hätte zuviel Angst, um *jemals* eine ernsthafte Bindung einzugehen, und ich würde nie in der Lage sein, jemanden wirklich zu lieben. Je mehr ich darüber nachdenke, desto mehr meine ich, daß sie vielleicht recht hat.«

Zu verängstigt, um zu lieben

Wenn Sie sich mit einem Bindungsscheuen eingelassen haben, ist das erste, was sie wissen müssen, daß das, was ihn mit Schrecken und Verwirrung erfüllt, das ist, was *er* fühlt, und keineswegs das, was *Sie* tun; das, was *er* denkt, nicht das, was *Sie* sagen, treibt einen Keil in die Beziehung. Und es ist *seine* zerquälte, falsch gewickelte Sicht des Lebens, der Liebe und der Beziehungen, die ihn zur Flucht veranlaßt.

Es ist leicht zu sagen, daß Männer wie Russ nicht lieben können, weil sie Angst vor Bindungen haben. Es ist aber viel schwieriger zu verstehen, warum das so ist. Eine Frau merkt oft, daß ein Mann vor Bindungen davonläuft, aber das hilft ihr nicht notwendigerweise, es zu verstehen oder es zu beenden. Und es hilft ihr auch nicht, sich selbst vor diesem schmerzlichen und schädlichen Verhalten zu schützen.

Bis jetzt sind die meisten Bemühungen zum Verständnis der Bindungsangst nur von der Perspektive der Frau ausgegangen. Ganze Bücher und die Theorien, die ihnen zugrunde liegen, beruhen fast ausschließlich auf den Erfahrungen von Frauen mit

Bindungsscheuen und ihren Bewertungen und Auslegungen dieser Erfahrungen. Dies beleuchtet aber bestenfalls die Hälfte des Problems.

Es ist mir klar, daß Frauen schmerzlich wenige Einblicke in die Gedanken von Männern haben, die nicht lieben können. Ohne diese Einblicke neigen Frauen und auch einige Therapeuten dazu, nur das Verhalten der Frauen zu untersuchen, wenn sie zu begreifen versuchen, warum eine Beziehung Schiffbruch erlitt. Unglücklicherweise neigen Frauen auch dazu, sich selbst die Schuld für ihre Fehlschläge in der Liebe zu geben. Sie sagen Dinge wie »Ich war zu anspruchsvoll« oder »Ich ließ zu, daß es sich zu schnell entwickelte« oder »Ich glaube, ich war dumm, ihm zu vertrauen« oder »Ich weiß auch nicht, warum es mir nicht gelang, mit ihm zurechtzukommen«.

Wenn die Probleme mit einem solchen Mann beginnen, neigen viele Frauen dazu, in einer ähnlichen Weise zu reagieren. Typischerweise wird die Frau annehmen, daß sie eine bessere Einstellung des Mannes gegenüber einer monogamen Beziehung erreichen kann und daß sich deshalb seine Beziehungsängste auflösen werden. Um es zu schaffen, daß er sich »besser fühlt«, kann sie z. B. versuchen, wärmer und liebevoller zu sein; sie stellt sich auf ihn in vielerlei Weise ein, in dem Bemühen zu verdeutlichen, daß sie sich um ihn kümmert und daß sie ihn nicht zurückweisen wird. Andere Frauen versuchen, ein »besseres Gefühl« seinerseits zu erreichen, indem sie über seine Ängste hinwegsehen und hoffen, daß sie verschwinden.

Unglücklicherweise besteht bei all diesen gutgemeinten Gesten die Gefahr, daß sie auf den Mann, der sich fürchtet, die gegenteilige Wirkung haben. Wenn Sie die Situation auf die leichte Schulter nehmen, wird das als »Trick« gedeutet, und wenn Sie sich bemühen, das Netz der Falle zusammenzuziehen. Egal wie, alles, was Sie erreicht haben ist, ihn zu noch stärkerer Absetzbewegung zu veranlassen.

Allzu häufig machen Frauen die tollsten Verrenkungen, um liebevoller, gebender, attraktiver, sympathischer zu werden. Aber Sie werden schließlich entdecken, daß das Problem nichts mit Ihren Unzulänglichkeiten und Unperfektheiten zu tun hat. Die traditionelle Arbeit an sich selbst bringt nichts. Sie können Ihr Haar in ein Dutzend verschiedenen Tönen färben, Sie können ein Dutzend verschiedene Kurse besuchen, Sie können ab- oder zunehmen und verzweifelt Bodybuilding treiben, Ihre Freunde und Ihren Beruf wechseln, Sie können Ihren Körper und Ihren Geist auf tausend verschiedene Weisen neu formen – aber dieses Problem wird bleiben. Warum? Weil das Problem gar nichts mit solchen Einzelheiten zu tun hat. Die Reaktion des Mannes ist keine Reaktion auf Sie, es ist eine Reaktion auf die Tatsache, einer Bindung an sich. Und seine Furcht vor Bindungen wird durch diese Art von Veränderungen nicht gelindert. Sie kann nur geändert werden durch eine klare Einsicht in die Tiefe und Größe dieser männlichen Furcht.

Sie sehen, diese Furcht ist keine Furcht, die mit der Zeit oder durch Liebe vergeht. Denn ein solcher Mann fürchtet sich nicht vor der Liebe, sondern vor dem, was sie als vermeintlicher Zwang für ihn verkörpert; er fürchtet sich nicht vor Ihnen, sondern vor dem, was er an Ihnen in diesem Sinne als bedrohlich empfindet. Im Grunde genommen handelt es sich um einen Mann, der sich vor zwei Worten fürchtet, und diese Worte heißen: FÜR IMMER.

»Für immer« ist eine furchtbar lange Zeit

Bindungsangst kann eine Vielzahl unerfreulicher Symptome hervorrufen, das vorherrschende ist die Angst. Wenn ein Mann eine leichte Bindungsangst hat, rufen seine Beziehungen vielleicht nicht mehr als ein vages Gefühl des Unbehagens hervor. Diese leichte Angstreaktion kann einfach dadurch gemildert werden, daß er sich selbst gefühlsmäßig distanziert. Aber wenn seine Furcht intensiv ist, wird seine Angstreaktion schwerwiegend sein, und die Aussicht von »für immer Hand in Hand« kann in seinem Herzen und in seiner Seele wirkliches Entsetzen entfachen.

Was an Bindungen und dem »für immer« ist so furchteinflößend?

In den letzten paar Jahren hat die Flucht der Männer aus Bindungen epidemische Ausmaße angenommen. Eine Unzahl von Büchern und Zeitungsartikeln wurde geschrieben, um herauszufinden, warum das so ist. Einige meinen zum Beispiel, daß die Bindungsunfähigkeit des Mannes eine Gegenbewegung gegen Jahre des Gefangenseins in der erdrückenden Rolle des Brotverdieners ist. Andere glauben, daß sie zumindest teilweise der Furcht des Mannes vor der starken, unabhängigen »neuen Frau« zuzuschreiben ist – besonders bei Männern, deren Lebensgeschichte geprägt ist von Gefühlen der Unterlegenheit, der Minderwertigkeit, des Abgewiesenwerdens. Viele behaupten, daß die Bindungsunfähigkeit des Mannes lediglich Unreife widerspiegelt – eine Weigerung, »erwachsen zu werden« und Verantwortung zu übernehmen. Erst unlängst wurde argumentiert, dies alles sei ein Produkt der Playboy-Mentalität – der Überzeugung, man solle keine feste Bindung eingehen, solange man noch die Chance habe, eine »bessere«, der Phantasie mehr entsprechende Gefährtin »einzutauschen«.

Es gibt natürlich daneben die mehr traditionellen Erklärungen wie Ödipus-Komplex, Hure-oder-Madonna-Komplex, Angst vor Zurückweisung, pure Selbstsucht, Narzißmus, geringes Selbstwertgefühl usw. Aber während all diese Faktoren in der Tat zu dem Problem beitragen, es verschlimmern oder stärker ausprägen können, kann *keiner* von ihnen allein die vielen Verzweigungen der Bindungsangst erklären – Verzweigungen, die (wie wir sehen werden) sich weit über die Grenzen von Beziehungen hinaus erstrecken. Mit anderen Worten, während all diese Faktoren irgendwie das Problem *beeinflussen*, ist keiner von ihnen, weder allein noch in Kombination mit anderen, wirklich bestimmend für das Problem.

Was also *ist* so furchteinflößend an Bindungen? Mein erster Anhaltspunkt kam mir, als ich an einem ganz anderen Projekt arbeitete. Als wäre es eine Schicksalsfügung, bat mich letztes Jahr ein bekannter Psychiater um meine Mitarbeit am Abschluß eines neuen Buches über die Natur und den Ursprung von Phobien, das von neuen Überlegungen ausging.

Dieses Projekt erwies sich als ein unverhoffter Segen. Als ich Patienten für das Phobien-Buch interviewte, fragten sie mich oft, worüber ich denn sonst noch schriebe. Oft führte das zu Diskussionen über die Furcht vor Bindungen, ein Thema, über das die meisten dieser Patienten nur allzu gerne sprachen. Als Ergebnis lieferten mir diese »Doppelinterviews« ein ganz neues Reservoir von Themen – und was für ein spezielles Reservoir!

Ich werde nie die Reaktion eines der ersten Phobie-Patienten vergessen, dem ich von meinem Buch erzählte. »Bindungen!« rief er aus. »Ich habe keinerlei Probleme mit Bindungen – ich gehe keine ein.« Dann stürzte er sich in einen dreiviertelstündigen Monolog darüber, wie die Furcht vor Bindungen sein Leben beherrscht und ruiniert hatte. Obwohl mir das zu diesem Zeitpunkt noch gar nichts sagte, wurde dieser Mann vom Arzt wegen schwerer Klaustrophobie behandelt.

Erschreckend ähnliche Gespräche mit vielen der Phobie-Patienten – jedoch nicht allen – sollten folgen. Mit geringen Ausnahmen waren es die *Klaustrophobiker*, die stets am meisten durch Bindungen beunruhigt wurden. Und es waren die *Klaustrophobiker*, die die meisten Schwierigkeiten hatten, monogame Beziehungen einzugehen und aufrechtzuerhalten, ungeachtet, wie dringend sie Liebe zu wollen und zu brauchen schienen.

Bindungsangst: der Zusammenhang mit der Klaustrophobie

Das Wörterbuch definiert Klaustrophobie als eine abnorme Furcht vor kleinen, geschlossenen Räumen. Für den Klaustrophobiker provoziert die Furcht, in einem solchen Raum zu stekken oder gefangen zu sein, Angst, Furcht und oft völlige Panik. Jeder erkennt an, daß manche Leute vor tatsächlich einschränkenden äußeren Bedingungen Angst haben, aber viele der phobischen Patienten, die ich interviewte, erzählten mir, daß genau die gleiche Art von Furcht und Angstreaktion durch lediglich *symbolische* Verkörperungen des Gefangenseins, Eingesperrtseins und des Festgehaltenwerdens ausgelöst werden könnte. Zu diesen symbolischen Verkörperungen gehörten Jobs, Lebensstile und Beziehungen.

Offensichtlich bestand hier ein Zusammenhang. Zwar merkte ich nur langsam, um was für einen Zusammenhang es sich genau handelte. Aber als ich mit immer mehr Patienten sprach, paßten viele Stücke dieses verwirrenden Puzzles nahtlos an ihren Platz. Klaustrophobie und Bindungsangst... hatten wir es wirklich mit ein und demselben Phänomen zu tun? War Bindungsangst nichts weiter als eine der vielen Verzweigungen der klaustrophobischen Angst? Waren die Bindungsprobleme der Männer lediglich ein psychologischer, »symbolischer« Ausdruck ihrer klaustrophobischen Furcht, körperlich eingesperrt oder gefangen zu sein?

Dies ergab bestimmt einen Sinn: Bindungen waren dauernd. Eine Bindung einzugehen bedeutete, an diese Entscheidung, diese Sache, diese Person gebunden zu sein... *für immer*. Was könnte einschränkender sein? Was könnte klaustrophobischer sein?

Dann wieder dachte ich an die vielen »normalen«, nicht-phobischen Männer, die ich interviewt hatte. Ihre Ängste und Bindungen unterschieden sich nicht von denen der phobischen Patienten, aber sie erwähnten kaum etwas darüber, klaustrophobisch zu sein oder sich in ihren Beziehungen klaustrophobisch zu fühlen. Statt dessen schienen die meisten ganz sicher zu sein, daß die Fehlschläge bei ihren Beziehungen für gewöhnlich Fehler der Frau waren. Machten es sich alle diese Männer nur zu einfach? Waren sie alle in Wirklichkeit »geheime Klaustrophobiker«? Waren vielleicht die klaustrophobischen Patienten, die die Hilfe eines Arztes gesucht hatten, sich lediglich ihrer Furcht stärker bewußt? Ich nahm an, daß das bis zu einem gewissen Grad stimmte. Aber was ich wirklich argwöhnte, war, daß noch ein wichtiges Stück des Puzzles fehlte.

Erregt von meiner Entdeckung, aber immer noch etwas frustriert von ihrem Mangel an Vollständigkeit, beschloß ich, den Psychiater, für den ich arbeitete, auf dieses Problem aufmerksam zu machen. Er wies rasch auf die Bedeutung hin, die weitverbreitete Existenz klaustrophobischer *Tendenzen* in der Mehrheit der menschlichen Bevölkerung zu erkennen, ebenso wie bei anderen Lebewesen. Man schließe zwanzig menschliche Wesen – oder auch Mäuse natürlich – in einen winzigen Raum ein, und wenn genug Zeit vergangen ist, wird die große Mehrzahl anfangen, sich unbehaglich zu fühlen, wird ängstlich, aggressiv oder sogar geradezu von Panik ergriffen werden. (Solche Untersuchungen wurden mit Versuchstieren schon häufig durchgeführt.) Unter normalen Umständen würden die meisten dieser Individuen keinerlei klaustrophobische Charakteristika aufweisen. Aber wenn die Umwelt genügend einschränkend ist, können diese Tendenzen bei eigentlich *jedem* an die Oberfläche kommen.

Ein näherer Blick auf das, was unter Bindung zu verstehen ist

Wir wollen nun die Natur von Bindungen betrachten. Eine Bindung ist, dem Wortsinne nach, die Handlung, sich selbst an etwas oder jemanden zu binden oder zu verpflichten, sei es ein

Job, ein Auto, ein Haustier oder eine Frau. Einmal gebunden, »klebt« man an dieser Verpflichtung für die Dauer der Bindung.

Man kann leicht sehen, wie die Handlung des Sich-Bindens schwere klaustrophobische Angst hervorrufen kann. Wenn eine Bindung langfristig ist und ein Mann beabsichtigt, diese Bindung einzuhalten, kann sie ihm das Gefühl geben, als wäre er in einem Kämmerchen eingeschlossen. Obwohl der Mann *physisch* nicht eingeschränkt ist, fühlt er sich *psychisch* eingeschränkt, und die Empfindungen gleichen sich erschreckend.

Mit anderen Worten, psychische Beschränkung kann ebenso klaustrophobisch wirken wie physische Beschränkung, beide verkörpern einen Verlust von Freiheit. Als Ergebnis davon wird jede ernste oder längere Bindung als Falle gesehen und sie löst – wie jede andere Falle – Angst aus. Je größer die Falle, desto größer die Angst und desto größer der Drang zu fliehen. Mir ist jetzt klar, daß die Reaktionen der Männer auf die klaustrophobische Beschränkung einer Bindung sich nicht von anderen phobischen Reaktionen unterscheiden. *Bindungsangst ist eine echte Phobie*, mit all den klassischen physischen und psychischen phobischen Symptomen. Es ist ebenfalls klar, daß man, wenn man das zerstörerische Verhaltensmuster des Bindungsscheuen wirklich verstehen und ändern will, verstehen muß, was dieses Muster formt – das heißt die Phobie selbst. Dazu wäre es zunächst einmal gut, ein bißchen mehr über Phobien im allgemeinen zu wissen.

Die phobische Reaktion: ein innerer Alarm

Wenn jemand eine Art von Bedrohung oder Gefahr wittert, hat der Körper eine ganz spezifische Art zu reagieren. Diese reflexhafte Reaktion – dieses automatische, unbewußte »Alarmsystem« – ist gekennzeichnet von einem oder mehreren der folgenden Symptome:

- Wellen von Angst
- ein Gefühl der Furcht
- Hyperventilation und/oder mühsames Atmen
- das Gefühl zu ersticken
- ein unregelmäßig schlagendes oder jagendes Herz

– Magenbeschwerden
– übermäßige Schweißabsonderung
– Schwitzen oder Frösteln (»kalte Füße«)

In vielen Situationen ist diese Reaktion völlig angemessen und vorhersehbar. Es ist zum Beispiel nicht überraschend, daß diese Symptome auftreten, wenn man einem knurrenden Dobermann gegenübersteht oder einem bewaffneten Angreifer. Aber oft werden die gleichen Symptome von einer subtileren Bedrohung ausgelöst, selbst von einem harmlosen Objekt oder Umstand – wie einem Aufzug, einer Brücke, einer Spinne oder einer Beziehung. Wenn wir eine unangemessene Reaktion wie diese haben, wenn die Angstreaktion des Körpers stark übertrieben oder völlig irrational erscheint, sprechen wir von einer phobischen Reaktion.

Dank der Arbeiten verschiedener bekannter Streßforscher wissen wir, daß dieser innere Alarm keine Alles-oder-nichts-Reaktion ist. Im Gegenteil, die Intensität dieser Symptome kann höchst unterschiedlich sein, sie hängt ab von der Sensibilität des Individuums und der Intensität der empfundenen Bedrohung.

Eine Reaktion der Alarmstufe eins kann zum Beispiel lediglich aus einer leicht erhöhten Atemfrequenz bestehen, erhöhter Schweißabsonderung und einem leichten Angstgefühl. Subjektiv würde man diese gesamte Reaktion der Alarmstufe eins wahrscheinlich nicht anders empfinden als die gewöhnliche alltägliche Angst.

Eine Reaktion der Alarmstufe zwei oder drei könnte im Gegensatz dazu gekennzeichnet sein von substantieller, aber scheinbar in den Griff zu bekommender Angst, einer weiteren Erhöhung des Herzschlags und der Atemfrequenz, Magenbeschwerden und beträchtlicher Spannung. Diese Symptome führen dazu, daß man sich in seiner Umgebung unbehaglich fühlt. Sie können sogar leichte Furcht hervorrufen, panikartige Gefühle und den Wunsch, dem zu entkommen beziehungsweise das zu vermeiden, was immer einen so ängstlich zu machen scheint, sei es ein Tunnel, eine Schlange oder der/die Geliebte.

Wenn der innere Alarm eine Reaktion der Alarmstufe vier oder fünf hervorruft, sind die Symptome recht stark. Man kann von Angst überflutet werden oder überwältigt von einer Vielzahl anderer, verstärkter Symptome. Zusammen wird all dies als Furcht empfunden, wenn nicht als völlige Panik, und man wird dadurch gezwungen, das zu vermeiden oder dem zu entfliehen, was immer diese erschreckenden Symptome auslöst.

Ebenso wie die phobische Reaktion kann auch das Verhalten der Männer unterschiedlich sein. Einige Männer erschrecken vor *allen* Bindungen und handeln entsprechend. Andere können kurzfristige Bindungen bewältigen, geraten aber über alles Langfristige oder Dauernde in Panik. Wieder andere sind fähig, alle Arten von Bindungen einzugehen, sind aber niemals wirklich entspannt, sobald diese Bindungen eingegangen sind (sonst bekannt als chronische Angst). Mit anderen Worten, es entspricht in einem beträchtlichen Ausmaß die Bandbreite phobischer Reaktionen der Bandbreite bindungsscheuer Typen und der Bandbreite bindungsphobischer Reaktionen.

Wie steht's mit der Liebe?

Für eine Frau ist der schmerzlichste Teil dieser Erfahrung, daß sich die Einstellung des Mannes so drastisch zu ändern scheint. Soweit sie betroffen ist, ist *Liebe*, nicht Furcht das Thema. Die Frau ist wahrscheinlich ebenso idealistisch wie romantisch; sie ist das Produkt einer Kultur, die sie lehrte, daß Liebe alles besiegen kann. Sie meinte, sie sei in eine Liebesgeschichte verwikkelt. Log der Mann in Wort oder Tat? Wie konnte jemand so schnell das Interesse verlieren oder mit der Liebe fertig sein? Was war da los? Hatte sie etwas falsch gemacht? Die Verwandlung eines anscheinend heißblütigen, engagierten und interessierten Liebhabers in einen Mann, der distanziert, konfliktbeladen und desinteressiert scheint, ist bestenfalls verwirrend. Der Wandel ist oft so drastisch, daß es nicht Wunder nimmt, wenn die Frau sich mit Fragen quält, was sie denn getan haben könnte, um dieses Verhalten herbeizuführen.

Wenn Sie diese Frau sind, ist es wichtig, daß Sie sich bewußt sind, daß dieser Mann einfach vergessen kann, daß er sich für Sie interessierte. Er kann vergessen, wie gut er sich mit Ihnen unterhielt. Er kann sogar wunderbare sexuelle Erlebnisse vergessen. Er will vielleicht auf Ihre Gefühle Rücksicht nehmen, aber sein Unbehagen und seine Verwirrung sind zu groß. Selbst wenn er, mit Rücksicht auf Ihre Gefühle, seinen Drang zum Weglaufen für eine gewisse Zeit beherrschen könnte, und selbst wenn er von Schuldgefühlen überwältigt wäre, würde das doch nichts grundsätzlich ändern. Tatsächlich hat es für gewöhnlich den gegenteiligen Effekt: Je schuldiger er sich fühlt, desto mehr fühlt er sich gefangen und desto mehr will er wegkommen.

Wenn Sie eine Frau sind, die es mit der Beziehung zu einem Bindungsscheuen versucht hat, scheint Ihnen sein Verhalten wahrscheinlich völlig unerklärlich. Wer kann so etwas Seltsames verstehen? Aber es ist wirklich nicht so verwirrend, wenn Sie erst einmal verstehen, daß der Grund für sein Weglaufen gar nichts damit zu tun hat, ob er Sie mag, von Ihnen angezogen wird oder sich bei Ihnen wohl fühlt. Er läuft weg, weil er sich bewußt ist, daß die Beziehung nicht weitergehen kann, ohne daß er irgendeine wirkliche Bindung eingeht – und das ist etwas, was er einfach nicht kann.

Wenn Sie das im Gedächtnis behalten, ist es leichter zu verstehen, warum er ein echtes Problem hat, eine aufrichtige Beziehung einzugehen. Er weiß, daß er sich nicht anständig verhält, und er weiß auch, daß er wahrscheinlich der Auslöser und Verführer war. Wenn es sich um eine Beziehung von einiger Dauer handelt, hat er Ihnen wahrscheinlich mehr als einmal gesagt, daß er Sie liebe. Bis zum letzten Moment hat er sich wahrscheinlich weiter so verhalten, als wolle er die Beziehung aufrechterhalten. Aber es kommt der Punkt, wo es heißt, entweder vorwärtszugehen oder auszusteigen, und er kann nicht vorwärtsgehen. Er ist nicht so naiv zu denken, daß Sie verstehen könnten, was er fühlt. Außerdem: Wenn Sie das würden, müßte er den Dingen auf den Grund gehen und die Probleme angehen. Und dann müßte er möglicherweise wirklich eine Bindung eingehen. Aber das ist nicht möglich – nach alledem ist es gerade das, was ihn am meisten erschreckt.

Bindungsangst – eine echte Phobie?

Falls, wovon ich ausgehe, der Mann, der nicht lieben kann, unter Bindungsangst leidet, und falls Bindungsangst eine *echte* Phobie ist, dann würde man erwarten, daß der bindungsscheue Mann viele oder alle klassischen phobischen Symptome aufweist – wenigstens bis zu einem bestimmten Grad –, wenn er mit dem Auslöser der Phobie (das heißt also der Bindung) konfrontiert wird. Um diese Möglichkeit zu untersuchen, stellte ich allen Männern, die ich interviewte, die folgenden Fragen: Hat eine Ihrer engen Beziehungen jemals unangenehme körperliche Symptome wie Magenschmerzen, Herzklopfen oder Hyperventilation bei Ihnen ausgelöst? Wann pflegte dies zu geschehen? Fühlten Sie sich von einer engen Beziehung jemals beengt, bedrängt, erstickt? Können Sie sich daran erinnern, wann dies jeweils geschah? Hat eine enge Beziehung bei Ihnen jemals Gefühle ausgelöst, die der Panik verwandt sind? Hatten Sie zu der Zeit Probleme, oder ging es Ihnen gut?

Die Antworten waren schlichtweg faszinierend. Sie bestätigten nicht nur durchgehend meine Hypothese, sondern sie illustrierten deutlich, wie tief und stark die Furcht vor Bindungen empfunden wird. Im Verlauf dieses Buchs werden Sie auf die Antworten vieler Männer auf diese Fragen stoßen, aber die folgenden typischen Beispiele sollen schon einmal Ihren Appetit wecken:

Joshua M. erzählt über seine Ehe:

»Jetzt weiß ich, wie sich ein Tier im Käfig fühlt. Deine Freiheit ist dir genommen. Du hast nichts mehr, für das es sich zu leben lohnt.«

Andy B. über seine Gefühle für seine Ex-Verlobte:

»Ich sah sie und ich erstarrte... ging um die Ecke zurück und bewegte mich in die entgegengesetzte Richtung. Ich fühlte, wie ein Schwall von Blut und Adrenalin meinen Kopf erreichte und sagte ›Schau, daß du hier wegkommst... lauf... fliehe! Dieser mächtige, schwere Kissenbezug wird sich über deinen Kopf stülpen... flieh!‹«

Gregory D. über Frauen im allgemeinen:

»Wann immer eine Frau eine zu hohe Meinung von mir hat, fühle ich mich gefangen von ihren Erwartungen an mich – der Erwartung, daß ich immer da sein muß – und dann will ich von ihr und diesen Gefühlen loskommen.«

Frank M. über Beziehungen:

»Wenn ich mich fühle, als würde ich in die Falle geraten, reagiere ich heftig. Ich fühle mich erstickt. Dann werde ich verrückt... die Haare in meinem Nacken stellen sich auf.«

Dick D. darüber, warum er seine letzte Beziehung beendete:

»Wir befanden uns in einem Zimmer voller Leute. Ich saß auf

einem Stuhl, und sie saß auf dem Boden neben mir, ihre Hände um meine Füße. Ich sah hinunter und fühlte mich wie in Ketten.«

Eine Furcht, die die Seele durchdringt

Die meisten Phobie-Experten haben das Ausmaß beobachtet, in dem phobische Individuen von ihren Ängsten besessen, überwältigt sind und von ihnen beherrscht werden. Diese Ängste sind solch ein integraler Bestandteil des Lebens von phobischen Menschen, daß ihr Vorhandensein nicht nur gefühlt wird, wenn der Phobiker wach ist, sondern oft auch, wenn er schläft. Es ist z. B. für jemanden mit Höhenangst nicht ungewöhnlich, daß er Alpträume von Abstürzen hat, oder für jemanden, der Angst vor Wasser hat, daß ihn Alpträume vom Ertrinken plagen. Nachdem wir nun die echt phobischen Eigenschaften der Bindungsangst festgestellt haben, sollte es keine Überraschung sein, daß viele Bindungsscheue Alpträume über Bindungen haben, besonders zu den Zeiten, wenn sie in eine Beziehung verstrickt sind, in der »für immer« oder »Bindung« reale Möglichkeiten sind.

Toms Geschichte

Um zu verstehen, was an »Bindung« und »für immer« diese Männer so in Angst versetzt, ist es wichtig zu hören, wie *Männer* das Problem erleben. Nehmen wir zum Beispiel meinen Freund Tom. Ich kenne Tom, einen 33jährigen Systemanalytiker, seit vielen Jahren. Vor zwei Jahren haben die beiden Schwestern Toms innerhalb weniger Monate geheiratet. Dies löste einige Diskussionen in der Familie aus, wann denn er, das älteste Kind, dasselbe tun würde. Genau um dieselbe Zeit fing Tom an einem neuen Arbeitsplatz an, und dabei traf er auf Gloria. Gloria war Toms Vorgesetzte, etwas, das er besonders provozierend fand. Tom schildert ihre Beziehung folgendermaßen:

»Innerhalb weniger Stunden, nachdem ich Gloria kennengelernt hatte, war ich verknallt. Sie keineswegs. Ich drängte, sie blieb kühl. Ich drängte stärker. Ich hätte den ganzen Tag dasitzen und über kluge kleine Verse nachdenken können, um sie ihr zu sagen, über schwärmerische kleine Briefchen, um sie ihr zu senden; über alles, um ihre Aufmerksamkeit zu erregen und ihren Beifall zu gewinnen, außer natürlich, wie ein völliger Esel zu erscheinen. Sie wich aus, ich ließ nicht locker. Sie sagte, wir seien zu verschieden. Ich versicherte ihr, daß das nicht der Fall sei. Es brauchte Zeit, vier Monate um genau zu sein, aber eines Abends, nach einem wundervollen Essen in einem romantischen italienischen Restaurant, brachte ich sie dazu, mit in meine Wohnung zu kommen, und die Affäre begann. Ich glaube nicht, daß ich je vergessen werde, wie ich mich fühlte, als ich sie in jener ersten Nacht nach Hause brachte. Es war nicht das, was wir getan hatten, sondern etwas, was sie sagte, was meinen Wunsch zum Weglaufen entfachte. Sie sagte: ›Ich kann nicht glauben, wie glücklich ich bin, daß ich dich getroffen habe, und daß du es geschafft hast, mich zu überzeugen, daß meine Bedenken närrisch waren.‹ Sie fügte hinzu: ›Ich bin froh, daß du bewiesen hast, daß mein erster Eindruck falsch war.‹

Ich erkannte plötzlich, daß alles, was ich getan hatte, sehr viel mehr Eindruck gemacht hatte, als ich mir hatte vorstellen können. Alles lief viel zu gut. Es war zu schnell zu weit gediehen. Plötzlich war ich derjenige, der noch nicht soweit war, und ich bekam Panik. Ich ertappte mich dabei, Dinge zu denken wie ›Mach das nicht... es gibt noch so viele andere Frauen.‹

Ich hatte ihr gesagt, daß ich sie am nächsten Tag anrufen würde – einem Samstag –, aber wann immer ich nach dem Telefon griff, bekam ich ein mulmiges Gefühl in der Magengrube. Ich hatte wirklich Angst anzurufen, obwohl ich eigentlich nicht so recht wußte, warum.

Dann hatte ich in dieser Nacht einen Traum oder, genauer gesagt, einen Alptraum. Die Leute lachen, wenn ich ihnen diesen Traum erzähle, aber für mich war er sehr wirklich, sehr furchteinflößend und überhaupt nicht lustig. Ich träumte, ich sei bei meiner eigenen Hochzeit. Der Raum war riesig und irgendwie bedrohlich, mit ungeheuren stählernen Türen. Der Traum begann mit dem Augenblick, als ich das Ehegelöbnis sprechen sollte. Als ich an der Reihe war zu sagen ›Ich will‹, überkam mich Panik und Furcht. Ich wollte rauslaufen, aber ich konnte nicht, weil ich zugelassen hatte, daß es so weit gediehen war. Ich hatte keine Wahl, deshalb sagte ich ›Ich will‹.

Kaum waren diese beiden Worte meinem Mund entschlüpft, da fühlte ich mich krank. Ich dachte: ›Wie konnte ich das tun? Mein Leben ist vorbei.‹ Die Furcht war so real und so tief, daß sie mich aus meinem Schlaf schreckte. Als ich erwacht war, fühlte ich immer noch das Entsetzen, aber ich war auch wütend auf die Frau im Traum, die mir diese schrecklichen Gefühle verursachte.

Ich hatte diesen Traum seither viele Male, aber das erste Mal war es nach der Nacht mit Gloria. Zu dieser Zeit brachte ich den Traum nicht wirklich mit ihr in Verbindung. Schließlich war die Frau, die ich im Traum heiratete, nicht Gloria. Aber irgendwie war meine Angst, Gloria anzurufen, am Sonntag noch größer, als sie am Samstag gewesen war. Ich begann auch, ihr die Erwartung, daß ich sie anrufen würde, übelzunehmen.

Als ich sie dann am Montag bei der Arbeit traf, war ich nervös und ängstlich. Ich sagte mir, daß ich keinen Ärger wollte, den sie womöglich hegen würde, weil ich sie nicht angerufen hatte. Ich sagte mir, daß sie mit mir streiten würde, und deshalb tat ich alles, was ich konnte, um zu vermeiden, daß ich mit ihr reden mußte, indem ich distanziert und von lauwarmer Freundlichkeit blieb. Wie sollte ich ihr nur erklären, was ich fühlte – ich konnte es ja selbst kaum verstehen. Alles, was ich wußte, war, daß ich so weit weg von ihr wollte, wie ich nur konnte. Ich weiß, daß das nicht gerade eine meiner Sternstunden war...«

Wenn kein Ausweg bleibt als die Bindung

Toms Unbehagen ist nicht ungewöhnlich. Wenn die Symptome der Bindungsangst zum erstenmal auftreten, ist der Mann oft wirklich verwirrt. Schließlich passieren diese Reaktionen nicht in einem Vakuum, irgendwo ist eine Frau, für die er wirklich Interesse hat. Aber während die Beziehung zunächst Gefühle der Freude hervorgerufen hat, beschwört sie jetzt Furcht herauf. Konsequenterweise ist der Mann hin und her gerissen. Einerseits hat er zärtliche Gefühle gegenüber der Frau; andererseits empfindet er Angst, Furcht und Panik – Gefühle, die ihn wünschen lassen, daß er zurück kann.

Tom mochte Gloria wirklich, er wurde entschieden von ihr angezogen. Als er sie mir beschrieb, betonte er, wie kompetent, intelligent und bewundernswert sie als Mensch war. Wie er bereitwillig zugibt, behandelte er sie dennoch sehr schlecht. Was fühlte Gloria? Wir wissen es nicht, denn Tom gab ihr keine Chance, es ihm zu erzählen. Aber wenn sie halbwegs so wie die

Frauen war, mit denen ich gesprochen hatte, konnte sie wahrscheinlich nicht fassen, warum ein Mann, der Monate damit verbracht hatte, sie mit Komplimenten zu überschütten, ein einziges Mal mit ihr schlief und dann kaum noch zu wissen schien, daß es sie gab.

Tom sagte mir, daß er überhaupt nicht an Glorias Gefühle dachte. Es war ihm nicht einmal eingefallen, daß sie denken könnte, daß etwas an ihr ihn abgestoßen habe – was ja auch durchaus nicht der Fall war. Tatsache ist, daß die Beziehung sich nur noch in Richtung auf eine Bindung entwickeln konnte, und dies setzte Toms inneres Alarmsystem in Gang. Danach war alles, woran er denken konnte, das Feuer zu löschen.

Wenn Panik ausbricht

Manche Männer sind chronisch bindungsscheu. Andere, wie mein Freund Tom, sind in Ordnung, solange sie um eine widerstrebende Frau werben. Aber in dem Moment, in dem sie anfängt zu reagieren, ändert sich alles. Anstatt weiterhin der Jäger zu sein, reagiert er nun so, als würde er gejagt. Diese Reaktion hat oft nichts mit der Wirklichkeit zu tun; die Frau reagiert vielleicht nur so, wie er es zu wollen scheint. Aber sein Angstmechanismus reagiert, als wäre sein Leben bedroht.

Indem er der Beziehung ausweicht, sich nicht weiter mit der Frau befaßt und schließlich wegläuft, ist der Bindungsscheue in der Lage, seine Angst zu lindern. Er mag sich schuldig fühlen, aber das ist nicht annähernd so erschreckend und schmerzhaft wie die Bindungsangst. Für diesen verwirrten, von der Angst beherrschten Mann ist die Lösung einfach: Wenn es oberste Priorität hat, die Last von seinem Leben zu nehmen, muß er der Beziehung den Rücken kehren und konsequenterweise auch der Frau.

Eine Kampf-oder-Flucht-Reaktion

Die phobische Angstreaktion wird für gewöhnlich als die »Kampf-oder-Flucht«-Reaktion bezeichnet. Diese Reaktion als Antwort auf Gefahr ist nicht nur im Menschen angelegt, sondern ebenso bei den meisten höheren Tieren. Die Rolle der Kampf-oder-Flucht-Reaktion beim tierischen Überleben – einschließlich des Überlebens des menschlichen Wesens – ist klar. Es ist der Weg der Natur, unsere Abwehrsysteme zu mobilisieren und uns auf eine Konfrontation mit der Gefahr vorzubereiten. Wenn sie richtig abläuft, ist sie ein vitaler Mechanismus, der die Erhaltung der Art sicherstellt, indem sie uns in die Lage versetzt, die Quelle der Bedrohung zu bekämpfen oder aber zu fliehen. Unglücklicherweise kann sie furchtbar zerstörerisch sein, wenn sie nicht richtig funktioniert wie im Fall des extremen phobischen Verhaltens.

Über diese Kampf-oder-Flucht-Reaktion sollte sich jede Frau klar sein, die die Prüfungen und Wirrungen einer Beziehung mit einem bindungsscheuen Mann durchlebt hat. Denn sobald sich der Mann von der Bindungsfalle bedroht fühlt, sobald sein Körper mobil gemacht hat, stehen ihm nur zwei Möglichkeiten zur Wahl: vor der Bindung zu fliehen oder zu bleiben und zu kämpfen, indem er mit Ihnen kämpft. Manche Männer machen natürlich ein bißchen von beidem, aber worauf auch immer seine Wahl fallen mag, die Beziehung liegt schließlich in Trümmern.

Warum fliehen manche Männer, während andere angreifen? Ich vermute, das hängt von zwei Dingen ab: von der Empfindlichkeit des individuellen Alarmsystems des jeweiligen Mannes und von der Art und Weise, wie er die Unverletzbarkeit des Beziehungs-»Vertrages« sieht.

Aber allzu klar ist, daß beide Verhaltensmuster – kämpfen und die Flucht ergreifen – das Ergebnis derselben grundlegenden phobischen Reaktion sind.

Jemanden gerade dann verlassen, wenn es gut läuft

Vielleicht am faszinierendsten am Bindungsscheuen ist, daß er selten wegläuft oder kämpft, wenn die Beziehung *schlecht* ist; er läuft weg oder kämpft, wenn sie *gut* ist. Dies scheint dem gesunden Menschenverstand völlig zu widersprechen. Eine schlechte Beziehung ist etwas, um zu kämpfen oder wegzulaufen – eine gute Beziehung dagegen etwas, was man schätzt und pflegt – nicht wahr? Nicht so für den Bindungsscheuen. Seine Handlungen werden nicht vom gesunden Menschenverstand diktiert, sie werden bestimmt von seiner übersteigerten Furcht vor Bindungen. Deshalb fühlt er sich stärker gefangen, wenn die Beziehung wirklich eng und intim wird, weil er weiß, daß er keine Entschuldigung hat, davor wegzulaufen. Solange die Beziehung gestört ist, weiß er, daß er eine Entschuldigung hat, sie aufzugeben, und es besteht keine Gefahr, eingefangen zu werden. Deshalb wird typischerweise der Alarm ausgelöst, wenn die Beziehung gut läuft. Wenn dies passiert, kommt die Bindungsangst an die Oberfläche, und bevor man es merkt, kämpft der Mann oder er flieht. Ein Beispiel, das mir viele Frauen genannt haben, ist der Mann, der sie nach einem besonders schönen Wochenende verläßt oder einen Streit vom Zaun bricht oder gleich, nachdem die Frau etwas besonders Liebevolles oder Hilfreiches getan hat. Dieses scheinbar unerklärliche Verhalten läßt der Frau keine Wahl als zu folgern: Ich habe eine Beziehung zu einem Mann, der nicht lieben kann.

Frauenfeind oder Bindungsscheuer?

Es ist interessant und wichtig zu erwähnen, daß in der Vergangenheit der Mann, der bleibt und kämpft, häufig als Misogyn etikettiert wurde – als ein Mann, der Frauen haßt. Aber sobald man die Abläufe der bindungsphobischen Reaktion versteht, ist es plötzlich klar, daß dieses Etikett völlig unangemessen ist. Es handelt sich nicht um einen Mann, der Frauen haßt, sondern vielmehr um einen Mann, der wünscht, er könnte Frauen lieben. Aber er ist ein Opfer seiner Furcht – einer Furcht, die ihm nur zwei Möglichkeiten läßt: zu gehen oder zu kämpfen.

Die bindungsphobische Reaktion erklärt auch, warum so viele dieser Männer in dem einen Augenblick so warmherzig und liebevoll sein können und im nächsten so feindselig. Wenn sie Frauen wirklich hassen würden, wären sie die ganze Zeit über feindselig. Aber das ist bei dem Mann, der nicht lieben kann, einfach nicht der Fall. Er kann extrem warmherzig und liebevoll sein – oft bis zum Übermaß –, bis er seine persönliche phobische Reizschwelle erreicht. Nur dann, wenn sein innerer Alarm plötzlich ausgelöst wird, kommt seine Wut an die Oberfläche geschossen. Obwohl ich Sie nicht auffordern will, diesen Mann zu bedauern, bitte ich Sie doch zu erkennen, daß seine persönlichen Dämonen aus ihm einen wirklich bedauernswerten Charakter machen – einen Mann, der Gefangener seiner eigenen Furcht ist.

Ein altes Problem in neuer Ausprägung

Bindungsangst ist nichts Neues. Männer waren stets auf der Hut vor Bindungen, und ihre reflexartige Reaktion auf Nähe und Eingefangensein ist wahrscheinlich so alt wie das Menschengeschlecht selbst. Aber heute gibt es einen Unterschied. Anders als in jeder anderen Periode unserer Geschichte zerstört heute die Furcht vor Bindungen das Gefüge unserer Gesellschaft.

Es ist ebenso interessant wie traurig, daß dieser plötzliche Wandel eindeutig der sexuellen Revolution zuzuschreiben ist, der Frauenbewegung, der Bewußtseinserweiterung und anderen wichtigen Komponenten, die uns zu der »neuen Gleichheit« geführt haben. Mit anderen Worten, eben dieselben Wandlungen, die halfen, Männer und Frauen einander näherzubringen, zerren sie gleichzeitig auseinander.

Damals, in der »guten alten Zeit«, schickte es sich für einen jungen Mann nicht, zu lange ledig zu bleiben. Mit einigen Ausnahmen war der Lebensstil eines Junggesellen nicht geschätzt. Im Gegenteil, es war ein Lebensstil, der verdächtige Blicke von neugierigen Nachbarn auf sich zog, die im stillen untereinander flüsterten, über homosexuelle Neigungen spekulierten, über sexuelle Probleme und Ödipus-Komplexe.

Aber selbst wenn ein Mann seinen Nachbarn keine Aufmerksamkeit schenkte, hatte er noch der Tatsache ins Gesicht zu sehen, daß ein Mann, der nicht heiratete, immer in der Gefahr war, sich in Richtung auf die Karikatur des bleichgesichtigen ältlichen Sohnes zu entwickeln, der zu Hause hängengeblieben war, für immer vernarrt in seine senile Mutter. Kaum ein verlockendes Schicksal. Außerdem schien »gebunden zu sein« keine so große Sache zu sein. Die auf Abstand bedachten Werbungsrituale der vergangenen Zeit waren in keiner Weise so emotional oder sexuell bedrohend, wie sie heute sind. Wenn überhaupt, waren sie eher das Gegenteil. Und man muß dem ins Gesicht sehen: Wenn jemand nicht für die Dauer seines Lebens allein bleiben wollte, gab es kaum andere Möglichkeiten dafür außer der Heirat. Je lauter der Körper nach Erfüllung verlangte, desto mehr fand er sich deshalb auf den einzig legitimen Weg getrieben, der dies Verlangen auf Dauer erfüllen konnte.

Selbst in den späten fünfziger Jahren noch war die Ehe der einzige »sanktionierte« Lebensweg für den durchschnittlichen Mann. In »Hearts of Men« erinnert uns die bekannte Feministin Barbara Ehrenreich daran:

»Das durchschnittliche Heiratsalter für Männer lag in den späten fünfziger Jahren bei 23, und entsprechend der Volksmeinung mußte ›man sich wundern‹, wenn es ein Mann viel länger aushielt, sagen wir noch bis 27. In den fünfziger und sechziger Jahren hatte die Psychiatrie ein starkes Gewicht auf die Theorie gelegt, nach der die Ehe – und innerhalb derer die Rolle als Brotverdiener – das einzig normale Stadium für den erwachsenen Mann war. Außerhalb lag nur eine Reihe von Diagnosen, die alle nicht schmeichelhaft waren.«

So ließ unser prähistorischer (prä-1960er) Mann sich in eine monogame Beziehung ziehen, ging seine Bindung ein und löschte das Feuer, das in seiner Seele brannte. Zu der Zeit, als er anfing, die einschließenden »Mauern« um sich herum wahrzunehmen, steckte er für gewöhnlich schon zu tief im Bindungsprozeß, um ihm wieder den Rücken zu kehren (besonders wenn er daran dachte, daß ihr Vater hinter ihr stand).

Der Begriff des widerstrebenden Bräutigams ist kaum ein Mythos. Ich vermute, daß die Mehrzahl widerstrebend war, wenn nicht sogar erschrocken. Aber einmal gebunden, gab es wenige Wege zu entkommen, abgesehen davon, die Stadt zu verlassen oder zur Fremdenlegion zu gehen. Die Gesellschaft meinte, er müsse heiraten, und so heiratete er.

Einmal verheiratet, war der Bindungsscheue wirklich »festgenagelt«, denn eine Scheidung war weder erreichbar noch akzeptabel. Wenn der Drang zu fliehen zu stark wurde, was oft geschah, hatte er wenig andere Wahl, als das innerhalb seiner Ehe zu tun. Manche Männer fanden, Alkohol sei ein akzeptables Fluchtmittel. Andere vertieften sich in ihre Arbeit. Die, die damit durchkommen konnten, hatten Affären, während andere sich einfach in die tägliche Zeitung vergruben und ihre Frauen »ausschalteten«. Viele Männer machten natürlich alles, was hier erwähnt wurde, zugleich.

Während viele Frauen wohl immer noch diese Art von Hölle durchleben, tendieren die heutigen Beziehungen mit Bindungsscheuen dazu, von einer ganz neuen Reihe von Triebkräften regiert zu werden. Dank des liberalisierenden Einflusses der neuen sozialen Veränderungen, einschließlich der Frauenbewegung, der sexuellen Revolution und allgemein der Bewußtseinserweiterung, *müssen* Männer nicht heiraten, um Liebe und Sex zu bekommen, was vorher nur die Ehe zu bringen pflegte. Und ein lediger Mann kann ledig bleiben, bis sich seine Jahre neigen (sagen wir mal wenigstens seine vierziger), ohne daß sich mehr als ein gutes Dutzend Augenbrauen heben.

Wir nennen das Fortschritt, und das ist es wirklich. Es ist wundervoll, in einer Zeit mit so kolossaler persönlicher Freiheit zu leben, die solche Möglichkeiten der Erfüllung bietet. Aber diese Freiheit richtet Verwüstungen in unseren zwischenmenschlichen Beziehungen an. Übersteigert formuliert, könnte man sagen: Die Männer wurden aus dem Käfig gelassen. Und ganz gleich, wie warm und liebevoll ein entsprechendes Umfeld auch sein mag, für den Mann ist es immer noch ein Käfig. Wie bei jedem anderen Tier, das einen Käfig sieht, ist auch sein erster Instinkt wegzulaufen.

Die vielen Verzweigungen der Bindungsangst

Wie ich im Laufe meiner Interviews entdeckte, ist Bindungsangst selten auf die zwischenmenschlichen Beziehungen beschränkt. Der Bindungsscheue neigt dazu, Bindungen *jeder Art, Gestalt oder Form* zu fürchten; er fürchtet jedes Ding oder jede Situation, die von fester, dauernder Qualität ist. Seine Probleme mit Frauen sind nur ein Teil, wenn auch ein wichtiger, eines viel größeren Problems.

Tom, einer der ersten Männer, die ich interviewte, wies darauf hin, daß seine Furcht vor Bindungen allumfassend war. Er war so auf seine Ängste fixiert, daß seine Erläuterungen viele Dinge erleuchteten, die mir zu diesem Zeitpunkt nicht bewußt waren. Er wies darauf hin, daß er dazu neige, das Leben eines Vagabunden zu führen, weil er sich nie völlig an einen Platz oder an eine Arbeitsstelle binden konnte. Er mietete einen Fernsehapparat, weil er sich nie entschließen konnte, welches Modell er kaufen sollte, und erwähnte, daß er sich bei den meisten größeren Anschaffungen schwer oder unmöglich entscheiden konnte.

Gleich nachdem mir der Verdacht gekommen war, daß Toms Reaktionen nicht einzigartig seien, begann ich meine Interviews zu erweitern, um Fragen einzuschließen, die andere, *scheinbar* nicht damit zusammenhängende Bindungsprobleme betrafen. Alle meine Tiefeninterviews mit Männern schlossen nun die folgenden Fragen ein: Haben Sie Schwierigkeiten, wenn es um größere Anschaffungen geht? Gehört Ihr Zuhause Ihnen oder bezahlen Sie Miete? Wie lange wollen Sie dort leben? Macht Ihre berufliche Laufbahn Sie glücklich? Haben Sie Haustiere? Besitzen Sie ein Auto? Haben Sie Schwierigkeiten, langfristige Pläne zu machen? Haben Sie allgemein Schwierigkeiten, Entscheidungen zu treffen? Haben Sie irgendwelche anderen, mit Bindungen zusammenhängenden Marotten?

Die Antworten auf diese Fragen waren sowohl faszinierend als auch erschreckend. Für die große Mehrheit der Interviewten waren Probleme mit zwischenmenschlichen Beziehungen nur die Spitze des Beziehungs-Eisbergs. Die Furcht vor Bindungen durchdrang das Leben dieser Männer. Für einige war schon die Erwähnung des Wortes Bindung genug, um beträchtliche Angst hervorzurufen.

Manche gaben es zu, daß sie besessen von Bindungen waren... heimgesucht von ihnen... oft gelähmt von ihnen. Sie hatten auch mit Bindungen zusammenhängende Schrullen, die ich mir nie hätte träumen lassen. Die meisten hatten mit sozialem Engagement nichts im Sinn und waren überaus unzuverlässig. Die meisten haßten die Vorstellung, in einem Verein oder so einen Posten zu übernehmen. Manche sträubten sich, sich in die Wahllisten eintragen zu lassen, weil sie sich weder für eine Partei erklären noch als Nichtwähler erkennbar sein wollten. Einige schrieben nicht gerne Briefe, weil sie den Gedanken nicht ertragen konnten, ihre Gedanken »auf ewig« dem Papier anzuvertrauen. Viele wollten nicht auf ein Tonband sprechen oder lehnten irgendeine andere Art der »dauerhaften« Aufnahme ab. Einige mochten nicht mit Tinte schreiben. Einer schrieb nur mit Bleistift und radierte dann alles aus, was er geschrieben hatte. Zweien fiel ein, daß es ihnen widerstrebte, ihren Namen auf ihrem Briefkasten anzubringen, und sie erwähnten von sich aus diese Tatsache.

Es wurde alles nur zu klar: Bindungsangst war nicht nur ein Problem zwischen Männern und Frauen, sie prägte vielmehr das ganze Leben. Und diese Männer haßten oder fürchteten Frauen nicht – ebenso wie sie ihre Heime oder ihre berufliche Laufbahn nicht haßten oder fürchteten. Was sie haßten oder fürchteten, war die Bindung selbst, ungeachtet, mit wem oder was diese Bindung eingegangen wurde. Wir wollen daher die verbreitetsten bindungsphobischen Verhaltensmuster einmal näher betrachten.

Eine Geschichte der Verweigerung und Unzugänglichkeit, die weit über den Umgang mit Ihnen hinausgeht

Bei der großen Mehrheit der interviewten Männer kündigte sich die Angst, festgenagelt zu werden, oder die Verweigerungshaltung auf eine oder mehrere der folgenden Arten an:

1. Wirklich eigentümliches Telefonverhalten

Die Frauen erzählten mir, und die Männer bestätigten es, daß es schwierig war, sie telefonisch zu erreichen oder zu finden, und daß es oft ganz ungewiß war, ob sie telefonisch zurückrufen würden. Einige Männer hatten absichtlich keinen Anrufbeantworter zu Hause. Andere hatten zwar welche, schalteten sie aber nie ein. Die schlimmsten Fälle von Bindungsscheuen schalteten ihre Telefone einfach ab oder ließen sie dauernd auf Auftragsdienste oder Anrufbeantworter geschaltet und machten allen ihren Freunden klar, daß sie nicht mit prompten Rückrufen rechnen könnten.

Mehr als ein Mann hatte eine Sekretärin oder sonst eine Person, die darin geübt war, falsche Auskünfte über seinen Aufenthaltsort zu geben.

Andere Telefon-Verhaltensmuster:

- Der Pelzhändler, der Frauen ermutigt, ihn anzurufen, gibt genaue Anweisungen, wie und wann das geschehen soll, und ist dann nie unter der angegebenen Nummer zu erreichen.
- Der leitende Angestellte, der nur eine Nummer angibt: die seiner Stammbar, wo sie Übung darin haben zu sagen: »Er ist noch nicht hier.«
- Der Rechtsanwalt, der seine nicht eingetragene Telefonnummer alle paar Monate in eine neue nicht eingetragene Nummer ändern läßt.
- Der Texter, der auf seinem Anrufbeantworter eine Botschaft hat, die besagt: »Sie können mich nicht erreichen, und dieser Apparat nimmt keine Nachrichten auf.«

2. Es widerstrebt ihm, entweder sich auf Pläne mit anderen festzulegen, oder er ist nicht 100%ig zuverlässig, wenn es um ihre Ausführung geht.

Bis auf einen Mann erzählte mir jeder ernstlich Bindungsscheue, mit dem ich sprach, daß er es vorziehe, sich in seinem Privatleben nicht an Vorausplanungen zu binden und es nur zu tun, wenn es absolut unumgänglich war. (Die meisten ärgerten sich, daß es bei neuen Frauen wenig Flexibilität gab, und daß man von ihnen erwartete, Verabredungen zu treffen und einzuhalten.)

Viele Männer gaben zu, daß sie in ihrem Privatleben jedem gegenüber unzuverlässig waren, auch gegenüber von Familie und Freunden. Das war jedoch nicht der Fall in Situationen, die mit der Arbeit zusammenhingen.

Mary, eine Krankenschwester, die ich interviewte, sagte zurückblickend, wenn sie der Art, wie ihr Exfreund Gordon seine Familie und seine Freunde behandelte, mehr Aufmerksamkeit geschenkt hätte, hätte sie sich nie mit ihm eingelassen, geschweige denn erwartet, daß er sie heiratete.

»Gordon mochte seine Mutter und seinen Vater wirklich, aber er behandelte sie abscheulich. Er besuchte sie nie, weil sie drei Stunden entfernt wohnten und er einen Besuch entsprechend hätte planen müssen, was er nicht wollte. Sie wollten ihn alle paar Monate besuchen, und dann ärgerte er sich darüber, daß er sich im voraus festlegen mußte dazusein, wenn sie ankamen. Ich weiß, es brachte seine Mutter sehr auf, aber er kam gar nicht auf die Idee, daß sein Verhalten doch sehr eigentümlich war. Er weigerte sich auch, sich für irgendwelche Familienfeste festzulegen, seien es nun gemeinsam zu verbringende Feiertage, Hochzeiten oder Geburtstage. Davon abgesehen, hatte er ein durchaus gutes Verhältnis zu seinen Eltern, telefonierte regelmäßig mit ihnen und sprach warm über sie und seine Kindheit. Seine Eltern waren schon in den Siebzigern, und er konnte nicht erkennen, daß sein Verhalten für sie schmerzlich war.«

Margo, eine Verwaltungsassistentin, hat eine ähnliche Geschichte über ihren Exfreund Matt zu berichten:

»Als ich zum erstenmal Matt traf – der mir mein Herz und dann auch sozusagen mein Sparbuch rauben sollte wegen all des Geldes, das ich für eine Therapie ausgab, um zu versuchen, mich von meinem gebrochenen Herzen zu erholen –, war eine der ersten Sachen, von denen er mir erzählte, daß seine Mutter zornig auf ihn war. Er hatte offensichtlich versprochen, sie zu einer Hochzeit im Verwandtenkreis zu fahren, die ihr wichtig war, und er hatte verschlafen. Er sagte, das sei nicht das erste Mal, daß so etwas passiert sei, und er schien wirklich aufgebracht darüber. Zu der Zeit fand ich es richtig, sein Selbstbewußtsein zu stützen und seine Argumentation, indem ich ihm zustimmte, daß seine Mutter schwierig und anspruchsvoll sei und daß es eine Art von Selbstschutz sei, ihr aus dem Weg zu gehen. Später lernte ich ein paar seiner Freunde kennen; im Laufe einer Schilderung erwähnte einer von ihnen beiläufig, wie unzuverlässig Matt sei und daß er selten wie vereinbart käme. Wieder zog ich es vor, dies nicht weiter zu beachten und meinte, er hätte wahrscheinlich gute Gründe, sich so zu verhalten. Am Ende unserer Beziehung, als er mindestens ein halbes Dutzend Verabredungen oder gemeinsam geplante Unternehmungen vergessen, verschlafen oder einfach nicht eingehalten hatte, erinnerte ich mich an diese Geschichten.«

3. Bei einer gesellschaftlichen Veranstaltung, die ihm nicht gefällt, fühlt er sich »gefangen«. Er scheint dabei mehr Unbehagen zu empfinden als die meisten Menschen und kann mürrisch und launisch wirken.

Hin und wieder fühlt sich jeder einmal bei irgendeiner gesellschaftlichen Veranstaltung unbehaglich – das kann eine Party sein, auf der wir nicht sein wollen, ein Konzert, das uns nicht gefällt, eine Familienfeier, die wir lieber gemieden hätten. Es ist normal, ein gewisses Maß an Unbehagen zu verspüren. Es ist auch normal, zu erkennen, daß es bald vorbei sein wird und daß wir aus dem einen oder anderen Grund eine soziale Verpflichtung gegenüber der Situation oder gegenüber einer Person haben. Wenn dies geschieht, dann sagen wir uns: Stehen wir's durch und machen wir das beste daraus. Nicht so der typische Bindungsscheue. Er reagiert heftig. Sein qualvoller Aufschrei ist so laut, daß man ihn nur verstehen kann, wenn man erkennt, daß er sich wirklich »festgenagelt« fühlt. Sein Unbehagen ist so groß, daß er aus der Situation eben nicht das beste machen kann, und er kann jeden, besonders die Frau in seiner Begleitung, mit seiner üblen Laune unglücklich machen.

4. Er kann arbeitsbezogene Bindungsangst haben

Werfen wir nun einen Blick auf das Arbeitsplatz-Muster des Bindungsscheuen. Grundsätzlich kann er es auch dort nicht ertragen, sich gefangen zu fühlen. Wenn der Bindungsscheue bei seiner Arbeit glücklich sein soll, muß deshalb mindestens eines der folgenden Kriterien zutreffen.

WEITGEHEND UNABHÄNGIG: Ein gutes Beispiel ist jede selbständig arbeitende Person, die sich ihren eigenen Plan macht und ihre eigenen Prioritäten setzt.

NICHT DAUERND: Ein Bindungsscheuer ist vielleicht in der Lage, mit einem Job zurechtzukommen, der ihn sowohl abhängig macht, als ihn auch einengt, aber nur dann, wenn er das Gefühl hat, daß der Job ihn nicht bestimmt oder daß er nicht auf Dauer angelegt ist.

Bei manchen Bindungsscheuen führt die Angst sogar noch zu extremerem Verhalten. Diese Männer sind vielleicht nie in der Lage, sich in einem Job oder einer Laufbahn zu arrangieren, und wandern von Job zu Job oder von Stadt zu Stadt. Bindungsscheue neigen dazu, sich dem zu widersetzen, daß sie von einem Job oder einer Laufbahn »bestimmt« werden, selbst wenn sie erfolgreich sind. Ein Beispiel dafür ist der Rechtsanwalt, der zugleich schriftstellerisch tätig ist oder lehrt und am Wochenende in einer Jazzband spielt.

Der Grund dafür ist, daß diese Männer immer das Gefühl haben wollen, daß sie die Möglichkeit haben, aus jeder Arbeitssituation herauszukönnen, wenn sie es nur wollen. Manche wollen es recht oft.

5. Viele von diesen Männern, wenn nicht alle, lebten in zumindest ein wenig ungewöhnlichen Umständen wie zum Beispiel:

– Sein Verhältnis zu seinem Zuhause hat immer nur etwas Vorläufiges; das kann sich in einem Untermieterverhältnis widerspiegeln oder in nur kurzfristigen Mietverträgen oder in einem heftigen Widerstreben, sich ernsthaft mit dem Kauf von Möbeln zu beschäftigen. Alles hat den Charakter einer Übergangs- oder Notlösung.

- Er hat vielleicht eine Wohnung mit einem ganz normalen Mietvertrag, aber er hält sich selten hier auf und zieht es vor, bei seinen Freunden, Exfrauen, Freundinnen usw. zu schlafen.
- Sein Heim spiegelt seine Haltung gegenüber Bindungen ganz genau wider. Es ist ganz bequem für ihn, aber man bekommt zwangsläufig das Gefühl, daß sein »Lager« aussagt: »Ich will allein sein.« (Ein Beispiel dafür ist der 46jährige leitende Angestellte einer Werbeagentur, der eine sehr komfortable Wohnung mit einem Einzelbett hat. Oder der 38jährige Computer-Programmierer mit einem Badezimmer, von dem keine Frau sich jemals vorstellen könnte, es zu benutzen.)
- Sein Zuhause ist gemütlich, aber es wurde eingerichtet oder geprägt von einer Exfreundin oder -frau und wird fast als Reliquienschrein dieser alten Beziehung gepflegt. In vielen Fällen war die Frau der abgelehnte Partner, aber das wird nicht immer deutlich durch das Dekor oder die Art, wie der Bindungsscheue es und sie beschreibt.
- Seine Wohnverhältnisse erlauben es ihm nicht, eine Frau bei sich zu haben; er klagt vielleicht darüber, aber er ändert sie nicht.

6. Größere Anschaffungen werden zum Trauma

Viele Bindungsscheue verhalten sich gegenüber hochpreisigen Anschaffungen weitgehend wie gegenüber Frauen: Auf der Suche nach dem Perfekten schrecken sie vor endgültigen Entscheidungen zurück und bereuen oft jene, die sie getroffen haben.

Ich sprach mit Männern, die mir erzählten, ein Auto zu kaufen sei eine gleich schwere Entscheidung wie zu heiraten. »Wenn man es erst einmal nach Hause gebracht hat, ist man daran ›gekettet‹, gebunden für eine sehr lange Zeit«, sagte einer. Obwohl der Augenblick des Kaufes Spaß machen kann, kann die Endgültigkeit der Entscheidung Angst, Zweifel und selbstquälerisches Verhalten mit sich bringen. Nebenbei gesagt, war dieses besondere Phänomen nichts, wonach ich besonders suchte, obwohl es mich andererseits nicht überraschte. Aber schon die ersten paar Männer, die ich interviewte, erwähnten diesen besonderen Aspekt ihrer bindungsphobischen Angst ganz von sich aus.

In vielen Fällen waren sich die Männer viel stärker ihrer Ängste im Zusammenhang mit einer Kaufentscheidung bewußt als ihrer Ängste im Hinblick auf Beziehungen. Wenn man darüber nachdenkt, ist das nicht schwer zu verstehen. Es ist zum Beispiel für einen Mann, der sich mit einer teuren Anschaffung schwertut, ganz offensichtlich, daß er seine Wahl unter dem treffen kann, was auf dem Markt ist. Wenn er sich nicht entscheiden kann, etwas zu kaufen, so ist das offensichtlich sein Problem. Wenn er dagegen keine Bindung mit einer Frau eingehen kann, ist es leicht, das mit der allgemein üblichen Entschuldigung »Ich habe eben noch nicht die Richtige gefunden« zu bemänteln.

Können auch Frauen bindungsscheu sein?

Am Ende dieses Kapitels angelangt, scheint es mir nur fair, auch auf dieses Thema noch einzugehen. Wenn man einmal die Ursprünge der Bindungsangst verstanden hat, scheint es nur logisch zu sein, daß es sich nicht um ein geschlechtsspezifisches Problem handelt. Nach alledem müssen Frauen sicher für dieselben klaustrophobischen Gefühle anfällig sein, die das »für immer« auslöst. Müßten solche Frauen nicht ebenso empfindlich auf Bindungen reagieren wie Männer, ebenso erschreckt von der Aussicht, in die Falle zu geraten?

Die Antwort darauf ist ja und nein. Ja, viele Frauen sind erschreckt – sogar entsetzt – in bezug auf Bindungen. Aber diese Überempfindlichkeit hält sie nicht notwendigerweise davon ab, sich zu binden, wenigstens nicht in dem Maß, wie sie Männer abhält. Warum nicht? Selbst wenn eine Frau Bindungen fürchten mag, so hat sie doch viele andere Ängste, Bedürfnisse und Instinkte, die sie unaufhörlich dazu drängen, sich zu binden.

Die mächtigste Kraft, die eine Frau dazu treibt, sich zu binden, müssen ihre mütterlichen Instinkte sein – ihr biologisches Bedürfnis, sich zu paaren und fortzupflanzen. Das Überleben der Art hängt völlig von der Fortsetzung der Art ab, eine Aufgabe, die Mutter Natur in erster Linie den Frauen anvertraut hat (eine weise Wahl, ohne Zweifel). Mit wenigen Ausnahmen verblassen alle anderen Ängste und Wünsche angesichts dieser stärksten biologischen Macht. Selbst wenn eine Frau wirklich vor Bindungen in jeder Gestalt, Art oder Form zurückschreckt, wird es deshalb der Druck ihrer mütterlichen Instinkte fast immer schaffen, die Befürchtungen und Ängste zu überwinden... zumindest zeitweise.

Bei Männern andererseits ist dieser biologische Drang nicht derart stark ausgeprägt. Sie haben vielleicht einen starken Sexualtrieb, aber wenn sie diesen Trieb erst einmal befriedigt haben, können sie sich einfach davonmachen und die Frauen mit der wichtigen Arbeit zurücklassen. Und das machen sie ja auch oft genug.

Obendrein spielt natürlich das Lebensalter beim Verhältnis der Frauen gegenüber ihren eigenen Bindungsängsten eine viel stärkere Rolle im Hinblick auf Liebe, Beziehungen und Kinderwunsch. Einfach gesagt, je älter eine Frau wird, desto schwieriger ist es für sie, einen annehmbaren Gefährten zu finden (sogar einen unannehmbaren), und desto größer sind die Risiken beim Kindergebären. Selbst wenn ihre bindungsphobischen Impulse sie warnen: »Finger weg von dem!«, so wird deshalb die Stimme der Vernunft stets damit kontern: »Wenn du den nicht nimmst, hast du vielleicht nie mehr eine Chance.«

Dies ist wiederum für die meisten Männer kein Problem. Wenn ein Mann den leisesten Wunsch hat, Bindungen zu vermeiden oder zu verschieben, kann er seine Handlungen stets rechtfertigen. »Ich habe wirklich keinen Grund zur Torschlußpanik«, denkt er. »Selbst mit fünfzig kann ich immer noch eine jüngere Frau finden, häuslich werden und eine Familie gründen.« Wesentlich ist, daß ihm sein »Datenspielraum« den Luxus erlaubt, »frei« zu bleiben, solange er es wünscht. Ein anderer wichtiger Faktor, der Frauen daran hindert, wegzulaufen, ist die Furcht, alleine zu sein. In einer Gesellschaft, die immer noch von Männern beherrscht wird, ist es schwierig und manchmal gefährlich, eine Frau zu sein – besonders eine alleinstehende Frau. Das Ergebnis ist, daß viele Frauen fühlen, daß sie es *nötig haben*, eine dauernde Bindung mit einem Mann einzugehen, sei es zur Sicherheit, um finanziell abgesichert zu sein oder einfach, um Einsamkeit zu vermeiden. Und im allgemeinen sind sie willens, eine solche Bindung einzugehen, auch wenn sie es in Wirklichkeit eigentlich nicht wollen. Irgendwie, so stellen sie sich vor, werden sie damit zurechtkommen. Leider haben die meisten Männer, die dasselbe Problem haben, nicht die gleiche Vorstellung.

4. KAPITEL

Der Mann und sein Konflikt: eine Welt mehrdeutiger Botschaften und widersprüchlichen Verhaltens

Der Bindungsscheue ist ein Mann mit zwei Seelen und zwei ganz unterschiedlichen und getrennten Betrachtungsweisen. Zum einen will er eine gute Beziehung zu einer Frau haben, die ihn liebt. Zum anderen betrachtet er eine dauernde Bindung als erstickende Falle. Es kann vorkommen, daß in einer bestimmten Situation diese beiden völlig gegensätzlichen Gesichtspunkte gleichzeitig irgendwie zum Ausdruck kommen. Mit einem Bindungsscheuen liiert zu sein, heißt, in eine seltsame Welt der doppeldeutigen Botschaften und des widersprüchlichen Verhaltens einzutreten. Er kann kein klares Ja sagen, und er kann nicht nein sagen. Wenn Sie in eine Beziehung mit einem solchen Mann verstrickt sind, werden Ihnen möglicherweise einige der folgenden Charakteristika begegnen:

– Sagt er zu Beginn Ihrer Beziehung das eine und tut das andere?
– Macht er Pläne und hält sie nicht ein?
– Schwankt er und ändert seine Meinung?
– Macht er Versprechungen, die er nicht hält?
– Macht er für jeden Schritt vorwärts zwei zurück?

Aufpassen: Das Wichtigste, was eine Frau tun kann, um sich selbst gefühlsmäßig zu schützen

Ich habe sehr viel Verständnis für Frauen, die eine Beziehung mit einem Mann mit Bindungsproblemen haben. Ich weiß, daß in den allermeisten Fällen der Mann den Widerstand der Frau und ihre natürliche Vorsicht durch den Enthusiasmus seiner Werbung überwindet. Ich weiß auch, daß es bei den meisten dieser Männer Hinweise auf ihre bindungsphobischen Tendenzen gibt. Die Frauen machen oft den Fehler, daß sie diesen Hinweisen nicht genug Aufmerksamkeit schenken.

Der erste Fingerzeig:
Seine Vergangenheit mit anderen Frauen

Machen Sie sich frei von dem Gedanken, daß ein Mann durch die Liebe einer guten Frau geändert werden kann (und daß Sie diese gute Frau sind).

Jeder Frau ist das schon passiert: Sie trifft einen Mann, der förmlich nach Bindungsangst riecht. Seine Vergangenheit mit Frauen ist gräßlich! Aber anstatt auf ihre guten Instinkte zu hören, hört sie auf ihn. Wenn er ihr von seinen Problemen in anderen Beziehungen erzählt, bedauert sie ihn. Sie setzt voraus, daß die »anderen Frauen« schuld gewesen sind. Sie redet sich selbst ein, daß er bei ihr anders sein wird. Zugegeben, am Anfang *sagt* er ihr oft, daß es mit ihr anders sein wird. Eine Frau sollte jedoch nicht zu schnell in den Mann, der um sie wirbt, das Vertrauen setzen, daß er seine angeblichen Absichten erfüllt. Wenn er eine fragwürdige Vergangenheit mit anderen Frauen hat, sollte sie achtgeben und folglich sich selbst schützen.

MYTHOS: Der Mann kann durch die Liebe einer guten Frau geändert werden.

TATSACHE: Die meisten Frauen, denen er begegnete, waren gute Frauen, und er hat keine freundlich behandelt.

Weitere Fingerzeige: Wie er mit Ihnen umgeht

Manchmal kann man aufgrund der Vergangenheit eines Mannes kein Urteil fällen. Statt dessen ist es der erste Hinweis auf Probleme, die Sie mit ihm haben werden, wenn er anfängt, Unruhe in Ihr Leben zu bringen, indem er etwas zu Ihnen sagt und etwas anderes tut, nicht zu Verabredungen erscheint oder sich anders und weniger aufmerksam benimmt, als er es am Anfang tat.

Üblicherweise neigt eine Frau dazu, diesen ersten Warnzeichen von Kummer in der Beziehung nicht genug Aufmerksamkeit zu schenken. Sie hört nur die Botschaft, die sie hören will, und wischt mit Argumenten die weg, die unerfreulich ist. Ihre Freunde warnen sie vielleicht, aber anstatt darauf zu hören, verteidigt sie den Mann noch mehr.

Einer Frau stehen Dutzende von Wegen zur Verfügung, um zu vermeiden, was in einer Beziehung mit einem Bindungsscheuen geschieht, bevor es zu spät ist, sich entweder selbst zu schützen oder zu versuchen, die Folgen zu ändern. Im Augenblick, in dem der Mann beginnt, sie schlecht zu behandeln, ist sie vielleicht total verwirrt über das, was vorgeht. Ohne bestimmte Einsichten wird sie sich wohl gelähmt fühlen, unfähig zu anderem als der Hoffnung, daß ein Wunder geschieht und er sich ändern wird. Ich hoffe, daß dieses Kapitel darüber, auf welche Weise oft ein Mann sich und/oder die Frauen, denen er begegnet, täuschen kann, dabei helfen kann, derartige Einsichten zu vermitteln.

Obwohl die Grundmotivation bei allen gleich ist, ist jeder Bindungsscheue doch wieder einzigartig. Abhängig von seiner Angstschwelle, seiner Familiengeschichte, seinem wirtschaftlichen Hintergrund und einem Dutzend anderer psychischer Faktoren kann die Art, wie jeder von diesen Männern seine Konflikt-Botschaften aussendet, leicht verschieden sein. Im folgenden seien einige der verbreitetsten Formen, in denen der bindungsphobische Konflikt eines Mannes seinen Ausdruck findet, aufgeführt.

Er kann sich nicht auf ein Ja festlegen/Er kann sich nicht auf ein Nein festlegen

Das Wichtigste, was man bei einem Mann, der unter Bindungsangst leidet, verstehen muß, ist, daß *Bindung* und *Festlegung* an sich das Problem ist. Das bedeutet, daß er, wenn es zu einer Beziehung kommt, ebenso große Schwierigkeiten hat, sich auf ein Nein festzulegen wie auf ein Ja. Wenn er mit einer Frau zusammen ist, kann er typischerweise nicht den Sprung wagen und sich bereit erklären, für die Beziehung sein Bestes zu geben, aber er kann sich selbst auch nicht darauf festlegen, wegzugehen. Welche Wahl er auch immer zu treffen versucht, er fühlt sich eingefangen, bedrängt und geängstigt bei seiner Entscheidung.

Konsequenterweise entscheidet er sich dafür, nichts zu entscheiden. Oder er schwankt. Oder er schlägt den einen Weg ein und dann wieder den anderen. Das kann einen verrückt machen. Diese Widersprüche sind fester Bestandteil des Verhaltensmusters eines Bindungsscheuen.

Cheryl, eine 28jährige Reisebüroangestellte, ist gründlich verwirrt durch das widersprüchliche Verhalten ihres Freundes: »Ich versteh' Alan nicht. Man nimmt an, daß wir eine Beziehung miteinander haben, aber er trifft sich nie mit mir. Er ruft jeden Tag an und bittet mich mindestens zweimal pro Woche, mit ihm auszugehen. Dann erscheint er aber zu keiner dieser Verabredungen – die *er* ausgemacht hat. Er ruft etwa eine Stunde vor dem vereinbarten Termin an und sagt ab, stets mit einer außerordentlich komplizierten Entschuldigung. Er sagt mir, wie gern er mich doch treffen würde, hängt ein – und dann fängt das Ganze in der folgenden Woche von vorne an. Es ist wirklich verblüffend. Dann und wann schafft er es, zu mir zu kommen. Wenn er eintrifft, gewöhnlich reichlich spät, stimmt immer irgend etwas nicht, und er kann auf keinen Fall bleiben – sein Rücken tut weh, seine Mutter braucht ihn, seine Tochter braucht ihn, sein Wagen muß in die Werkstatt. Wenn ich ihn frage, warum er das macht, wird er entweder wütend oder er verspricht, es nicht mehr zu tun – ein Versprechen, das er dann nicht einhält. Ich bin nicht mehr bereit, mich irgendwo mit ihm zu treffen, weil es schon zu oft passiert ist, daß er sich nicht blikken ließ. Als er anfing, sich so zu benehmen, war ich für gewöhnlich sehr erregt, weil ich ihn vermißte und ihn sehen wollte. Aber jetzt kümmert es mich nicht mehr – obwohl ich es nicht verstehe. Wenn er mich sehen will, warum tut er es dann nicht? Wenn er es nicht will, warum sagt er es dann nicht einfach und vergißt das Ganze?«

Ein Mann wie Alan ist ein gutes Beispiel für bindungsphobisches Schwanken. Er ist von widerstreitenden Impulsen gefangen. Wenn er ohne Cheryl ist, will er bei ihr sein – er hat vielleicht sogar das Gefühl, daß er sie liebt. Aber in dem Augenblick, in dem er sich ihr nähert, fühlt er sich eingefangen. Dieses Gefühl des Gefangenseins löst seine »Kampf-oder-Flucht-Reaktion« aus, deshalb läuft er weg und erscheint nicht wie geplant. Dann, befreit vom Gefühl des Gefangenseins, kann er sich wieder erlauben, Cheryl zu vermissen – und der ganze Vorgang wiederholt sich.

Werbendes/zurückstoßendes Verhalten – das bindungsphobische Markenzeichen

Er ist der zärtlichste Liebhaber der Welt; er ist Ihr bester Freund; niemand kümmert sich mehr um Sie oder versteht Sie besser. So ist es, bis er Sie zurückstößt. Die Besonderheit des Bindungsscheuen ist diese Verbindung von Werben und Zurückstoßen. Dies ist fester Bestandteil des Eroberung-Panik-Syndroms. Dies zu wissen, ist freilich nur ein geringer Trost für die Frau, die das Opfer der Zurückweisung ist.

Jane ist eine 28jährige Schauspielerin, die sich in psychotherapeutische Behandlung begeben mußte, als ihre Beziehung mit Martin, einem Arzt, zu Ende ging.

»Als Martin und ich uns begegneten, folgte er mir auf Schritt und Tritt. Ich dachte schon, er müsse wohl seine Praxis zumachen! Er konnte mich gar nicht oft genug sehen. Dann, nach etwa vier Monaten, hatte er weniger Zeit. Zuerst gefiel mir das – ich dachte, dies bedeute, daß die Beziehung beständiger, normaler würde. Dann legte er plötzlich weniger Wert auf Sex. Ich nahm an, er sei erschöpft oder müsse an seine Arbeit denken. Nach der Art und Weise, wie er sich mir gegenüber noch vor ein oder zwei Wochen verhalten hatte, kam es mir nicht in den Sinn, daß er das Interesse an mir verloren haben könnte. Dann fing er an, sich zu entschuldigen, daß er alleine schlafen müßte, weil er am nächsten Morgen operieren müßte. Nach ein paar Wochen fing ich an, mich wirklich zurückgestoßen zu fühlen. Ich wußte, es konnte nicht einfach Ermüdung dahinterstecken. Nach einem Monat hatte ich das Gefühl, daß er versuchte, Streit anzufangen. Sie müssen verstehen, daß ich deshalb so langsam reagierte, weil er anfangs eher zu aufmerksam war. Es fiel mir schwer zu glauben, daß jemand sich so geändert haben könnte. Ich versuchte weiter, Entschuldigungen für sein Verhalten zu finden. Auch wollte ich nicht fordernd erscheinen. Schließlich sah ich ein, daß wir miteinander reden mußten. Nun, als wir uns aussprachen, stimmte er mir zu. Er sagte, er wisse, daß das so nicht gehe. Aber was wirklich interessant war: Es gelang ihm, die ganze Beziehung völlig umzudrehen. Er hatte sich in einen widerstrebenden Liebhaber verwandelt und benahm sich, als sei der Anfang nie gewesen. Ich heulte natürlich, und er meinte schließlich, wir sollten einander nicht mehr sehen, weil mich die Geschichte zu sehr aufregen würde. Natürlich *war* ich außer Fassung, das dürfen Sie mir glauben. Ich rief ihn immer wieder an. Ich konnte einfach nicht glauben, daß er sich so verhielt. Er sagte mir, daß er nicht mehr mit mir reden wolle, bevor ich nicht meine Gefühle unter Kontrolle halten könnte. Er klang so kalt und grausam, als er das sagte.

Die Art, wie er um mich warb und sich dann abwandte, war so unfair. Glücklicherweise erfahre ich durch meinen Beruf eine Menge Anerkennung wegen meines Aussehens. Ich glaube nicht, daß ich sonst in der Lage gewesen wäre, die Sache zu bewältigen. Trotzdem dachte ich weiter an alle möglichen körperlichen Mängel, die ihn abgestoßen haben könnten... Es war wirklich verrückt.«

Janes ursprüngliche Reaktion auf Martins Zurückweisung ist weitgehend die Standardreaktion. Die Frau reagiert oft mit Ungläubigkeit. Sie denkt, es sei unmöglich, daß er mit *ihr* wirklich so umgehen kann. Schließlich ist dies derselbe Mann, der so zärtlich mit ihr war, so eng verbunden, so einig.

Mein bester Rat für eine solche Frau: Glauben Sie es! Vertrödeln Sie nicht Ihre Zeit mit unnützen Fragen. Denken Sie nicht, daß er einen nervösen Zusammenbruch hätte. Nehmen Sie nicht an, daß es irgendein Mißverständnis gegeben habe und daß, sobald das bereinigt ist, alles wieder gut sein wird. Und was natürlich am wichtigsten ist: Denken Sie nicht, Sie hätten etwas falsch gemacht.

Suche nach Argumenten – seine Art, sich einzureden, daß die richtige Frau die falsche Frau ist

Niemand von uns gibt gerne zu, daß die Art, wie wir unsere Beziehungen handhaben, falsch ist. Der Bindungsscheue ist da nicht anders. Wenn er verletzend ist, was er oft ist, will er das nicht zugeben. Wenn er sich dumm verhält, will er das nicht sehen. Wenn er Angst hat – und die hat er ganz sicher –, will er sich damit nicht befassen.

Der Bindungsscheue behandelt Frauen durchweg gleich und macht immer und immer wieder dieselben Fehler. Geradeso wie die meisten von uns möchte er irgendeine vernünftige Erklärung für das finden, was falsch läuft. Weil er nicht das Gefühl haben will, daß *er* dauernd seine Chancen für Liebe zerstört, braucht er eine Erklärung, bei der er besser wegkommt in bezug auf das, was er tut. Er braucht eine Rechtfertigung oder verstandesmäßige Begründung, um zu erklären, warum er ständig aus einer Beziehung ausbrechen muß.

Da keine Frau perfekt ist, muß der Bindungsscheue nicht lange suchen, um für ihn günstige Argumente dafür zu finden, daß er aus jeder Beziehung ausbricht. Er möchte wirklich glauben, daß die Bindungsangst, die er fühlt, auf diese eine Frau beschränkt ist. Diese besondere Reflexreaktion ist das klassische »Ich kann nicht schuld sein, also muß sie es sein.« Alles, was er tun muß, ist einen Blick auf die Frau zu werfen, mit der er befreundet ist, und etwas Falsches an ihr zu finden; dann kann er sich sagen, daß er einen guten Grund hat, sich nicht zu binden. Wenn man nur scharf genug hinsieht, kann man an jeder Frau irgendeinen Fehler finden; der Bindungsscheue benutzt diese Fehler, um Argumente für sein Bedürfnis nach Flucht zu finden. Es kann die kleinste aller Unvollkommenheiten sein – die Art, wie eine Gabel gehalten wird, die Art, wie ein Wort falsch ausgesprochen wird, eine Unebenheit am Schenkel, eine kleine Falte unter dem Auge – irgend etwas, womit er ihr am Zeug flicken kann und das ihm helfen wird, aus der Geschichte herauszukommen und eine Entschuldigung für sein Verhalten zu finden.

In diesem Buch werden Sie immer wieder Beispiele von Männern finden, die ihre Unfähigkeit, sich zu binden, wegrationalisieren, indem sie an der Frau Fehler finden. Diese Männer können nie die perfekte Frau finden; irgend etwas stimmt immer nicht. Am erstaunlichsten ist dabei, daß das »Etwas«, das falsch ist, fast immer eine Eigenschaft ist, die durchaus vorhanden und offenkundig war, als der Mann seine Werbung begann.

Ein gutes Beispiel ist der Mann, der um eine Tänzerin wirbt und sie dann zurückstößt, weil sie keinen Sinn fürs Geschäft habe. Wenn man es aus der Ferne betrachtet, wirkt es eher etwas spaßig. Aber wenn man die Frau ist, die seziert und auf Fehler untersucht wird, empfindet man das gar nicht als lustig.

Gregory, ein selbständiger Fotograf, ist ehrlich genug zuzugeben, daß er sich so verhält:

»Schauen Sie, ich glaube, es passiert, wenn ein Teil von mir aus der Beziehung raus will und ich nicht den Mumm habe, das ehrlich zu sagen... so zerpflücke ich dann die Frau. Wann immer ich jemanden kennenlerne, den ich mag, kann sie am Anfang nichts falsch machen. Ich denke, jeder kleine Schnörkel ist anbetungswürdig. Ich weiß, daß ich das tue. Ich weiß auch, daß ich später dieselben Sachen, die ich reizend fand, zu verachten beginne. Ich weiß, ich fange damit an, weil ich erreichen will, daß die Beziehung nicht mehr funktioniert – ich habe das zu oft gemacht, mit zu vielen netten Frauen.«

Eine eingebaute Entschuldigung für Fehlschläge – er wählt stets die falsche Frau

Und dann gibt es noch den Bindungsscheuen, dem es gelingt, *sein* Problem zu verbergen, indem er stets von vornherein Frauen wählt, die völlig falsch oder unpassend für ihn *sind.*

Manchmal sind diese Frauen offensichtlich eine unpassende Wahl. Zum Beispiel ist der Altersunterschied zu groß, oder es sind wegen der unterschiedlichen Konfession Konflikte vorprogrammiert. In anderen Fällen haben sie nur Ansichten und Einstellungen, die allem diametral entgegengesetzt sind, von dem der Bindungsscheue sagen würde, daß er es an einer Frau mag. Auf beide Arten liefert solch eine unpassende Wahl dem Mann, der aus der Beziehung heraus will, jedesmal ausreichend Gründe und Entschuldigungen für sein Ausbrechen.

Adam, ein erfolgreicher Börsenmakler, ist ein gutes Beispiel dafür. Egal, welchen Maßstab man zugrunde legt, Adam ist »ein guter Fang«. Er wird dauernd mit charmanten, hübschen, intelligenten Frauen zusammengebracht, die bereit sind, ihn anzubeten. Adam ist nie interessiert; er beruft sich darauf, daß diese Frauen langweilig seien. Zu den Frauen, die er nicht langweilig fand, gehört eine 18jährige Spanierin aus einer sehr traditionell eingestellten Familie, die es ihr nicht erlaubt, mit Adam auszugehen, und eine sehr wohlhabende und verwöhnte verheiratete Frau, bei der selbst er zugibt, daß sie selbstsüchtig und nicht allzu gescheit ist. Trotzdem behauptete er, er hätte sie sofort geheiratet.

Einmal war Adam mit einer Frau befreundet, die richtig für ihn hätte sein können. Es war eine junge Rechtsanwältin – gleiches Alter, gleiche Interessen, gleiche Freunde. Adam sagt, er »hätte zu der Zeit gemeint, daß er sie liebt«, aber er hätte das Gefühl gehabt, daß er sie nicht heiraten könne, weil sie eine Verschwenderin sei. Das ist nebenbei – wie er zugibt – eine Eigenschaft, die er mit ihr teilt, aber er meint, daß er eine Frau bräuchte, die auf diesem Gebiet ein Gegengewicht zu ihm sei.

Eine einzige Verabredung, und damit hat es sich

Er ist einsam, aber er weigert sich, etwas dagegen zu tun, weil er denkt, jede Frau wolle ihn heiraten. Nirgends ist der Konflikt des Bindungsscheuen offensichtlicher als bei dem Mann, der vor Einsamkeit schreit, aber unfähig ist, auch nur den kleinsten Schritt in Richtung auf eine Beziehung zu tun. Oft ist ein solcher Mann so verängstigt, daß – soweit es ihn betrifft – eine Verabredung zum Abendessen mit einer attraktiven Frau gleichbedeutend mit der Verkündigung einer Verlobung ist. Für seinen wirren Kopf bedeutet eine zweite Verabredung schon, daß eine Heirat von ihm erwartet wird. Egal wie lange er die Frau kennt oder wie zufällig sie sich getroffen haben: Wenn er sich stark von ihr angezogen fühlt, fängt er sofort an, an Heirat zu denken. Schon von dem Gedanken erschrocken, beendet er – genau hier – das Ganze. Ein solcher Mann weiß vielleicht, daß er keine ständige Bindung eingehen kann, und will wirklich ernsthaft, daß eine Frau nicht dadurch ausgenützt oder irregeführt wird, daß er der Beziehung erlaubt, sich weiterzuentwickeln. Arthur ist ein gutes Beispiel für solch einen Mann.

Als gutaussehender und wirklich angenehmer 34jähriger Spezialist für Schönheitschirurgie hat Arthur viele Bekannte, sowohl männliche als auch weibliche, aber er hat seit fast fünf Jahren keine Beziehung zu einer Frau gehabt. Er ist sich seiner Probleme mit Bindungen klar bewußt:

»Ich habe mich bei jeder Frau, die ich je kennengelernt habe, gegen eine Beziehung gesträubt, mit Ausnahme von einer, und die lebte mit einem anderen Mann zusammen und war nicht wirklich an mir interessiert... deshalb zählt das kaum. Wenn ich eine neue Frau kennenlerne, die mich anzieht, bin ich wie der Vertreter, der eintritt, um etwas zu verkaufen – mich.

Aber sobald ich weiß, daß ich den ›Abschluß geschafft‹ habe, was für gewöhnlich am ersten Abend passiert, ist es aus. Ich schaue eine Frau an, die ich gerade kennengelernt habe, und anstatt daran zu denken, mit ihr ins Kino zu gehen, mache ich mir Sorgen darüber, was ich in zehn Jahren für sie empfinden werde. Ich denke wirklich Sachen wie: ›Jetzt mag es schön sein, aber ich werde mich langweilen, und ich werde nicht mehr mit ihr zusammensein wollen, und dann müssen wir uns scheiden lassen, und was wird dann aus den Kindern?‹ Ich weiß, es ist verrückt, aber ich denke so. Ein Freund von mir sagt, ich verbrächte mein Leben damit, den Frauen aus dem Weg zu gehen, die passend für mich wären.

Ich ertappe mich dabei, daß ich innerhalb der ersten Stunde anfange, über die Möglichkeit eines Umzugs in eine andere Stadt zu reden. Ich will immer eine Entschuldigung haben, um wegzukommen, wenn ich es will, deshalb sage ich den Frauen, ich hätte Rufbereitschaft und müsse möglicherweise gehen, so als ob jemand mich brauchen könnte und die Unterhaltung abgebrochen werden müßte und ich in einer Sekunde gegangen sein könnte.

Wissen Sie, das ist auch nicht zu meinem Vorteil. Ich bin 34 Jahre alt. In den letzten beiden Jahren bin ich mit keiner Frau mehr als einmal ausgegangen. Bei der ersten Verabredung aber schlafe ich nicht mit einer Frau. Sie können es sich ausmalen. Ich bin so nicht glücklich, aber die Alternative scheint so viel Angst auszulösen. Idealerweise sollten meine Beziehungen wie Ferienwohnungen sein – wissen Sie, eine Winter-Beziehung, eine Sommer-Beziehung, jede bietet das, was die andere nicht hat. Aber ich weiß, ich könnte nicht ernsthaft mit mehr als einer Frau gleichzeitig ein Verhältnis haben.

Wenn ich ans Heiraten denke, fürchte ich, daß mein Leben dann vorbei ist. Ich möchte meinen Lebensstil nicht aufgeben, der in meinem Fall oft so aussieht, daß ich nach Hause gehe, allein vor dem Fernseher sitze und mir ein altes Stück Pizza aufwärme. Das ist nicht toll, aber ich habe das Gefühl, die Alternative ist, für alle Ewigkeit in einen luftleeren Raum eingesperrt zu sein.

Vor kurzem lernte ich eine Frau kennen, die ich wirklich mochte. Wir verbrachten einen wundervollen Abend, aber dem folgte von meiner Seite aus nie irgend etwas Romantisches. Dann war ich fünf Monate später auf einer Reise und sah etwas, das mich an sie erinnerte. Deshalb schickte ich es ihr mit einer

Karte. Vielleicht läuft sie gerade jetzt herum und denkt ›Dieser Kerl ist komisch, er macht lauter so nette Sachen, aber er fragt mich nie, ob ich mit ihm ausgehe. Ich möchte wissen, warum?‹«

Distanzierung: ein bindungsphobisches Hilfsmittel

Da ein Bindungsscheuer ja sowohl eine Beziehung als auch Abstand will: Welch besseren Weg für den Versuch, beides zugleich zu haben, gibt es, als immer Beziehungen zu Frauen zu haben, die weit, weit entfernt leben? Für einen solchen Mann mildert die Entfernung die Angst, zumindest zeitweilig. Eine Frau, die sich von einem solchen Mann einwickeln läßt, fühlt sich am Ende oft völlig am Boden zerstört. Es fällt ihr schwer zu verstehen, warum ein Mann, der sie auf der Ferieninsel Antigua anbetete, sie auf seinem heimischen Grund nicht sehen will. Aus seiner Sicht dagegen sieht es so aus: Je näher sie kommt, desto schlechter fühlt er sich.

Der Liebhaber auf weite Distanz

Der Bindungsscheue, der seine Beziehungen über weite Entfernungen pflegt, gehört zu den romantischsten und verführerischsten Männern. Wirkliche räumliche Entfernung trennt ihn von der Frau; deshalb braucht er keine gefühlsmäßige Distanz zu schaffen. Weil in seiner Vorstellung die Beziehung ihre natürlichen Grenzen hat, ist er in der Lage, seinen Gefühlen von Liebe und Zärtlichkeit voll nachzugeben. Die Regeln, die eine Liebe über weite Entfernungen beherrschen, setzen voraus, daß er die Frau nur zu bestimmten Zeiten treffen kann. Konsequenterweise fühlt er sich dadurch viel weniger bedroht und denkt, daß er immer eine eingebaute Entschuldigung hat, um die Sache zu beenden. Das ist natürlich nicht unbedingt wahr, aber er fühlt eben so.

Wenn Sie eine Frau sind, die eine Beziehung mit einem solchen Typ von Bindungsscheuem hat, können Sie die Erfahrung machen, daß die Romanze sich über Nacht in Luft auflöst, wenn Sie ihm buchstäblich näherkommen oder versuchen, die Spielregeln zu ändern und ihn öfter zu sehen.

Tom, dem wir schon im letzten Kapitel begegnet sind, sagt, daß er übermäßig romantisch wird, wenn eine Frau weit entfernt lebt:

»Ich scheine es immer zu bevorzugen, daß ich von der Frau, die ich liebe, getrennt bin. Ich schwöre, das begann schon damals im Ferienlager, als ich bis zu den letzten drei oder vier Tagen zu warten pflegte, bevor ich mich entschied, welches Mädchen ich mochte. Dann lief ich blitzartig zu großer Form auf, verscheuchte jede Konkurrenz, und am letzten Tag ›gingen wir fest miteinander‹. Ich mußte nach Hause, schmachtete nach ihr, schrieb Briefe und rief sie an, wenn meine Eltern es erlaubten. Dies pflegte ein paar Monate zu dauern. Nach ein paar Monaten hatte ich sie für gewöhnlich vergessen. Aber sie schrieb weiter Briefe, die ich nicht beantwortete, und ich wußte nicht, warum. Es ist heute nicht viel anders.

Ich erinnere mich an eine Frau, die in Los Angeles lebte. Ich lernte sie auf einer Tagung kennen, und wir schienen wirklich gut zueinander zu passen. Als ich nach New York zurückkehrte, schrieb ich ihr einen Brief und lud sie ein, mit mir in die Karibik in Urlaub zu fahren. Sie sagte zu. Wir hatten eine tolle Zeit, saßen bis zwei oder drei Uhr morgens am Strand, redeten, liebten uns. Es war wirklich toll. Als ich zurück war, rief ich oft an und bat sie, nach New York zu kommen. Sie kam. Sie kam schließlich über ein Jahr lang etwa alle zwei Monate einmal nach New York. Ich traf mich in dieser Zeit auch mit anderen Frauen, aber keine war so wichtig für mich wie sie. Mir war klar, daß sie sich allmählich zu fragen begann, wohin die Beziehung lief. Da wurde mir bewußt, daß ich nicht den Rest meines Lebens mit ihr verbringen wollte. Es ging dabei nur um viele kleine Dinge. Obwohl ich mich anfangs sehr von ihr angezogen fühlte, war sie körperlich eigentlich nie wirklich mein Typ gewesen. Gerade als sie anfing, mehr zu wollen, wurde mir klar, daß ich das Interesse an ihr verlor. In der Zwischenzeit war ich nie in Los Angeles gewesen, um sie zu besuchen. Es war Erntedankfest, und ich beschloß, nach San Francisco zu fahren, um meinen Zimmerkameraden vom College zu besuchen. Nun, sie wurde wütend. Sie sagte, sie hätte nun schon so oft den weiten Weg nach New York auf sich genommen, und es gehe nicht nur darum, daß ich das Erntedankfest nicht mit ihr verbringen würde, sondern auch darum, daß ich nie die Reise zu ihr auf mich genommen hätte – obwohl ich jetzt einen weiten Weg machen könne, um einen Freund zu besuchen. Wir hatten einen schrecklichen Streit am Telefon. Ich rief sie nicht zurück. Ein paar Monate später bekam ich eine Karte von ihr und wir telefonierten noch ein paarmal miteinander, aber das war's dann.«

Eine spezielle Variante des Liebhabers auf weite Distanz ist der Bindungsscheue, den ich als »Ferienclub-Fred« bezeichne. Seine Spezialität ist die Ferien-Romanze, *absolut ohne Fortsetzung*. Wenn er nicht auf Reisen und weg von seiner gewohnten Umgebung ist, geht er nie eine Beziehung ein. Aber laß diesen Mann verreisen und schau ihn dir an: Er ist ein heißer Typ, wenn er denkt, daß er einen sozusagen »eingebauten« Grund hat, warum er die betreffende Frau nie mehr sehen wird. Lassen Sie sich von meiner Bezeichnung für ihn nicht täuschen – man findet ihn nicht nur am Strand, mit einem Hawaii-Hemd bekleidet. Man kann ihn in Tweed gekleidet bei einer wissenschaftlichen Konferenz finden oder in grauem Flanell bei einer geschäftlichen Tagung. Das einzige Kriterium für ihn ist, daß Sie und er Schiffe sind, die in der Nacht aneinander vorüberziehen. Und in seinem Kopf ist »vorüberziehen« das Schlüsselwort.

Houdini – die Kunst des Verschwindens

Was könnte verwirrender sein als ein Mann, der einer Frau versichert, er wolle eine Bindung – und dann verschwindet? Der legendäre Harry Houdini war bekannt als der große Entfesselungskünstler, der Mann, der nicht gefesselt und angebunden werden konnte. Der moderne Houdini lädt eine Frau sozusagen ein, ihn zu fesseln. Dann, um eine Bindung unter allen Umständen zu vermeiden, bricht er aus zarten gefühlsmäßigen Banden ebenso trickreich aus wie Harry Houdini aus den um ihn geschlungenen Seilen und Ketten.

Wenn Sie das Pech haben, einen Houdini zu treffen, dann ist dies der Mann, der um Sie wirbt, Ihnen schmeichelt, Sie anbetet und nicht aufgibt, bis er Ihr Herz gewonnen hat – und dann verschwindet. Aber am Anfang scheint nichts an ihm widerstrebend. Er bittet Sie sozusagen, ihn zu fesseln. Sie, die naive Freiwillige aus dem Publikum, gehen bereitwillig auf seine Bitte ein. Dann, genau wie sein Name besagt, streift er die Fesseln ab und verschwindet aus Ihrem Leben. Er mag vielleicht wieder auftauchen, aber wenn er das tut, hat sich die Situation völlig geändert.

Es handelt sich um einen Mann, der es liebt, mit Applaus vor den Vorhang gerufen zu werden, deshalb ist es das beste, das Theater nach der ersten Vorstellung zu verlassen; wenn man den Trick einmal gesehen hat, ist es genug. Noch zu bleiben, wird Ihnen keinen Einblick vermitteln, wie oder warum er es macht.

Marie, eine 36jährige Logopädin aus Long Island, traf vor rund zwei Jahren einen klassischen Houdini. Hier ist ihre Geschichte. Lernen Sie draus!

»Es ist mir sehr peinlich, daß ich so dumm und naiv war, aber das lief folgendermaßen ab: Ich lernte Glen auf einer Autobahn kennen. Ich fuhr aus dem Hinterland zurück, wo meine Tochter zur Schule geht. Er überholte mich in einem Lincoln Continental und musterte mich dabei regelrecht. Dann muß er das Tempo verringert haben, denn ich überholte ihn. Etwa dreißig Kilometer später hielt ich an. Er hielt genau hinter mir bei Howard Johnson's an. Ich nahm einen Kaffee zum Mitnehmen, und er stand in der Schlange hinter mir. Er lächelte, ich lächelte. Er war attraktiv, er sah nett aus und war gut angezogen. Das mag alles oberflächlich sein, aber wenn man jemanden auf der Autobahn trifft, wonach soll man sich denn sonst richten?

Auf jeden Fall kam er rüber zu mir, und wir unterhielten uns lange auf dem Parkplatz. Es gelang ihm, eine ganze Menge über sich selbst mitzuteilen, und er war viel offener, als ich es war. Er sagte, er sei geschieden und eine Art leitender Manager in einer Firma in New Jersey, gerade bei der Brücke. Er sagte, es sei ein neuer Job, und er wohne bei einem Freund in New York, während er noch eine eigene Wohnung suche. Seine bisherige Frau wohne in ihrem alten Haus auf dem Land. Er gab mir seine Karte und bat mich, ihn anzurufen, was ich nicht tat. Etwa eine Woche später rief er mich bei der Arbeit an. Ich hatte ihm meinen Vornamen gesagt und wo ich arbeitete, und es war ihm gelungen, mich aufzuspüren – Sie können mir glauben, das war nicht einfach, denn es handelt sich um eine große Klinik.

Nun, er war einfach umwerfend. Während der nächsten beiden Wochen fuhr er jeden Abend zu meinem Haus in Long Island und dann wieder nach New York zurück, weil ich es nicht eilig hatte, mit ihm ins Bett zu gehen. Er sagte, er hätte sich wahnsinnig verliebt – er wollte sich um mich kümmern, um meine Tochter, alles für mich tun. Nach zwei Wochen ging ich mit ihm ins Bett, und er hielt um mich an. Ich muß hier erwähnen, daß ich finanziell eine sehr schwere Zeit hatte. Meine Tochter ist in einer Sonderschule, und ich hatte eine Menge Rechnungen zu bezahlen. Glen sagte mir – und ich sah keinen Grund, ihm nicht zu glauben –, daß er in sehr guten Verhältnissen lebe. Ich muß zugeben, daß die Aussicht, daß jemand einige meiner Verpflichtungen auf seine Schultern nehmen würde, sehr einladend war. Er benahm sich, als wolle er mich heiraten, und ich glaubte ihm. Auf jeden Fall ging diese Wirbelwind-Romanze noch ein paar Wochen weiter. Ich erzählte allen, daß wir heiraten würden, und er zog bei mir ein.

Kaum war er eingezogen, änderte sich seine Einstellung. Plötzlich konnte er die dreiviertelstündige Fahrt hin und zurück nicht mehr ertragen. Eine Woche vorher war er noch jede Nacht beide Strecken gefahren und hatte sich nicht beklagt. Aber sobald er eingezogen war, mußte er ständig darüber klagen – er konnte über nichts anderes mehr reden, jede Nacht. Dann fing er an, in einer Weise an mir herumzunörgeln, die so völlig im Gegensatz zu dem stand, wie er vorher gewesen war. So fuhr ich zum Beispiel einmal mit dem Wagen die falsche Strecke und wir mußten ungefähr fünf Minuten lang nach dem richtigen Weg suchen; er wurde unglaublich wütend, fing an, mich runterzuputzen und sagte mir, wie dumm ich doch sei. Ein anderes Mal stand ich vor dem Wandschrank und versuchte mich zu entscheiden, was ich anziehen sollte, und er sah mich an und sagte mit wirklichem Abscheu: ›Wenn du nicht zu dick wärst, wäre das nicht so ein Problem.‹

Dann wieder sagte er, er sei wirklich ärgerlich auf mich, weil ich so bald mit ihm ins Bett gegangen sei, und wir stritten uns eine Weile darüber. Diese letzte Phase dauerte nur ein paar Wochen, denn plötzlich war Weihnachten, und es war vorgesehen, daß wir über die Feiertage zu seinen Eltern aufs Land fuhren. Ich hatte sie nie kennengelernt; ebensowenig hatte ich je irgendwelche seiner Freunde kennengelernt. Ich hatte ihn einmal bei der Arbeit angerufen, und so wußte ich immerhin, daß er wirklich dort arbeitete, wo er behauptete, aber sonst kann ich nichts darüber bestätigen.

Auf jeden Fall, etwa zwei oder drei Tage vor Weihnachten kam ich von der Arbeit nach Hause, und alle seine Sachen waren ausgeräumt, und am Eisschrank befand sich ein Zettel: ›Es hat sich etwas herausgestellt. Ich werde anrufen und es dir erklären. Ich werde gerade jetzt nicht mit der Sache fertig.‹ Das war's. Er war gegangen. Ich dachte: ›Er wird mich gleich anrufen.‹ Aber er rief und rief nicht an. Und ich wurde fast wahnsinnig. Ich machte mir Sorgen, daß ihm etwas passiert sei. Er fuhr immer sehr schnell. Ich machte mir Sorgen, daß er so außer sich gewesen und dadurch abgelenkt gewesen sein könnte und vielleicht einen Unfall gehabt haben könnte. Mir fiel ein, daß – wenn ihm etwas passiert war – niemand wissen würde, daß man mich anrufen sollte. Ich fürchtete, daß etwas Schreckliches passiert sein müßte – ich war sicher, daß er mich sonst angerufen hätte.

Ich drehte jeden Fetzen Papier im Haus um, um irgendeinen Weg zu finden, ihn zu erreichen. Schließlich machte ich auf einer alten Telefonrechnung eine Nummer ausfindig, die er im Hinterland von New York angerufen haben mußte. Ich rief dort an und erreichte einen seiner Freunde. Ich erklärte einfach, daß ich beunruhigt sei. Der Freund wußte offensichtlich, wo Glen zu erreichen war, denn später am Abend rief Glen an. Er war wütend auf mich, daß ich ihn ›aufgespürt‹ hatte. Er sagte, er müsse mit seiner Exfrau eine schwierige Grundbesitzangelegenheit regeln, und er könne sich eben nicht mit allem gleichzeitig herumschlagen. Er sagte: ›Ich kann das einfach nicht.‹

Er war derjenige, der die ganze Beziehung forciert hatte; er veranlaßte mich, meinen Eltern und Freunden von der Heirat zu erzählen. Er veranlaßte mich auch, die paar Männer anzurufen, mit denen ich mich gelegentlich getroffen hatte, und ihnen zu sagen, daß ich heiraten würde und wir uns daher nicht mehr sehen könnten. Ich kann kaum glauben, daß ich all dies tat, aber ich vermute, ich war geschmeichelt, daß jemand Verantwortung für mich übernehmen wollte. Auf jeden Fall schrieb ich ihm einen langen Brief. Ich meine, er war recht verzeihend im Ton – ich wollte nur eine Erklärung für das, was geschehen war. Jede Erklärung hätte es getan, aber ich wollte einfach die Wahrheit wissen. Ich schrieb, ich sei schon der Meinung, daß ich irgendeine Erklärung verdient hätte.

Etwa einen Monat später rief er mich spät am Abend an. Er entschuldigte sich alles in allem und sagte, er würde mit der Beziehung einfach nicht fertig – es wäre zu schnell gegangen. Er bat mich, ihm zu vergeben, und sagte, daß er mich wiedersehen wolle. Ich lehnte das aber ab, weil mir die ganze Geschichte zu sehr zugesetzt hatte. Ich war wirklich sehr unglücklich gewesen.

Ich weiß, ich hätte am Anfang skeptischer sein sollen, aber Frauen glauben gerne an Wunder. Ich wollte, daß das, was er mir sagte, Wahrheit sei und einfach glauben, daß ich eine Romanze wie im Kino tatsächlich erlebte.«

Nicht alle Houdini-Episoden sind so dramatisch wie die, die Marie mit Glen widerfuhr, aber sie enden niemals sanft. Der »Houdini« ist der schlimmste Typ des Bindungsscheuen, dem die Sache über den Kopf wächst und den plötzlich Panik ergreift. Alles, was er will, ist wegzukommen. Er will keine Diskussion haben, und er will sich nicht mit dem Problem beschäftigen. Er erkennt, daß es sehr schwer ist, sein Verhalten zu rechtfertigen, aber das kümmert ihn nicht.

Er verschwindet, weil er genau weiß: Wenn er noch länger dableibt, muß er mit der Frau über seine Gefühle reden, und dann wird sie vorschlagen, gemeinsam das Problem anzugehen. Das ist aber genau das, was er nicht will. Er will nur weg, und sein Unbehagen ist so groß, daß er es nichts und niemandem erlauben kann und will, seine Flucht aufzuhalten.

Die Männer, mit denen ich gesprochen habe, beschreiben diese Empfindung als verwandt mit der, nach einem Besäufnis wieder nüchtern zu werden. Das Erlebnis einer neuen Liebe steigt ihnen zu Kopf, und sie stürzen sich hinein, ohne viel zu denken. Dann, eines Tages, ebenfalls ohne nachzudenken, berufen sie sich darauf, daß sie wieder nüchtern sind und wissen, daß sie ihre Bindung aufgeben müssen.

Nach begangener Tat fühlen sich diese Männer typischerweise schuldig und durcheinander und wollen das ganze Erlebnis vergessen. Die Frauen fühlen sich oft am Boden zerstört – und wollen immer irgendeine Erklärung.

Houdini, Sonderform »Mal ist er da, mal wieder nicht«

Hier haben wir eine Variante des typischen Houdini-Themas. Bei diesen Beispielen verschwindet der »Houdini« regelmäßig und taucht dann wieder auf, und zwar über einen ziemlich langen Zeitraum hinweg, der manchmal ein paar Jahre umfassen kann. Hier ein Beispiel:

Monica traf Jerry auf einer Party im Frühling. Ende Juni sprachen sie darüber, sowohl ihr Privat- als auch ihr Berufsleben künftig gemeinsam zu führen. Sie waren beide Reisekaufleute, und er ermutigte sie bei den Planungen für ein gemeinsames kleines Reisebüro. Sie war schon soweit, sich nach Geschäftsräumen umzusehen. Dann, nachdem sie ein durch einen Feiertag verlängertes Wochenende Anfang Juli zusammen mit Monicas achtjähriger Tochter im Haus ihrer Eltern in Berkshire verbracht hatten, fuhr Jerry nach Hause und rief nicht mehr an. Monica unternahm mehrere Versuche, mit ihm in Kontakt zu kommen, aber nach einigen unbeantworteten Telefonanrufen hörte sie auf damit, da sie nicht aufdringlich erscheinen wollte. Jerry ließ sich am Erntedankfest wieder sehen. Seine Entschuldigung: Er hätte sie im Juli verlassen, weil seine Gefühle für sie so intensiv gewesen seien, daß er nicht gewußt hätte, wie er damit zurechtkommen sollte. Obwohl er versicherte, er wolle nie mehr weglaufen, lief er doch an Heiligabend wieder davon, wodurch er Monicas Feiertage ruinierte und sie zwang, Weihnachten damit zu verbringen, ihre Tränen vor ihrem Kind zu verbergen. Im Mai ließ sich Jerry wieder blicken... Das geht nun seit zwei Jahren so. Monica weiß, daß sie sich das nicht gefallen lassen sollte, aber ihre gemeinsame Zeit ist immer so perfekt, daß sie weiter glaubt und hofft, daß Jerry sich geändert hat und es keine Wiederholungsvorstellungen geben wird.

Gehen, wenn alles gut läuft – Einem Schritt vorwärts folgen zwei Schritte zurück

Wir können es verstehen, wenn Männer aus schlechten Beziehungen davonlaufen. Bindungsscheue haben jedoch die Neigung, gerade dann eine Beziehung aufzugeben oder aus ihr wegzulaufen, wenn alles gut läuft. Wenn einer dieser Männer ein besonders schönes, von intimer Vertrautheit und Freude erfülltes Wochenende mit einer Frau verbringt, die ihn liebt, versetzt ihn das anschließend oft in einen Zustand der Panik. In seinen Augen ergibt sich aus einem solchen Wochenende, daß schließlich etwas mehr von ihm erwartet wird. Immerhin, so denkt er bei sich, wie viele perfekte Wochenenden kann eine Beziehung überhaupt aushalten, ohne daß die Frau mehr will?

Diese Art Logik veranlaßt ihn oft, Distanz in die Beziehung zu legen. Er mag vielleicht die beste Zeit verleben, die er je hatte, aber anstatt die Frau häufiger sehen zu wollen, kann er beschließen, daß er sie weniger oft sehen will, weil er nicht will, daß die Beziehung in das Fahrwasser einer endgültigen Bindung gerät.

Die Frau, mit der er solch eine tolle Zeit hatte, versteht seine verdrehte Logik selten. Lassen wir Greta berichten:

»Ich merkte, daß meine Beziehung zu Daniel in Schwierigkeiten geriet, nachdem wir unser erstes langes Wochenende zusammen verbracht hatten. Wir hatten eine herrliche Zeit, und ich kam bis über beide Ohren verliebt zurück. Er schien das gleiche zu empfinden. Als wir meine Wohnung erreichten, erwartete ich, daß er mit hereinkommen wollte – wir waren fast fünf Tage nicht getrennt gewesen. Ich dachte, er wolle wie ich, daß dieses Gefühl andauere. Er sagte jedoch, er sei müde. Dann rief er zwei Tage lang nicht an. Ich rief ihn einmal an, weil ich ihn wirklich vermißte, und er klang kühl. Er bat mich erst am folgenden Sonntagabend wieder, mit ihm auszugehen. Seit wir uns kannten, hatten wir uns noch nie so lange nicht getroffen. Es war für mich eine eindeutige Botschaft, daß er unser inniges Miteinander nicht so sehr genossen hatte wie ich, und sie sagte mir ziemlich deutlich, daß dieser Mann nicht wollte, daß unsere Beziehung sich weiterentwickelte.«

Greta ist eine sehr starke und erfahrene Frau. Sie war fähig, Daniels Verhalten richtig einzuordnen und sich selbst zurückzuziehen, bevor sie verletzt wurde. Viele Frauen sind nicht so schnell von Begriff. Sie spüren, daß etwas nicht stimmt, aber sie versuchen, die Grenzen und zeitlichen Beschränkungen des Bindungsscheuen zu akzeptieren in der Meinung, daß die Zeit seine Furcht besiegen wird. Dies ist fast immer ein Fehler.

Der Mann, der fähig ist, eine echte Bindung einzugehen, vollführt selten diese Art von Tanzschritten vor und zurück. Er bewegt sich vielleicht langsam, aber er bewegt sich jedenfalls immer weiter in derselben Richtung.

Komplette Meinungsänderung

Warum sollte ein Mann soweit gehen, daß er einen Heiratsantrag macht, wenn er nicht aufrichtig wäre? Ich habe so viele Geschichten darüber gehört, daß ein Bindungsscheuer einen Antrag macht und dann seine Meinung ändert, daß es scheint, als habe dies sozusagen epidemische Ausmaße. In einigen Fällen geschah das innerhalb von wenigen Tagen. In anderen wartete er, bis die Hochzeitseinladungen verschickt waren. Egal wie weit die Hochzeitspläne gediehen sind, es ist jedem vernünftigen Menschen klar, daß die Frau am Boden zerstört ist.

Aber wenn die Dinge entsprechend weit gediehen waren, muß sie nicht nur mit dem damit verbundenen Schmerz fertig werden, sie muß sich oft noch mit ganz anderen Problemen herumschlagen. Eine Frau erzählte mir etwa, daß ihre Eltern bereits einige tausend Dollar für die Hochzeitsvorbereitungen, eine verlorene Anzahlung für einen Saal usw. ausgegeben hatten. Selbst wenn kein Geldverlust zu beklagen ist, muß die Frau doch der Welt gegenübertreten und ihren Freunden und ihrer Familie sagen, was passiert ist. Oft kann sie nicht erklären, was geschehen ist, und sie weiß, daß – egal was sie sagt – einige Leute weiter vermuten, daß *sie* etwas tat, was *ihn* seine Meinung ändern ließ.

Don, ein Arzt, der einen Heiratsantrag und dann einen Rückzieher machte, weiß selbst nicht so recht, was eigentlich passierte. Wie viele Bindungsscheue weiß er, daß ihm zunächst die Vorstellung, eine Bindung einzugehen, verlockend schien. Er sagt, die ewigen unverbindlichen Rendezvous seien ihm allmählich auf die Nerven gegangen, und er hätte sich wirklich gewünscht, endlich reif zu sein für eine dauernde Bindung, um darin zur Ruhe zu kommen, aber es funktionierte einfach nicht. Hier ist seine Geschichte:

»Als ich Sara kennenlernte, hatte ich seit Jahren keine dauerhafte Beziehung gehabt. Ich war buchstäblich schon mit Hunderten von Frauen ausgegangen, und jeder betonte meinen enormen ›Frauenverschleiß‹. Ich traf Sara an einem Dienstag in einem Fitneß-Club. Ich fühlte mich ungeheuer von ihr angezogen und rief sie am nächsten Tag an, um sie zu fragen, ob sie sich ganz spontan mit mir fürs Kino verabreden könne. Ich erinnere mich, daß ich sie fragte, ob wir ›so tun könnten, als seien wir ein ganz normales Paar, das ins Kino geht und Popcorn ißt‹! Ich muß sie sehr gemocht haben, denn ich fing an, sie fast jeden Abend zu treffen.

Nachdem etwa sechs Wochen so vergangen waren, machte ich ihr mitten in der Nacht, in einer total romantischen Stimmung, ohne recht an die Folgen dessen zu denken, was ich da sagte, einen Heiratsantrag, und sie sagte ja. Als ich am nächsten Morgen erwachte, fühlte ich mich grauenhaft. Ich hatte dieses entsetzliche Gefühl in der Magengrube: O Gott, was hast du da für einen *schrecklichen, schrecklichen* Fehler gemacht. Ich fühlte mich, wie man sich eben fühlt, wenn man total verstört ist... ein Gefühl der Panik in meinem Magen. Ich dachte, es würde mir schlecht. In der Zwischenzeit flatterte sie in der Wohnung umher, sang wie ein Vogel, und ich war nicht fähig, mich zu rühren. Ich ging sehr schlecht gelaunt und schweigsam zur Arbeit. Ich erinnere mich nicht mehr daran, aber meine Freunde versichern mir, daß ich sie anrief und ihnen sagte, daß ich mich verlobt hatte. Vielleicht wollte ich ihnen beweisen, daß ich mich verloben *konnte*. Mein Antrag war völlig unangebracht; ich kannte sie nicht lange genug.

Als ich um sie anhielt, fand ich keinen Fehler an Sara, und ich hätte es wohl weiter so laufen lassen, wenn mir nicht ihr Verhalten plötzlich verdächtig geworden wäre. Zum Beispiel fand ich nun, daß ein normales Mädchen zu jemandem, den sie erst sechs Wochen kennt, nicht ja sagen sollte. Die einzige Entschuldigung war, daß sie verrückt nach mir war (was ja auch stimmte), und ich bemühte mich, mir das bewußt zu machen. Ich weiß auch nicht... alles, was ich wirklich weiß, ist, daß ich nicht heiraten wollte, und je mehr sie mein Zögern spürte, desto mehr drängte sie, mit den Plänen ernst zu machen. Sie erzählte es ihren Eltern und ihrer Schwester, und ich dachte: ›Wie kann sie es wagen, es ihnen zu erzählen, wie kann sie es wagen, ihnen Einfluß auf mein Leben einzuräumen!‹ Am nächsten Wochenende wollte ich zum erstenmal, seit ich sie kannte, allein sein und tun, was ich wollte... ich wollte mit Freunden ausgehen, Tennis spielen und mich entspannen.

Wir fingen an zu streiten und lösten die Verlobung und beendeten die Beziehung innerhalb von ein paar Monaten. Manchmal sehe ich sie in meiner Nachbarschaft, und ich bin versucht, es zu probieren und noch einmal von vorne anzufangen... doch ich weiß es besser.

Ich fühlte mich von Sara sehr angezogen, und wir verbrachten eine herrliche Zeit zusammen: Ich fühlte keine Panik, bis ich ihr diesen Heiratsantrag machte. Aber es ist immer leicht für mich, bis ich mich binde; dann fange ich an, nach Fehlern zu suchen, weil ich überlege, ob ich mit diesem Menschen für den Rest meines Lebens zusammenleben kann. Sobald Sie in dieser Art über die Sache nachzudenken beginnen, kommt Ihnen sofort der Gedanke, in eine Falle zu gehen. Ich denke dann: Will ich denn den Rest meines Lebens damit verbringen, daß diese Person mich zur Verzweiflung bringt?

Wenn ich Frauen einen Ratschlag geben könnte, würde ich ihnen sagen, daß sie sich vor einem Mann hüten sollten, der sich

Hals über Kopf in sie verknallt, denn mit dem gleichen Tempo, mit dem er sie umwirbt, zieht er sich dann auch zurück.«

Er möchte gehen, kann es aber nicht sagen

Bei vielen Männern kommt es vor, daß sie eine Beziehung verlassen wollen, aber oft nicht in der Lage sind, damit herauszurücken und es offen zu sagen. Statt dessen sagen sie weiterhin »Ich liebe dich«, aber sie fangen an, ihren Konflikt zu zeigen, indem sie sich eigentümlich verhalten, wenn sie mit Ihnen zusammen sind. In solchen Fällen gibt die Körpersprache viele Anhaltspunkte.

Körpersprache-Einmaleins

Schlafmuster

Sowohl die Männer als auch die Frauen, die ich interviewte, haben mit mir über ungewöhnliches Verhalten im Schlaf gesprochen, das ihrer Überzeugung nach Ausdruck des Konflikts war. Maureen, eine Verlagsassistentin, erinnerte sich an die Art, wie ihr Exfreund Bob seinen Konflikt durch die Art, wie er schlief, ausdrückte.

»Bob und ich hatten jahrelang eine Beziehung, bei der wir mal zusammen, mal auseinander waren. Ich konnte immer schon an der Art, wie er bei mir schlief, erkennen, wenn er mal wieder ›auf dem Absprung‹ war – nicht wie er *mit* mir, sondern eben wirklich *bei* mir schlief. Anfangs pflegte er an mich gekuschelt zu schlafen, wir wachten gemeinsam auf und frühstückten zusammen. Aber wenn mal wieder ein Rückzug bevorstand, pflegte er zu klagen, daß er nicht einschlafen könnte. Wenn er schließlich doch einschlief, dann auf der äußersten Bettkante. Er wachte auch immer früher auf. Ich erinnere mich an einen der letzten Zyklen. Es war halb vier Uhr morgens, draußen war stockfinstere Nacht, und Bob kam aus der Dusche und zog sich zur Arbeit an. Ich dachte, er würde schlafwandeln. Es war offensichtlich, daß er gar nicht schnell genug rauskommen konnte.«

Hier sind einige der Schlaf-Verhaltensweisen, die Bindungsangst widerspiegeln können. Viele dieser Muster scheinen in der Erzählung sehr spaßig, aber alle wurden mir von vielen der Frauen und der Männer, die ich interviewte, bezeugt.

1. Steht er auf und schläft in einem anderen Bett oder auf der Couch?
2. Bereitet es ihm Schwierigkeiten, in Ihrem Bett zu schlafen?
3. Wirft er Sie jemals im Schlaf aus dem Bett?
4. Wechselt er die ganze Nacht damit ab, Sie einmal zu umklammern und dann wieder wegzuschieben?
5. Steht er mitten in der Nacht auf, um wegzugehen?
6. Läßt er Sie nie bei sich übernachten?
7. Schläft er fast nie bei Ihnen?
8. Hat er nie Zeit zum Frühstück?
9. Ist Ihr Bett der einzige Platz auf der Welt, wo er nicht schlafen kann?
10. Ist sein Bett zu schmal, als daß zwei Personen darin jemals bequem schlafen könnten?

Hand in Hand, aber nicht unbedingt zusammen

»Ich hätte wissen sollen, daß er nie mit mir den Mittelgang der Kirche hinuntergeschritten wäre... er konnte ja nicht einmal mit mir gemeinsam die Straße hinuntergehen.«

Ähnliche Empfindungen wurden von einer erstaunlichen Zahl von Frauen, mit denen ich sprach, wiedergegeben. Gehen ist eine einfache Handlung. Millionen von Menschen tun es jeden Tag. Aber es hat den Anschein, daß selbst so etwas Einfaches wie ein Spaziergang um den Block für den Bindungsscheuen schmerzhaft zu sein scheint, wenn er ihn mit der Frau machen soll, die er nicht lieben kann. Er kann sein Bedürfnis nach Distanz in Dutzenden von einfachen Arten ausdrücken: der Art, wie er neben Ihnen sitzt, bei Ihnen steht, an Ihrer Seite einen Raum betritt. Wenn er sich in der Falle fühlt und wegkommen will, ist das zu sehen. Stellen Sie sich selbst folgende Fragen:

1. Geht er immer zu schnell, so daß Sie mit ihm nicht Schritt halten können?
2. Ändert er sein Tempo, sobald Sie glauben, daß Sie Ihren Schritt endlich seinem angepaßt haben?

3. Entfernt er sich im Zickzack von Ihnen, während er geht?
4. Scheint er sich unbehaglich zu fühlen, wenn er dicht neben Ihnen sitzen muß – im Kino, Theater usw.?
5. Läßt er Sie auf Parties stehen und geht auf die andere Seite des Zimmers?
6. Scheint er sich wohl zu fühlen, wenn er mit Ihnen Sport betreibt wie Tennis, Radfahren, Tanzen, Skifahren?
7. Macht es ihm Spaß, zu Hause etwas mit Ihnen gemeinsam zu machen – zum Beispiel zusammen kochen, zusammen putzen, zusammen die Wäsche waschen?
8. Geht er gerne mit Ihnen in den Supermarkt oder zum Einkauf von Lebensmitteln?

Sexuelle Bindungsangst – heiße Höschen, kalte Füße

Männer wissen, daß selbst in der Welt nach der sexuellen Revolution Frauen Sex nicht so leicht nehmen. Männer wissen, daß eine sexuelle Beziehung mit einer alleinstehenden Frau entsprechenden Alters nicht ewig weitergehen kann, ohne daß etwas anderes erwartet wird. Dieses andere ist eine Bindung. Viele Bindungsscheue kriegen deshalb, egal wie sehr sie es sich auch wünschen mögen, angesichts einer längeren sexuellen Beziehung einfach Zustände.

In der verdrehten Logik des Bindungsscheuen muß es das Ziel sein, absolut zu verhindern, daß die Frau jemals eine Bindung erwartet. Es gibt verschiedene bekannte Maschen, die angewandt werden, um ein Gefühl der Unsicherheit aufrechtzuerhalten und die Frau aus dem Gleichgewicht zu bringen. Er will einfach nicht, daß die Frau irgend etwas über das hinaus erwartet, was er im Moment geben kann. So seltsam es scheinen mag, versucht er dabei tatsächlich oft nur, die Frau nicht an der Nase herumzuführen.

Heute nacht gehörst du ganz mir

Eines der rücksichtslosesten Spiele, die ein Bindungsscheuer treibt, hat eine perfekte Liebesnacht zum Dreh- und Angelpunkt. Bei diesem Spiel verbringt der Bindungsscheue die

Nacht damit, um die Frau zu werben und sie zu gewinnen. In dieser Nacht verhält er sich, als ob er offen sei, zärtlich, sensibel, besorgt, als habe er edle Werte, als habe er aufrichtige Gefühle. Er macht die Frau wahrscheinlich glauben, diese Nacht sei die erste von vielen. Und er glaubt es zu diesem Zeitpunkt sogar selbst. Dann ruft er sie nie mehr an und überläßt es der Frau, sich Gedanken zu machen – was für welche auch immer!

Wenn eine Frau so behandelt wird, fühlt sie sich demoralisiert und erniedrigt. Es kann dazu führen, daß sie sich fragt, ob sie etwas getan hat oder ob etwas an ihr ist, das ihn abgestoßen haben könnte. Ich weiß von Frauen, die sich gefragt haben, ob er in einen Autounfall verwickelt gewesen sei – warum sonst sollte er nicht anrufen? In manchen Fällen folgte die eine Nacht der Liebe auf Wochen der persönlichen und telefonischen Werbung. Die Frau glaubte aufrichtig, daß sie nun eine echte Beziehung einging; übrigens spielt es nicht einmal eine Rolle, ob der sexuelle Akt vollzogen wurde oder nicht, wie man aus der folgenden Geschichte eines Mannes ersehen kann:

»Ich könnte mich mindestens einmal pro Monat verlieben, und manchmal tue ich das auch. Die letzte Nacht war ein gutes Beispiel. Ich hatte die Frau gerade völlig zufällig durch Freunde kennengelernt. Ich lud sie zum Abendessen ein, und dann gingen wir tanzen. Es war romantisch. Ich fuhr wirklich auf sie ab – sie sah sehr gut aus und war süß wie Zucker. Wir gingen zu ihr nach Hause zurück, und wir schmusten stundenlang auf dem Boden ihres Wohnzimmers. Es war toll und sehr romantisch. Sie wollte nicht, daß ich die Nacht bei ihr verbringe, weil sie eine kleine Tochter hat, und sie sagte, wir würden einander noch nicht gut genug kennen. Als ich ging, fragte ich sie, ob ich sie wieder anrufen dürfte, und sie sagte: ›Das fände ich nett!‹

Ich entschloß mich aber, nicht mehr mit ihr auszugehen. Zu vieles paßt da nicht. Ich will sie nicht heiraten, sie aber will geheiratet werden, das weiß ich genau. Das ist bei mir immer so – ich finde eben bei jeder zu viele Fehler. Man muß sein eigenes Herz kennen, und ich kenne mein eigenes Herz nie. Ich betrachte jede Frau und denke dabei nicht nur an die Dinge, die mir eines Tages an ihr nicht passen könnten, sondern auch an all die Dinge, die meiner Familie und meinen Freunden an ihr nicht gefallen könnten. Manchmal denke ich, ich werde nie heiraten – ich sagte das letzte Woche zu einem meiner Freunde, und er sagte, er könne das nicht glauben. Er sagte, er sei der Meinung, ich sei nur sehr wählerisch, und er ließ das wie einen Aktivposten klingen, deshalb bezahlte ich sein Essen und eine Unmenge Drinks, denn genau das war es, was ich hören wollte. Aber ich muß Ihnen die Wahrheit sagen: Ich kann in sieben verschiedenen Nächten mit sieben verschiedenen Frauen zusammensein und bei jeder denken, sie sei toll, solange ich mit ihr zusammen bin, und dann zur nächsten gehen und der sagen, sie sei toll, und dann mit keiner von ihnen jemals wieder ausgehen, weil ich anfange, Fehler an ihnen zu finden. Ich rufe immer jede an, auch wenn ich sie nicht ausführe. Ich sage ihnen, ich sei sehr beschäftigt... dann rufe ich erst nach einigen Wochen wieder an. Schließlich verstehen sie die Botschaft.«

Laß uns Freunde sein

Dies ist eine Variante von »Heute nacht gehörst du ganz mir«. In diesem Fall zeigt der Bindungsscheue das traditionelle Verhalten des Werbens und Gewinnens. Nach der Liebesnacht ruft der Mann jedoch innerhalb von ein paar Tagen oder einer Woche an und bittet sie, mit ihm auszugehen. Wenn er sich dann mit ihr trifft, betont er, daß er diesmal nicht mit ihr schlafen könne. Für gewöhnlich hat er einen völlig plausiblen Grund.

Die Frau fühlt sich zuletzt dennoch abgelehnt. Aber sie fühlt sich auch durcheinander. Es vollzog sich hier eine Änderung, die sie nicht versteht. Er fängt damit an, daß er ihr Liebhaber sein will, aber er hört damit auf, daß er nur eine Freundschaft mit leichtem sexuellem Beigeschmack entwickelt – bei dem es aber nie oder selten bleibt. Die Logik darin ist der bei »Heute nacht gehörst du ganz mir« sehr ähnlich, mit einem wichtigen Unterschied. Wenn »Laß uns Freunde sein« auf »Heute nacht gehörst du ganz mir« folgt, hat der Mann oft etwas zu verbergen – meist eine andere Frau, mit der er zusammen ist. In der Zwischenzeit wundert sich die Frau, mit der er gut Freund sein will, weiter, warum er nicht mehr mit ihr schlafen will.

Mehr erschrocken als erfüllt

Erinnern Sie sich, daß der Bindungsscheue am Anfang extrem feurig ist – und er bleibt vielleicht so. Aber wenn es sich um einen echten Bindungsscheuen handelt und man das mittlere Stadium der Beziehung erreicht, wird es wahrscheinlich einen Umschwung in seinem Verhalten geben. Dies kann sehr behutsam vor sich gehen – er muß nicht gleich das Interesse am Sex oder an Ihnen überhaupt verlieren. Aber seine Haltung ändert sich. Wenn er einst romantisch war, ist er nun nüchtern. Wenn er einst ein scheuer, fummelnder Schuljunge war, ist er nun ein Meister des Sex. Es handelt sich um eine deutliche und endgültige Veränderung, und diese beruht nicht einfach darauf, daß alles ein bißchen entspannter geworden ist.

Er kann Sie auch ganz behutsam in die Rolle des aktiveren Partners gedrängt haben. Dieser Wechsel ist so erstaunlich, daß man fast meinen könnte, es sei ein Zaubertrick. Er ist anfangs so überwältigt von Ihnen, daß er in Ihrer Gegenwart unsicher ist, und er kann sich am Ende so verhalten, als ob Sie ihm das Ganze eingeredet hätten.

Paul, ein vierzigjähriger Lehrer, erzählt von der sexuellen Veränderung, die sich in seiner zweijährigen Affäre mit Linda vollzog:

»Als ich in meinem Innern merkte, daß ich Linda nicht heiraten konnte, änderte sich für mich sexuell alles. Nicht daß ich mich weniger von ihr angezogen gefühlt hätte, aber ich fühlte mich schuldig. Die Schuld machte es unmöglich für mich, so frei zu sein, wie ich es noch ein paar Wochen zuvor gewesen war. Ich wußte, wenn ich aus der Beziehung herauskommen wollte, ohne Linda ernsthaft zu verletzen, war eines der ersten Gebiete, auf dem ich mich zurückziehen mußte, das sexuelle. Nicht daß ich aufgehört hätte, mit ihr zu schlafen, aber ich hörte auf, so viel Zeit mit ihr im Bett zu verbringen, und ich war gewillt, manchen Abend einfach so vorübergehen zu lassen. Es war leichter für mich, zu rechtfertigen, daß ich mit ihr schlief, wenn sie die Initiative ergriff. Auf diese Weise hatte ich nicht das Gefühl, als würde ich sie zum Narren halten. Manchmal war es sehr seltsam. Wir konnten uns in einer unglaublich romantischen Stimmung befinden, und gerade dann zog ich mich noch mehr zurück, weil ich regelrecht befürchtete, daß wir einen tollen Abend haben würden und wir wieder da wären, wo wir angefangen hatten, und sie Grund haben würde zu denken, daß wir heiraten würden.«

Ich weiß nicht, ob Bindungsscheue mehr weinen als andere Menschen, aber so viele Frauen erwähnten die Tränen der betreffenden Männer, daß ich anfing, Männer danach zu befragen. Wenn ich von dem ausgehe, was meine Gesprächspartner mir erzählten, hat es tatsächlich den Anschein, als ob solche Männer unter den folgenden Bedingungen am ehesten weinen:

Ganz am Anfang – bei der ersten oder zweiten Verabredung

Eine erstaunlich große Zahl von Frauen hat mir erzählt, daß diese Männer dazu neigen, daß ihnen in einem frühen Stadium der Beziehung Tränen in die Augen treten. Dies geschieht für gewöhnlich dann, wenn er der Frau eine »rührende« Geschichte über sein Leben erzählt oder wenn er seine Gefühle über irgendein Thema zur Schau stellt. Ich glaube, ich bin nicht zynisch, aber ich muß zugeben, daß ich es außergewöhnlich finde, daß diese Männer in der Lage sind, sich Fremden auf diese Weise zu öffnen. Die Botschaft, die der Frau dabei mitgeteilt wird, ist: Ich vertraue dir meine Gefühle an, und ich will, daß du mir vertraust. Für gewöhnlich tut sie das dann auch.

In der Mitte, wenn er verspricht,
sich zu ändern und es nicht tut

Zum zweitenmal weinen diese Männer im mittleren Stadium einer Beziehung. Wenn die Frau das Auf und Ab des Bindungsscheuen satt hat, versucht sie möglicherweise, die Beziehung zu beenden. Wenn dies passiert, bittet er vielleicht um Erbarmen und Gnade und verspricht, sich zu ändern. In dieser Situation weint er oft.

Dies ist nicht schwer zu verstehen. Denken Sie daran, wenn er bis zur Mitte einer Beziehung gekommen ist, ist er aufrichtig mit der Frau verbunden. Da er sich ebenso echt in einem Konflikt befindet, richten seine Bindungsängste wahrscheinlich schwere Schäden in seinen Gefühlen an und machen ihn überempfindlich für alles. Seine Panik führt zum Verlust der Kontrolle über seine Gefühle; er möchte die Frau nicht auch noch verlieren, selbst wenn sie seine Angst verstärkt.

Paul, der beschrieb, wie er sich sexuell von Linda zurückzog, erinnert sich an seinen Tränenausbruch:

»Linda hatte es satt. Wir waren rund zwei Jahre zusammen gewesen, und ich war nicht näher daran, sie zu heiraten als am ersten Tag. Ich war auch an eine Freundin von ihr geraten, und sie war ganz schön aufgebracht. Sie weigerte sich, meine Telefonanrufe zu beantworten. Sie wollte nicht einmal mit mir reden. Ich ging rüber zu ihrem Haus, stand vor ihrer Tür und bat sie zu öffnen. Als sie es tat, heulte ich los. Aber dabei war mir bewußt, daß ich eigentlich nicht wußte warum. Ich hatte irgendwie das Gefühl, als hätte ich einen schweren Schlag auf den Kopf bekommen und meine ganze Perspektive wäre verändert... ich würde vielleicht eines Morgens völlig erwachsen aufwachen und alle meine Bedürfnisse und Einstellungen wären vollkommen anders. Ich wollte nicht Gefahr laufen, sie zu verlieren, falls das passieren sollte; aber gleichzeitig wußte ich: Falls es zu einer solchen Umstellung in meinem Leben nicht kommen sollte, gab es keine Möglichkeit, für irgendeine Zeitspanne bei ihr zu bleiben. Es war pure Selbstsucht. Ich wollte einfach, daß sie für mich erreichbar blieb... für alle Fälle.«

Der Mann mit dem »Doppelleben« – und wie ihn das unfair begünstigt

Einige Bindungsscheue nutzen ein Doppelleben, in dem fast immer eine andere Frau eine Rolle spielt, um die Distanz aufrechtzuerhalten. Dabei wird immer etwas vor Ihnen versteckt – und Sie müssen vielleicht hartnäckig danach suchen. Eine Art von »Doppelleben« ist immer eine verzwickte Angelegenheit, und es ist nie fair.

Ich meine, das folgende Beispiel einer Beziehung mit jemandem, der ein solches Doppelleben führte, ist ein gutes Beispiel, aus dem Frauen lernen können:

Teris Geschichte

Teri ist eine energische, kräftige Blondine mit einer starken Ausstrahlung und einer Menge Charme. Ihre Freunde lieben sie alle, weil sie so gutmütig und lässig ist. Es kann jedoch nicht geleugnet werden, daß diese Eigenschaften zu einigen der Probleme beitrugen, die sie mit Männern hatte. Teri hatte kürzlich eine Beziehung, die von vornherein zum Fehlschlag verurteilt war. Sie weiß das jetzt, denn nachdem die Beziehung zu Ende war, war sie fähig, die Fakten zusammenzuzählen und herauszufinden, was wirklich passiert war. Aber zu der Zeit wußte sie nicht, was ablief. Wie hätte ihr das auch möglich sein sollen – Jack, der Mann, mit dem sie verbunden war, gab ihr nie alle Informationen, die sie gebraucht hätte, um sich in acht nehmen zu können... jedenfalls schien es zu der Zeit wenigstens so.

Alles an Teris Herkunft ist gutbürgerlich im besten Sinne. Ihre Familie lebt in Ohio, wo ihr Vater ein angesehener Richter war; ihre Mutter war Französischlehrerin. Ihr wurde beigebracht, die Wahrheit zu sagen und die Wahrheit zu erwarten. Als Jack, ein 45jähriger ärztlich tätiger Psychologe, ihr von Freunden vorgestellt wurde, sah sie keinen Grund, ihm wegen allem, was er sagte, »auf den Zahn zu fühlen«, und sie nahm das, was er sagte, für bare Münze. Sie ging davon aus, daß alles, was Jack sagte, völlig aufrichtig war. Warum auch sollte sie etwas anderes erwarten?

Wenn das für Teri irgendeinen Trost bedeutet, sollte sie wissen, daß Jack sich selbst gegenüber nicht mehr oder weniger aufrichtig ist, als er es ihr gegenüber war. Jack ist ein Bindungsscheuer, der stets einen verborgenen Lebenslauf hat. Das heißt, das immer irgend etwas vorgeht, das ihn davon abhält, eine solide, aufrichtige Bindung einzugehen. Nur Jack hat alle Tatsachen in jedem beliebigen Augenblick verfügbar und, um ganz fair zu sein, er beabsichtigt nicht, jemanden irrezuführen.

Ich interviewte Teri im Wohnzimmer des großen viktorianischen Hauses, das sie sich mit einer Mitbewohnerin in einem Bostoner Vorort teilt. Teri, eine 33jährige Kindergärtnerin, war so nett, für mich Mittagessen zu kochen – woran Sie sehen, was für eine Art Frau sie ist. Ich genoß es, während sie mir ihre Geschichte erzählte. Wenn Sie sie lesen, sollten Sie darüber nachdenken, was sie hätte tun können, um von Anfang an die Wahrheit herauszufinden.

»Jack wurde mir von einem Freund vorgestellt, der uns beide zum Abendessen eingeladen hatte. Es war ein sehr ungezwungenes Treffen, und obwohl wir uns gut verstanden, war ich zunächst nicht besonders interessiert. Jack dagegen zeigte sich so stark an mir interessiert, daß es schon beeindrucken konnte. Wenn man einen neuen Mann kennenlernt und es den Anschein hat, daß er so auf einen fliegt, reizt es einen schon sehr. Ich muß es zugeben – die Tatsache, daß ich ihm zu gefallen schien, beeinflußte natürlich auch meine Einschätzung seiner Ansichten.«

Teri lachte, als sie das sagte, und ich fragte sie, wie er denn sein Interesse gezeigt hätte.

»Er hat mich wirklich eingewickelt. Dabei hat er gar nicht so viel gesagt, aber er war einfach außerordentlich zärtlich. Wo wir auch immer gingen, legte er seinen Arm um mich. Er fing an, mich fast jeden Tag anzurufen, und ich wußte, wo er jeden Abend war. Er besuchte seine Kinder mindestens an drei Abenden in der Woche, und er sagte mir stets, was er gerade machte und wann er seine Kinder bei sich hatte; er schien mich immer sehen zu wollen, wenn er frei war. Er hatte eine Menge Probleme mit seinen Kindern, und er erzählte mir alle möglichen intimen Details aus seinem Leben. Er sagte, er habe Probleme mit seiner Exfrau, die immer noch sehr eifersüchtig sei und ständig ein Auge auf ihn habe. Obwohl er nicht ›Ich liebe dich, ich brauche dich‹ sagte, zeigte er gewissermaßen durch seine Taten, daß er mehr von mir wollte als eine beiläufige Beziehung.

Wir brauchten einige Zeit, um zum Sex zu kommen, weil ich meine Bremsen angezogen hatte, aber er plante Verabredungen, die gewissermaßen logisch zum Sex führen mußten. Bei der zweiten Verabredung gingen wir tanzen, er hielt meine Hand, und als der Abend fortschritt, tanzten wir enger zusammen und es wurde sinnlicher und verführerischer. Er war so zärtlich, daß der Weg zum Sex wie ein allmähliches, ungezwungenes Fortschreiten war – es ergab sich irgendwie sehr leicht und natürlich.

Ich erinnere mich an einen Samstagnachmittag, als ich früh gehen mußte. Jack war besonders verliebt und wollte nicht, daß ich ging. Aber ich war nicht so sicher, wohin ich die Beziehung laufen lassen sollte. Er sagte mir nicht, daß er etwas Langfristiges wollte, aber es ließ doch alles darauf schließen. Ich glaube, zwei Verabredungen später schliefen wir zum erstenmal miteinander, und es war sehr schön.

Zu dieser Zeit trafen wir uns drei- oder viermal pro Woche, und er rief mich fast jeden Tag an. Er ließ es sich angelegen sein, mir stets zu sagen, wo er gerade sei. Er pflegte dienstags, donnerstags und samstags mit mir auszugehen. An diesen Abenden waren seine Kinder nicht bei ihm.

Nachdem wir erst einmal zusammen geschlafen hatten, wurde eine Veränderung spürbar. Ich merkte es sofort. Wir sahen einander noch ebensooft, aber er wurde irgendwie anders – er war sehr warmherzig gewesen, sehr liebevoll, und dann verschloß er sich plötzlich. Ich fragte mich, was ich vielleicht falsch gemacht hätte. Es machte mich sehr befangen, und ich versuchte, mit ihm darüber zu diskutieren, aber er schmetterte meinen Versuch sozusagen ab. Wissen Sie, wenn man eine Beziehung hat, die noch relativ neu ist, kennt man den Mann noch nicht so gut. Es könnte alles sein, und er hatte ja all diese Probleme. Ich wollte kein zusätzliches Problem sein, deshalb versuchte ich eben, ihm zu helfen und verständnisvoll zu sein.

Aber Sex wurde ihm nun unangenehm. Es war offensichtlich. Er wollte nicht bei sich zu Hause mit mir schlafen, und fing an, mich vor meiner Tür zu verlassen, wobei er sagte, er müsse am nächsten Morgen seine Kinder treffen. Es war augenscheinlich, daß er gar nicht mehr mit mir schlafen wollte. Er sagte mir, es sei wegen seiner Exfrau, daß er sich beim Sex sehr unbehaglich fühle. Er sagte, er komme sich immer noch verheiratet vor. Er tat mir leid. Er wolle nicht, daß ich über Nacht in seiner Wohnung blieb; er wollte auch nicht in meiner bleiben. Ich begann, ihn sehr gerne zu haben – und ich erinnere mich, daß ich ihn einmal anrief, nur um ›Hallo‹ zu sagen, und auch das schien ihm nicht recht zu sein. Er sagte, sein jüngerer Sohn hätte seiner Exfrau erzählt, daß ›es da diese Frau Teri gibt, die Dad dauernd anruft‹. Dies war offensichtlich ein großes Problem für ihn... Mir schien das nicht so bedeutend, aber er machte eine große Sache daraus. Er wies darauf hin, daß das eine Krise mit seinen Kindern hervorgerufen habe, und das machte es unangenehm für mich, ihn anzurufen.

Aus welchem Grund auch immer, die Beziehung entwickelte sich nicht so, wie ich gehofft hatte. Ich bin nicht aggressiv, und ich stritt nicht mit ihm oder versuchte, die Sache zu verlängern. Ich sagte nur, vergessen wir's.

Am Anfang erkannte ich nicht, wie sehr er noch in die Beziehung mit seiner Exfrau verstrickt war. Das war mir überhaupt nicht klar. Ich wußte, daß er eine enge Beziehung zu seinen Kindern hatte, aber seine Frau erwähnte er nicht.

Wenn er über eine seiner Frauen sprach, geschah dies immer in der Vergangenheitsform... er fühlte sich ihnen gegenüber sehr schuldig, besonders der ersten gegenüber... sehr besorgt. Ich glaube, die zweite Ehe war sehr kurz, und dann hatte er eine Menge Probleme mit seiner dritten Frau.

Aber er war sehr warmherzig und schien sehr empfindsam zu sein. Ich denke, er war ein reizender Mensch, und ich habe ihm gegenüber immer noch gute Gefühle. Wenn ich meinen Ärger ihm gegenüber ausdrücken sollte, würde ich ihm, glaube ich, nur sagen: ›Warum hast du überhaupt etwas mit mir angefangen? Wir hätten nicht miteinander ins Bett gehen müssen, wir hätten Freunde sein können – warum hast du erst angefangen und dann Schluß gemacht und auf Wiedersehen gesagt?‹ Aber es ist schwer, richtig ärgerlich auf ihn zu sein, denn ich denke, er hat sich hineingesteigert. Ich glaube nicht, daß er beabsichtigte, die Dinge so zu beenden, wie er es tat. Ich glaube, daß er die Panik bekam.

Er schrieb mir einen Brief, in dem es hieß, ich würde mehr und eine bessere Beziehung verdienen als die, die er mir bieten könne. Ich rief ihn an, und er führte mich zum Abendessen aus, und ich weinte. Ich sagte, daß ich wirklich traurig sei, daß wir keine Beziehung haben könnten. Er erzählte mir seine Geschichte darüber, wie er eine Wohnung mietete, einen Fernseher lieh, ein Auto lieh, daß alles in seinem Leben sehr vorübergehender Natur war – er konnte sich nicht einmal soweit festlegen, etwas zu kaufen. Er tat mir sehr leid, denn ich glaube nicht, daß er mich verletzen wollte. Ich glaube, er hatte nicht viele Verabredungen. Er scheint einsam zu sein, und er mag nicht alleine sein.«

Teri gab es mir gegenüber nicht zu, aber mir war klar, daß Jacks Zurückweisung ihr weh tat. Viele Frauen haben nicht so viel Glück wie Teri. Sie haben keine liebevolle Familie, die sie stützt, und keinen großen Freundeskreis. Sie können ernsthafte Selbstwertprobleme haben, ehe sie daraus herauskommen. Aber egal wie »gut beieinander« eine Frau ist, es ist schmerzhaft, wenn ein Mann mit einer eine körperliche Beziehung anfängt und ihr dann den Rücken kehrt. Es führt dazu, daß sie sich unsicher und unerwünscht fühlt. Sie kann sich fragen, ob der Mann irgendwelche sexuellen Probleme hat. Sie wird vielleicht daran zweifeln, daß sie verführerisch genug ist. Sie macht sich vielleicht über sein Selbstwertgefühl Gedanken und darüber, ob sie es klar genug zum Ausdruck gebracht hat, daß sie ihn will.

Jack ist ein gutes Beispiel für einen Mann, der anfangs extrem verführerisch und sexuell drängend ist und dann umschwenkt. Was lief falsch?

Im Fall von Jack und Teri kannte ich zufällig das Ehepaar,

das sie miteinander bekannt gemacht hatte, und sie wiederum nahmen Kontakt mit Jack auf, der zustimmte, mir von seinem Standpunkt aus zu sagen, was schiefgelaufen war. Wie Sie sehen werden, war diese Beziehung von Anfang an zum Scheitern verurteilt, weil Jack sehr eindeutig eine Art von Doppelleben führte, von dem Teri nichts wußte.

Zunächst einmal muß man feststellen, daß Jack eine Geschichte von Problemen hat, die mit Bindungen zusammenhängen. Er war seiner ersten Frau ständig untreu und verließ sie wegen einer anderen Frau, die er nicht heiratete. Seine zweite Ehe war kurz, Jack verließ seine Frau wieder wegen einer anderen. Er heiratete diese Frau schließlich, weil sie schwanger wurde.

Hier also Jacks Version von dem, was mit Teri passierte: »Ich mochte Teri. Bei unserer ersten Verabredung hatten wir eine Menge Spaß. Ich bat sie, am nächsten Abend mit mir auszugehen. Wir gingen an einem Freitagabend miteinander essen. Ich brachte sie nach Hause, und ich erinnere mich, daß ich sie am nächsten Tag anrief und sie fragte, ob sie am Abend mit mir ins Kino gehen wolle. Sie sagte: ›Toll.‹ Wir hatten eine Menge Verabredungen, vier oder fünf Abende hintereinander. Ich fühlte mich zuerst sehr von ihr angezogen.

Als wir das erste Mal miteinander schliefen, blieb sie über Nacht. Ich glaube, danach wollte ich sie nicht mehr um mich haben. Manchmal fühlte ich mich von ihr geradezu unter Druck gesetzt – ich dachte, sie würde mehr wollen. Manchmal war es wirklich deshalb, weil die Kinder mich anrufen würden oder sonst irgend etwas los war. Wegen meiner Kinder habe ich immer Probleme in den Beziehungen zu einer Frau, weil mein Umgang mit den Kindern oft deren Mutter mit einschließt.

Meine Exfrau und ich haben eigentlich eine seltsame Beziehung... manche Leute würden sie nicht verstehen... wir schlafen noch zusammen. Auf diese Weise läuft es besser. Als wir noch zusammenlebten, hatte sie nie Interesse an Sex. Jetzt sehen wir einander oft, und wir schlafen etwa alle zehn Tage oder so miteinander. Wie könnte ich das Teri sagen?

Wenn Teri die Nacht hier verbrachte, wollte ich, daß sie um acht Uhr ging, falls meine Frau oder die Kinder anrufen würden – ich erzählte meiner Frau nie, daß ich mich mit anderen Frauen traf, und sie hätte einen Eifersuchtsanfall bekommen, wenn sie es herausgefunden hätte. Für gewöhnlich sagte ich Teri, die Kinder würden vorbeikommen. Sie sagte dann, es hätte den

Anschein, als ob die Kinder immer früher auftauchen würden. Ich blieb nie bei ihr, weil ich mir Sorgen machte, daß meine Frau anrufen könnte und ich nicht zu Hause wäre, wenn sie mitten in der Nacht anrief, was sie manchmal tat.

Ohnehin entwickelte sich mit Teri das Schema, daß ich immer weniger verfügbar war. Eines Abends lud sie mich zu sich nach Hause zum Abendessen ein; ihre Hausgenossin war nicht da, und es war klar, daß sie erwartete, ich würde über Nacht bleiben. Sie spürte aber, daß ich das nicht tun würde, und sie sagte: ›Du wirst nicht bleiben, nicht wahr?‹ Ich sagte: ›Nein‹, und sie sagte: ›Ich bin wütend, ich bin wirklich ärgerlich... es ist nicht dein Fehler, aber ich bin wirklich wütend, warum gehst du also nicht gleich?‹

Ich ging also, und als ich dann nach Hause kam, schrieb ich ihr diesen langen Brief. Ich sagte ihr, sie verdiene mehr, als ich ihr geben würde. Sie ist eine reizende Person, und ich wollte sie nicht verletzen. Sie bekam den Brief und schlug ein Abendessen vor, um darüber zu reden.

Wir gingen zum Abendessen und sie sagte, ich hätte nicht mit ihr schlafen sollen. Wenn ich es nicht getan hätte, hätten wir Freunde sein können, aber nun wollte sie mich nicht als Freund. Sie sagte, sie hätte genug Freunde, und sie deutete an, daß sie, wie ich angenommen hatte, eine feste Beziehung wollte.

Ich vermute, der ausschlaggebende Grund, daß die Beziehung nicht funktionierte, war das, was mit meiner Frau ablief. Wenn es anders gewesen wäre, wenn ich Teri zu einer anderen Zeit kennengelernt hätte, wäre es vielleicht anders gewesen. Das sagen Frauen immer zu mir: Sie erzählen mir immer, sie wünschten, sie hätten mich zu einer anderen Zeit kennengelernt, als ich wohl gefühlsmäßig freier gewesen sei. Ich glaube, sie würden mich gern analysieren, aber ich treffe mich mit keiner lange genug, als daß es soweit kommen könnte.

In meinem Gefühlsleben scheine ich oft zwei Frauen zu haben, von denen mich keine voll befriedigt. Als ich meine erste Frau verließ, war das wegen einer anderen Frau; dasselbe mit meiner zweiten. Was nun meine dritte Frau betrifft, so sind wir offiziell nicht zusammen, aber wir sind es eben doch, und ich treffe mich noch mit anderen Frauen.

Ein anderer Grund, warum es mit Teri nicht lief, ist, daß ich Blondinen im Grunde nicht mag. Ich bevorzuge dunkelhaarige Frauen. Ich fühlte mich von ihr genug angezogen, um etwas mit ihr anzufangen – sie war sehr feminin –, aber sie war nicht wirklich mein Typ. Während ich dies sage, ist mir jedoch bewußt, daß Teri, wenn da nicht meine Frau gewesen wäre, wenn ich sie in einem Vakuum kennengelernt hätte, sehr attraktiv für mich hätte sein können.

Es gab jedoch noch ein anderes Problem mit Teri, und das störte mich wirklich. Sie war einfach zu zärtlich... sie berührte mich dauernd. Nicht am Anfang, aber gegen Schluß. Ich fühlte mich, als sei ihre Berührung allgegenwärtig. Wenn ich mich auf einen anderen Platz setzte, ging sie mit... Ich konnte nirgendwohin, ohne daß sie nicht auch gleich dort war. Sie war zu besitzergreifend. Wenn da nicht sowieso meine Frau gewesen wäre und ich gedacht hätte, es wäre sinnvoll, an der Beziehung zu arbeiten, hätte ich vielleicht etwas deswegen gesagt, aber es war sinnlos, sie damit verrückt zu machen, daß ich etwas sagte.«

Was Teri hätte merken sollen

Es ist immer leicht, im nachhinein zu sagen, daß es bestimmte Dinge gibt, die man hätte bemerken müssen oder die man sich nicht hätte gefallen lassen sollen, aber wenn ein Mann ein gewisses Doppelleben führt, ist das nicht immer so leicht, wie es scheint. Die meisten Frauen machen sich Sorgen, zu aggressiv, drängend, dominierend und offen neugierig zu wirken. So akzeptieren sie, was man ihnen erzählt, und prüfen es nicht nach. Wenn ein Mann jedoch gewissermaßen eine Doppelexistenz führt, läßt er für gewöhnlich bestimmte Dinge durchsickern, weil er in gewisser Hinsicht möchte, daß Sie wissen, daß andere Dinge sein Leben bestimmen. Wenn Sie sich in einer Beziehung schützen wollen, müssen Sie achtgeben und die Verantwortung für den Versuch auf sich nehmen, herauszufinden, was wirklich vorgeht. Machen Sie sich keine Sorgen, daß Sie neugierig wirken könnten – es handelt sich um Ihr Leben und um Ihre Gefühle, und Sie müssen sich schützen. Sie stehen bei sich an erster Stelle.

Nehmen wir Jacks Botschaften an Teri:

1. Er erzählte ihr von drei Ehen. Obwohl es sicher Gründe dafür geben kann, hätte in Jacks Fall die Tatsache, daß er andeutete, daß er in mindestens einem Fall die Schuld hatte, Teri einen Anhaltspunkt dafür geben sollen, daß vielleicht

die Ursachen für das Scheitern wirklich bei ihm lagen. Jacks Geschichte weist klar darauf hin, daß es seine Art ist, Frauen gegeneinander auszuspielen. Teri hätte das bemerken müssen.

2. Er erzählte Teri, daß seine Exfrau immer noch eifersüchtig sei. Anstatt vorauszusetzen, daß Jack der unschuldig Verfolgte sei, hätte Teri die Möglichkeit in Erwägung ziehen sollen, daß seine Exfrau, wenn sie eifersüchtig war, noch immer bestimmte Ansprüche an Jack haben könnte, die das rechtfertigten.
3. Jack hatte sich vor drei Jahren von seiner Frau getrennt. Bei einem Mann, der erst seit kurzem getrennt lebt, kann man damit rechnen, daß er sich intensiv mit der Frage beschäftigt, wie sein Privatleben sich auf seine Kinder auswirkt, aber nach drei Jahren weist Jacks Haltung darauf hin, daß er nicht ganz ehrlich im Hinblick darauf war, warum sich seine Kinder Teri und ihren Anrufen gegenüber so »seltsam« verhielten. Die Tatsache, daß er nicht wollte, daß die Kinder von ihrer Existenz wußten, weist darauf hin, daß sein Problem nicht nur rein psychologisch ist.
4. Jack hatte zeitliche Grenzen abgesteckt, die von Anfang an bestanden... Er machte Teri klar, daß einige Tage seinen Kindern gehörten; sie traf er an den anderen Tagen. Diese Art strenger zeitlicher Festlegungen weist meist auf einen Mann hin, der ein »Doppelleben« führt und nicht will, daß jemand Zutritt zu allem hat. Mehr noch, bei anscheinend alleinstehenden, ungebundenen Männern geben derartige Grenzen oft einen Hinweis darauf, daß eine andere Frau Anforderungen an die Zeit eines Mannes stellt.

Wie Teri dafür verantwortlich war, daß es mit Jacks »Doppelleben« weitergehen konnte

Teri tat, was Frauen häufig tun: Sie setzte voraus, daß die Exfrau schwierig und irgendwie »außerhalb des Normalen« war. Sie war schnell bereit zu glauben, daß sie, Teri, irgendwie vernünftiger oder passender sei als die Exfrau. Jack ließ sie wissen, daß seine Exfrau Probleme hatte, ihn zu lieben, und Teri akzeptierte seine Erklärung. Jack tat ihr leid, weil er mit einer so unmöglichen Frau verheiratet gewesen war, die seine Gutmütigkeit ausnutzte. Jack förderte diese Einstellung natürlich.

Als Teri Jack zum erstenmal traf, erzählte er offen von seinen Frauen, seinen Problemen mit ihnen, seinen Problemen mit seinen Kindern. Teri hörte nicht wirklich zu. Sie achtete viel mehr auf seine Werbung um sie, hörte, was sie hören wollte, und setzte voraus, daß er sich ihr gegenüber anders verhalten würde, weil sie »anders« war.

Wenn ein Mann dazu neigt, jene Vorteile beibehalten zu wollen, die ihm eine gewisse »Doppelexistenz« bieten, kann man das oft daran erkennen, was er über seine vorhergehende Beziehung erzählt. Einige Fragen, die man sich stellen sollte, bevor man sich auf etwas einläßt: Wie beendete er vergangene Beziehungen? Hat er die Gewohnheit, Frauen gegeneinander auszuspielen? Gibt es zugegebenermaßen eine Geschichte, bei der er unredlich gegenüber einer anderen Frau war?

Einen Anhaltspunkt gibt auch die Art und Weise, wie er mit der Zeit umgeht. Wenn ein Mann das Bedürfnis nach einer ganz bestimmten Zeiteinteilung hat, so oft deshalb, weil eine andere Frau Forderungen an seine Zeit stellt. Und etwas, was jede Frau sich einprägen sollte:

Wenn eine andere Frau Ansprüche an seine Zeit stellt, so deshalb, weil der Mann das irgendwie ermutigt und erlaubt hat.

5. KAPITEL

So nah daran zu lieben: Wenn er zu tief drinsteckt und es weiß

»Zusammen Hand in Hand« – das zu vermeiden, darum dreht sich bei der Bindungsangst alles. Warum? Weil für diese Männer eine solche Vorstellung die Erwartung von etwas Dauerhaftem voraussetzt, genau den Zustand im Leben, dem sie nicht ins Auge blicken können. Aber auch solche Männer verstricken sich in Beziehungen – sie heiraten sogar. Was passiert also, wenn der Bindungsscheue sich selbst in einer derartigen Bindung wiederfindet? Um seine Reaktionen zu verstehen, muß man sich darüber klarwerden, was eine dauerhafte Beziehung eigentlich bedeutet.

Für den durchschnittlichen Mann kann eine Beziehung mit einer Angehörigen des anderen Geschlechtes ebenso eine angenehme wie zutiefst lohnende Erfahrung sein. Aber eine dauerhafte Beziehung setzt immer bestimmte Verpflichtungen, Verantwortlichkeiten, Erwartungen und (da ist dieses Wort wieder) Bindungen voraus. Eine Beziehung hat natürlich immer eine feste Form. Man erinnere sich aber daran, daß für den harten Kern der Bindungsscheuen jede »feste Form«, alles definitiv Erscheinende, wie lose es auch immer sei, Angst und Unbehagen hervorruft.

Wenn nun einer dieser Männer anfängt, seine Beziehung als eine einschränkende Struktur zu empfinden, werden all seine phobischen Kampf-oder-Flucht-Reaktionen ausgelöst. Was einst als ein warmer und liebevoller Hafen angesehen wurde, wird nun plötzlich als Gefängnis betrachtet. Und ohne logischen Grund macht er sich Sorgen, daß er für immer darin gefangen sein wird.

Bewahrung der Distanz – das Ziel des Bindungsscheuen

Sie erkennen das Szenarium wieder: Er kann nicht ruhen, bis er weiß, daß er Sie hat. Nun sind Sie immer für ihn da. Sie leben vielleicht zusammen, sind verheiratet oder sind einfach so an ihn gebunden, daß Sie ebensogut seine Frau sein könnten.

IHR ZIEL: An der Beziehung zu arbeiten, sie zu verdichten und wachsen zu lassen.
SEIN ZIEL: In der Beziehung Raum und Abstand zu finden.

Wie stark und weit er nach diesem Raum sucht, hängt von dem Ausmaß seines phobischen Problems ab. Ein Mann mit einer milden Angstreaktion könnte zufrieden sein, eines der folgenden Dinge zu tun: ein paar Abende in der Woche spät nach Hause kommen; Hobbies zu entwickeln, die in sich Frauen ausschließen; in dem Versuch, Abstand zu gewinnen, in einen anderen Raum zu verschwinden usw.

Ein schwer Bindungsscheuer wird sich noch weiter distanzieren und macht vielleicht eines der folgenden Dinge: solange bei der Arbeit bleiben, wie es nur irgend geht, oder sich in einer Sportart oder einem Hobby zu engagieren, das ihn auf legitime Weise tagelang von zu Hause fernhält.

Der extrem Bindungsscheue hat das intensive Gefühl, in der Falle zu sitzen, und wird extreme und intensive Methoden wählen, um Abstand zu finden. Er kann folgendes tun: streitsüchtig und zänkisch sein; sich weigern, zuverlässig zu sein oder zu vermeiden, daß man auf ihn rechnet; andere Frauen dazu benutzen, Abstand zu schaffen und aufrechtzuerhalten.

Die feste Beziehung – eine klaustrophobische Situation

Erinnern Sie sich: Diese Männer betrachten Bindungen, insbesondere die Ehe, als die endgültige Falle. Wenn Sie wissen wollen, wie stark viele von ihnen in diesem Punkt empfinden, so brauchen Sie sich nur vorzustellen, wie es wäre, hinter einer Wand aus Ziegelsteinen eingemauert zu sein – für immer.

In der gleichen Weise, wie ein Klaustrophobiker keinen Raum betreten wird, wenn er nicht sicher ist, daß leicht zugängliche Fenster und Türen vorhanden sind, wird ein Bindungsscheuer keine Beziehung eingehen, wenn er nicht weiß, daß er einen Ausweg aus ihr finden kann. Wenn Sie das Bild von der Ziegelmauer im Gedächtnis behalten, hilft Ihnen das zu verstehen, wie sehr dieser Mann das Gefühl vermeiden will, für immer irgendwo hineingesteckt zu werden.

Wie ein Bindungsscheuer die Beziehung intakt hält... während er auf Distanz bleibt

Manche Bindungsscheue sind in der Lage, mit ihrem Problem in einer konstruktiven Art und Weise umzugehen. Dies ist typischerweise bei Ehen der Fall, bei denen Abstand und Freiraum ein akzeptierter Teil des unausgesprochenen oder auch erklärten Übereinkommens zwischen den Ehepartnern sind.

Ein gutes Beispiel für diese Art von Ehe ist die zwischen meinen Freunden Don und Joan. Ich kenne Don, einen 38jährigen Projekt-Ingenieur, seit langem. Bis er Joan kennenlernte und heiratete, ging er mit keiner Frau länger als sechs Monate. Tatsächlich glaubte ich nicht, daß er je heiraten würde, und er machte viele Frauen unglücklich, indem er einem typischen bindungsscheuen Verhaltensmuster folgte. Mit Joan war es sofort anders. Ihr Beruf – sie war Schlaftherapeutin und befaßte sich mit Forschung – bringt es mit sich, daß sie viele Nächte und die meisten Wochenenden nicht verfügbar ist (sie schläft wirklich viele Nächte im Labor). Sie reist auch viel, weil sie Vorträge hält und unterrichtet. Don hat als verheirateter Mann mehr freie Zeit und einen weniger eingeschränkten Tagesplan, als er ihn als lediger Mann je hatte. Manchmal beklagt er sich gutgelaunt über Joans Arbeit, aber im Grunde scheint sie seinen Bedürfnissen zu entsprechen.

Ein anderer Typ von Beziehung, in welcher ein Bindungsscheuer sich wohlfühlen kann, zeigt sich in der Art Ehe, in der der Mann Überstunden macht und selten nach Hause kommt oder sich in Hobbys und außerhäuslichen Interessen vergräbt.

Ein typisches Beispiel ist Bob, der zugibt, sowohl klaustrophobisch als auch bindungsscheu zu sein. Außerdem ist er ein Sportfan. Im Winter spielt er Squash und geht zum Fußball. Im Frühling und Sommer spielt er Tennis und besucht Baseballspiele. Jedes Wochenende des Jahres ist er mit der einen oder anderen sportlichen Aktivität beschäftigt. Seine Frau, die ihre eigenen Interessen hat, hat nicht den Wunsch, sich ihm anzuschließen, aber sobald sein Sohn alt genug war, nahm er ihn überallhin mit. Dann begann er, eine Kreisklassenmannschaft zu trainieren. Wenn man einen Abend mit Bob und seiner Frau verbringt, ist es offensichtlich, daß Gemeinsamkeiten nicht ihr Fall sind. Obwohl beide sagen, daß sie eine sehr befriedigende und erfüllende Ehe führen, sind sie selten zur selben Zeit im selben Zimmer.

Wenn ein Bindungsscheuer sich für immer gefangen fühlt

Dann gibt es noch die Bindungsscheuen der schlimmsten Sorte – die Männer, die eine feste Beziehung oder eine Ehe eingehen und eines Morgens aufwachen mit dem Gefühl, sie seien total gefangen. Wenn solch ein Mann in Panik gerät, kann er keinen Weg aus seinem Dilemma finden, ohne die Beziehung zu zerstören. Dieser Mann ist nicht in der Lage, die Entscheidung zu treffen, die Beziehung aufzugeben und das mit Anstand zu tun. Um die Sache noch zu komplizieren, ist er oft nicht einmal sicher, daß er wirklich gehen *will*. Er will nur überzeugt sein, daß die Beziehung schlecht genug ist, daß er jederzeit – sobald er dies will – ohne große Erklärungen gehen *kann*. Dieser Mann ist so pervers, daß er am glücklichsten ist, wenn die Beziehung ein Trümmerfeld ist, denn dann hat er nicht nur einen guten Grund zu gehen, sondern er kann auch der Frau die Schuld geben. Ich bin mir bewußt, daß den meisten von uns beigebracht wurde, daß jede Geschichte zwei Seiten hat, aber wenn ein Bindungsscheuer der schlimmsten Sorte sich zu vergewissern sucht, daß er nicht in der Falle sitzt, muß er den Löwenanteil der Verantwortung dafür übernehmen, daß er die Chance zur Liebe sabotiert und zerstört.

Dieser Mann will absolut nicht, daß die Beziehung funktioniert. Er denkt ohne Einschränkung, daß er für immer festgehalten werden könnte, und er gerät so in Panik, daß er unfähig ist, eine vernünftige Lösung für seine Probleme zu finden. Wie der Klaustrophobiker, der in einem Aufzug festsitzt, empfindet er sich wirklich als auf Dauer hinter einer Ziegelmauer gefangen. Zu sehr außer Kontrolle, um eine Tür in der Mauer zu finden oder sie zu öffnen, selbst wenn er sie sieht, beginnt dieser Mann, bildlich gesprochen, an der Mauer zu kratzen, sie einzureißen und die wirkliche Beziehung dabei mitzuzerstören. Eine Frau, die an einen solchen Mann gebunden ist, sollte besser lernen, sich zu ducken, denn meist beginnt er, diese symbolischen Ziegelsteine auf die Frau zu werfen, die er als seine Gefangenenwärterin empfindet.

Solch ein Mann ist selten vernünftig. Alles, was er weiß, ist, daß er heftiges Unbehagen verspürt, das er wahrscheinlich nicht verstehen oder erörtern kann. Wenn dieser Mann eine Beziehung hat, dreht sich alles, was zwischen diesem Paar passiert, um sein Gefühl des Eingesperrtseins und wie es sich auf ihn auswirkt. Entwicklung oder Auseinanderbrechen der Beziehung, die Kinder, der Sex, der Kampf, der Aufbau, die Zerstörung – alles dreht sich nur um sein Bedürfnis.

Sein Konflikt ist allerdings enorm, da er auch die Sicherheit der Liebe einer Frau braucht. Wenn die Frau die Nase voll hat und sich zurückzieht, kehrt er oft zu seiner Eroberung-Panik-Taktik zurück, jagt ihr nach, und der ganze Prozeß beginnt von vorne. Diese Männer spielen ein ständiges Katz-und-Maus-Spiel mit Bindungen, und jede Frau, die sich mit ihnen einläßt, muß zwangsläufig ein ungewöhnliches Maß an Schmerz ertragen.

Üblicherweise fängt ein solcher Mann damit an, die Persönlichkeit der Frau herunterzumachen und gefühlsmäßig herabzusetzen, oder er versucht vielleicht auszubrechen, indem er Frauen sucht, mit denen er eine Affäre haben kann. Egal ob Sie die Rolle der Ehefrau oder die der anderen Frau spielen: Wenn Sie nicht darauf eingestellt sind, sehr weitgesteckte Grenzen zu tolerieren, oder wenn er sich nicht drastisch ändert, haben Sie keine Chance in diesem Kampf.

Der Ehemann auf Fehlersuche: Wenn sein »ich tue« bedeutet »ich tue nicht«

Manche Männer sind in der Lage, alle Stufen bis und einschließlich der Trauungszeremonie zu durchlaufen, bevor sie die Notbremse auslösen. Üblicherweise fängt ein solcher Spätzünder erst etwa einen Tag vor der Trauung an zu erkennen, was passiert, aber die totale Panik bricht dann erst nach dem Ereignis aus.

Wenn dies geschieht, ist es quälend schmerzhaft für die Frau.

Machen Sie sich das einmal klar: Sie heiratet einen Mann, der sie liebt, und sie hat am Ende einen Mann, der sich benimmt, als würde er sie hassen. Dieser Mann wird am häufigsten als Weiberfeind mißverstanden, als Mann, der Frauen haßt. Von meinem Standpunkt aus – obwohl das Ergebnis für die Frau dasselbe sein kann – sind die Gründe für das Verhalten des Mannes völlig andere. Der Bindungsscheue haßt seine Frau nicht – er haßt die Falle der Ehe. Er muß das Gefühl haben, daß er eine »eingebaute« Entschuldigung hat, die Beziehung zu beenden, wenn er eines Tages aufwacht und sie nicht mehr ertragen kann. So fängt er an nach Gründen zu suchen, warum seine Frau für ihn die falsche ist und warum die Ehe nicht klappen kann. Er sabotiert die Beziehung für gewöhnlich vom ersten Tag an.

Alle Männer, mit denen ich darüber sprach, gaben zu, sich hinterher schuldig zu fühlen, aber die meisten von ihnen sagen, daß sie, während sie auf Fehlersuche sind, meist Ärger und Verstimmung darüber empfinden, daß sie an diese Frau gekettet sind. Manche sagten auch, daß sie, wenn die Frau sich um Änderung bemüht oder besonders nett ist oder über solch eine Fehlersuche hinweggeht, nur denken, daß sie sie manipuliert und lediglich versucht, das Netz noch enger zu ziehen.

Vince, der zweimal verheiratet war und zweimal geschieden wurde, erinnert sich deutlich, daß er bei seiner ersten Frau immer versuchte, Voraussetzungen für den Absprung zu schaffen. Er wollte sicher sein, daß die Argumente und Gründe für einen Ausstieg immer greifbar waren:

»Mir war klar, daß ich schon ein paar Wochen nach der Hochzeit abhauen wollte, aber ich wußte nicht, wie ich das anstellen sollte. Offensichtlich konnte ich nicht weggehen, wenn es eine erfolgreiche Ehe war, deshalb pflegte ich, wenn es zwischen uns gut lief, anstatt glücklich zu sein, mir Sorgen zu machen, daß ich nicht mehr in der Lage wäre, aus der Sache herauszukommen. Ich pflegte wütend auf sie zu werden und sie zu beschuldigen, daß sie mich dazu gebracht hatte, sie zu heiraten. Ich fing mit ihr Streit an. Ich weiß, daß eine Beziehung wachsen muß, aber ich wollte sie nicht mit ihr wachsen lassen. Ich fing an mir einzubilden, daß es irgendwo dort draußen jemanden gäbe, der besser für mich geeignet wäre. In dem Augenblick, in dem ich anfange daran zu denken, ich müßte für immer mit einer bestimmten Frau zusammensein, wird mir sofort die Tatsache bewußt, daß die Frau nicht perfekt ist. Ich weiß, das ist lächerlich.

Ich weiß, niemand ist perfekt, am wenigsten ich – aber so fühle ich nun mal.«

Frauen fragen oft, ob ein Mann sich nicht schuldig fühlt, wenn er sich einer Frau gegenüber völlig destruktiv verhält. Vince sagt, zu der Zeit, als er es tat, fühlte er sich schuldig, daß er die Zeit seiner Frau vergeudete – sie hätte gehen und jemanden anders heiraten sollen und die Kinder bekommen können, die sie wollte. Aber er fühlte keine Schuld, daß er ihr Selbstbewußtsein verletzte oder ihr Selbstbild zerstörte:

»Ich sagte einige schreckliche Sachen zu meiner ersten Frau. Heute fühle ich mich deshalb schuldig, aber als ich es tat, hatte ich keine Vorstellung davon, welchen Schaden ich an ihrem Selbstwertgefühl anrichtete. Meine Reaktionen waren fast instinktiv. Ich fühlte mich, als würde ich in der Ehe ersticken, und es war einfach notwendig für mein Überleben, mich so zu verhalten, so daß ich – als ich es tat – keinen Gedanken daran verschwendete, was ich ihr antat. Ich wollte nur sicherstellen, daß ich alle erforderlichen Gründe für einen Weggang hatte, wenn ich wegkommen wollte.«

Einige Männer haben mir auch erzählt, daß ihre Gründe für dauernden Streit zum Teil auch darin lagen, daß sie meinten, die Frau würde vielleicht so unglücklich, daß sie ihrerseits die Initiative ergreifen und die Beziehung beenden könnte, so daß sie für den Bruch nicht die volle Verantwortung tragen müßte. Vince stimmt dem zu:

»Es ist keine Frage, daß ich sie auf die Probe stellte – ein Teil von mir hoffte, daß es ihr auf die Nerven gehen und sie mich hinauswerfen würde, ein anderer Teil fürchtete, daß dies passieren würde. Ich erinnere mich, wie meine Frau sagte: ›Wenn du alle diese Dinge an mir falsch findest, warum bleibst du dann bei mir?‹ Und ich hatte nicht den Mumm, ihr zu sagen, daß ein großer Teil von mir nicht bleiben wollte. Schließlich verließ sie mich.«

Eine andere Frau benützen, um Distanz zu schaffen

Wenn man ein Mann ist, der eine Ehe zerstören will, welch besseren Weg gibt es dann, als eine Affäre oder eine Reihe von Affären anzufangen? Üblicherweise verhält sich der Bindungsscheue diesen »anderen Frauen« gegenüber nicht anders als bei seiner Frau... zum Schluß jedenfalls. Für gewöhnlich wirbt er um eine, bis sie weich wird, dann fühlt er sich ebenso in der Falle wie bei seiner Frau, und er wendet sich ab.

So viele Frauen lassen sich auf Beziehungen mit Männern ein, die ihnen erzählen, daß sie sie lieben und daß sie die Absicht haben, ihre Frauen zu verlassen. Wenn Sie die »andere Frau« sind, ist es wichtig zu erkennen, daß Sie für den außer Kontrolle geratenen Bindungsscheuen das offene Fenster verkörpern und den Weg, Raum zu gewinnen, aber nur für begrenzte Zeit.

Wenn Sie anfangen, sich um ihn zu kümmern, wenn Sie anfangen, Erwartungen zu haben, wenn Sie am Ende eine Bindung wollen, wird er auf und davon gehen, und Sie werden kein Teil seines Lebens mehr sein. Statt dessen werden Sie Geschichte für ihn sein, und er wird fort sein und irgendeiner dritten Frau, oder sogar seiner Ehefrau, erzählen, wie falsch das war, wie dumm das war.

Wenn die »andere Frau« ihm das Gefühl gibt, in der Falle zu sitzen

Selbst wenn ein Mann verheiratet ist, kann er noch um eine Frau werben und alle Phasen des Eroberung-Panik-Syndroms durchlaufen. Die folgende Geschichte einer Affäre zwischen einem verheirateten Mann und einer alleinstehenden Frau illustriert dies deutlich.

KAREN: 36 Jahre, seit 10 Jahren geschieden

Karen ist Produktionsleiterin bei einem kleinen Theater in Colorado. Sie ist eine sehr deutlich sprechende, nachdenkliche, reizende Frau, die sich um Einsicht und Verständnis bemüht. Sie ist eine Frau, die viele Männer anziehend gefunden haben, aber keine, die ein verheirateter Mann sich für ein Techtelmechtel aussuchen würde; dafür hat sie zu viel Tiefe und Komplexität. Und doch wich David, ein verheirateter Mann mit drei kleinen Kindern, von seinem Weg ab, um sie in sein Leben zu verstricken.

Wie man sehen wird, verlief diese Beziehung genau mit den weiter vorne geschilderten Phasen von Anfang, Mitte und Ende, die man erwarten kann, wenn der Mann unfähig ist, sich an irgendeine Frau zu binden.

»Am Anfang hatten David und ich keine Affäre. Ich pflegte jeden Morgen in die Stadt zu gehen, um die Zeitung zu kaufen. Stets sah ich diesen Mann – David –, und er schien mir bald vertraut. Ich sah ihn mehrere Monate lang allein. Dann sah ich ihn mit einem Baby. Ich dachte mir, ›verheirateter Mann mit Baby‹ – bestimmt ungefährlich, um hier ein Gespräch anzufangen.«

So sagte Karen hallo zu ihm, und es stellte sich heraus, daß sie einander vom College her flüchtig kannten. Als sie sich an diesem ersten Tag voneinander trennten, gab David Karen seine Visitenkarte, was ihr hochtrabend und ein wenig seltsam vorkam.

»Bald danach fing er an, mich montags anzurufen, an dem Tag, an dem das Theater geschlossen ist. Ich stand unter großem Druck. Es war ein neues Theater, und ich mußte Geld und Zeit hineinstecken, um es zum Laufen zu bringen, aber das war noch nicht soweit. Ich brachte nicht immer meine Unkosten herein und war deprimiert, nervös und ängstlich. Mein ganzes Leben bestand damals aus Arbeit, und an meinem freien Tag pflegte ich mich im Bett zu verkriechen, und er rief an und ich fragte mich: ›Warum ruft dieser Mann mich an?‹ Ich konnnte mich in bezug auf ihn an nichts mehr erinnern, außer daß er dieses Baby hatte, er war einer der am wenigsten attraktiven Burschen auf dem College, und er sah immer ärgerlich aus, was nur verschwand, wenn er sprach, aber das konnte ich am Telefon nicht sehen. Und er sagte: ›Was tun Sie?‹, und ich sagte: ›Ich bin im Bett.‹ Und weil er dann fragte: ›Sind Sie allein?‹, dachte ich, daß er nicht nur häßlich und anmaßend ist und zornig wirkt, sondern auch noch grob. Dann pflegte er mich zum Mittagessen einzuladen, und ich sagte immer nein. Manchmal rief er mehrmals am Tag an, und ich ertappte mich selbst, wie ich ›Nein!‹ kreischte. Ich bin nicht unfreundlich zu Männern, aber zu David war ich es. Er versuchte immer, mich aus meiner Stimmung herauszureden, und ich fühlte mich dann schuldig. Nachdem ein paar Wochen so vergangen waren, schien er mir nicht mehr so abschreckend, und außerdem dachte ich, es sei für mich psychisch gut, mal rauszukommen.«

Ich muß hier unterbrechen, um anzumerken, daß eine erstaunliche Anzahl von Frauen, die eine Beziehung mit Männern mit Bindungsproblemen eingehen, erzählten, daß sie die erste Verabredung eingingen, weil sie es nötig hatten, mal wieder rauszukommen. Ich hatte nicht den Eindruck, daß diese Frauen nach Ausreden suchten; ich glaube, es ist eine aufrichtige Reaktion. Ich glaube jedoch auch, daß Karens Geschichte ein weiteres Mal verdeutlicht, wie viele Frauen doch in unserer Gesellschaft immer noch das Gefühl haben, daß sie einen Mann brauchen, der ihnen hilft, »mal rauszukommen«.

Karen sagt, daß sie nicht wußte, was David eigentlich von ihr wollte, aber jedenfalls ging sie mit ihm zum Mittagessen, und er ermutigte sie, von sich zu erzählen, was sie auch tat. Sie sagt, daß er aufmerksam zugehört hätte, als interessiere ihn das wirklich.

»Ich kam zu dem Schluß, daß es ihm langweilig war, weil er keine feste Anstellung hatte. Zufällig war er ein Stückeschreiber, von dem noch nie ein Stück aufgeführt worden war. Er hatte ein wenig Geld aus Pachteinnahmen aus Grundbesitz hinten im Osten, der im Wert gestiegen war. Er pflegte Dinge zu sagen wie: ›Man müßte mir eine Menge Geld zahlen, um mich zum Arbeiten zu bringen.‹ Deshalb hielt ich ihn für brillant. Bevor ich David kennenlernte, glaubte ich alles, was ein Mann mir sagte. Er sagte mir, er ziehe es vor, nicht zu arbeiten, deshalb nahm ich an, daß dies ein intelligenter Kerl sei, mit all den Kräften, die Männer haben, und daß er seine Wahl getroffen hatte. War das nicht toll? Wir übrigen arbeiten, arbeiten, arbeiten, arbeiten die ganze Zeit, aber hier war jemand, der es vorzog, das nicht zu tun. Es kam mir nie in den Sinn, daß er Angst vor der Arbeit haben könnte oder daß er sich unzulänglich in bezug auf die Arbeit fühlte oder daß er Probleme hätte. Auch schien er sehr ruhig, sehr kontrolliert. Er sagte mir, er sei glücklich verheiratet, und alles, worüber er reden wolle, seien meine Probleme. Ich nahm an, sie dienten ihm zur Unterhaltung.«

Nach etwa einem Jahr mit gemeinsamen Mittagessen fing David an, Karen zum Mittagessen zu sich nach Hause einzuladen. Sie kam nicht umhin zu bemerken, daß seine Frau nie da war. Manchmal war sie mit den Kindern bei ihrer Schwester. Manchmal war sie einfach nicht da und er hatte die Kinder. Es schien Karen, wie es vielen Frauen geschienen hätte, daß er und seine Frau nie zur selben Zeit am selben Platz waren und daß es seine Frau nicht zu kümmern schien, was er tat.

»Dann eines Tages, aus heiterem Himmel, begann David darüber zu reden, daß wir uns gegenseitig massieren sollten, und es war, als erlaube er mir zum erstenmal zu sehen, daß er sich von mir angezogen fühlte. Ich war darüber verwirrt und besprach es mit meinem Therapeuten. Er ermutigte mich offen, mich auf eine Affäre einzulassen. Er sagte: ›Karen, Sie sind in der Wüste und verhungern... und da kommt jemand vorbei und bietet Ihnen einen Hamburger an, obwohl Sie von einem saftigen Steak träumen. Wäre es nicht sinnvoll, den Hamburger zu nehmen, bis Sie ein Steak zum Abendessen bekommen?‹«

Karen berichtet, daß sie, als er das nächste Mal von Massage sprach, im Bett landeten, in seiner Wohnung. Sie erinnert sich daran, daß sie sich darüber Gedanken machte, daß es das Bett seiner Frau war, was wirklich seltsam schien. Er schien davon gänzlich unberührt, aber sie begann, Fragen über seine Ehe zu stellen.

»David sagte nie etwas Schlechtes über seine Frau, nur daß sie nicht mehr miteinander schliefen. Er sagte, sie würde sich beklagen, daß er nie zärtlich zu ihr sei und daß er erwarte, daß der Sex mit ihr auf Knopfdruck funktioniere, und das könne sie eben nicht. Ich fragte ihn, ob er seine Frau liebe, und er sagte, am Anfang ihrer Ehe habe ihn seine Frau dauernd gefragt, ob er sie liebe. Er sagte, er hätte immer geantwortet: ›Ich tue, was ich kann.‹

Es wurde mir klar, daß es in Davids Ehe Probleme gab, aber ich dachte, der Fehler müsse bei seiner Frau liegen. Schließlich war dieser Mann, nach allem, was ich gesehen hatte, absolut liebevoll, entgegenkommend und freundlich. Ich fühlte mich optimistischer, was mich und meinen Beruf betraf, und die Unterstützung und Ermutigung, die er mir gegeben hatte, hatten sehr dazu beigetragen. Ich war sehr dankbar, und ich wollte gerne auch für ihn etwas tun. Ich wollte seine Ehe keinesfalls zerstören. Ich war nicht besessen von ihm und stellte keine Forderungen an ihn. Wenn er anrief, gut; wenn nicht, auch gut. Anfangs war es mit dem Sex nicht so toll, denn er wirkte nicht anziehend auf mich, aber ich begann seine Art mich zu lieben zu schätzen.«

Im Laufe der Zeit nahm David immer mehr Platz in Karens Leben ein. Falls er wie viele typische Bindungsscheue war – und es gibt keinen Grund zu vermuten, daß er es nicht war –, gab ihm die Tatsache, daß Karen eine unabhängige Frau mit eigenem Beruf war und nicht den Wunsch hatte, seine Ehe zu zerstören, das Gefühl, daß sie ihn nicht wirklich brauchte. Wie sie sagte, hatte sie, was David anging, keine langfristigen Pläne. Dann tat er, was viele Bindungsscheue tun – er begann ein Spiel nach Art der Motte, die sich immer näher an die Flamme heranwagt, die ihr Leben bedroht. Das Schicksal herausfordernd, ermutigte er sie, an ihn Forderungen zu stellen und ihn zu Hause anzurufen. Zu der Zeit dachte Karen, daß er nur naiv sei und daß es Wahnsinn sei, seine Ehe oder seine Frau derart zu gefährden.

Nachdem sie seit etwa neun Monaten miteinander schliefen, lernte Karen einen anderen Mann kennen und ging mit ihm aus, am Silvesterabend. Sie wäre sonst an Silvester alleine gewesen.

»David rief mich an, während der Mann in meiner Wohnung war, um mir ein glückliches neues Jahr zu wünschen, und er flippte aus, als ich sagte, daß ich eine Verabredung hatte. Ich war wirklich schockiert... Ich dachte nicht, daß David und ich uns liebten; ich dachte, wir hätten eine altmodische Affäre, an der ihm mehr lag als mir.

Am nächsten Tag kam er in mein Büro und fing an, einen Angstanfall zu haben, einen schweren Angstanfall. Er sagte mir, daß er mich liebe. ›Aber ich liebe dich doch‹, sagte er. ›Was meinst du damit?‹ fragte ich ihn, und dann weiter: ›Was meinst du damit, daß du mich liebst? Du lebst mit deiner Frau, und du schläfst mit deiner Frau.‹ Außerdem, was war schon groß passiert. Ich hatte lediglich eine Verabredung gehabt.

Er atmete stoßweise und bekam keine Luft. Ich mußte ihn auf eine Couch hinter der Bühne setzen. Ich war ganz frustriert. Ich hätte arbeiten müssen, und statt dessen versuchte ich, einen verheirateten Mann zu beruhigen, weil ich eine Verabredung gehabt hatte. Es war lächerlich. Aber ich fing an, ihm zu glauben, wenn er sagte, ich sei wirklich wichtig für ihn.

Ich sagte David, ich müßte unsere Beziehung überdenken, und das tat ich. Mir war vorher nicht klargewesen, daß er mich liebte. Ich wußte, ich liebte ihn nicht, aber er liebte mich. Er war erst der zweite Mann in meinem Leben, der mir gesagt hatte, daß er mich liebe, und er schien sehr ernsthaft. Ich kam zu dem Schluß, daß, wenn er sagte, daß ich so wichtig für ihn sei, das wohl wirklich der Fall war. Deshalb sagte ich ihm, daß ich mit niemand anderem mehr ausgehen würde. Mir selbst sagte ich, daß ich jede Situation so nehmen würde, wie sie kam, aber daß ich, wenn ich jemanden finden würde, mit dem ich ausgehen wollte, es David bestimmt nicht sagen würde, wenn es nicht sein mußte.«

David und Karen machten bis zum Sommer so weiter, und sie erinnert sich, daß er sie ständig förmlich anbetete. Dann beschloß Karen, Urlaub zu machen. Wieder einmal hatte David einen Angstanfall.

»Ich erkannte, daß die bizarre Macht, die ich über ihn hatte, der Sex war. Er fürchtete, ich würde mit jemand anderem schlafen. Ich sagte, warum er nicht mit mir Urlaub mache, wenn er so beunruhigt sei, und das tat er dann auch. Sie müssen wissen, daß seine Frau das alles sehr leichtmachte. Sie fuhr jeden Sommer zu ihren Eltern in die Berge und akzeptierte es, wenn David sagte, er hasse die Berge. Da seine Frau es nicht gewöhnt war, ihn im Sommer um sich zu haben, waren wir uns darin einig, daß sie ihn nicht vermissen würde. Zu der Zeit dachte ich, es wäre verrückt von ihr, keinen Urlaubsort zu wählen, der David gefiel. Jetzt erkenne ich, daß David an jedem etwas auszusetzen gehabt hätte.«

So flogen David und Karen nach Kalifornien und fuhren die Küste entlang. Karen erinnert sich, wie sie fröhlich anhielten, und sie David half, Geschenke für seine Frau auszusuchen. Erinnern Sie sich daran, sie dachte immer noch nicht an etwas Festes. Das änderte sich auf dem Rückweg am Flugplatz, wo David um sie anhielt.

»Ich sagte, ich würde darüber nachdenken. Und das tat ich. Ich war schon einmal verheiratet gewesen, und ich wollte mich nicht in etwas stürzen, aber ich hatte angefangen, David sehr ernst zu nehmen. Zwischen uns war nie etwas schiefgelaufen. Er war immer liebevoll, nie launisch oder schlecht gelaunt, immer einsichtig. Wir schienen fähig zu sein, über all unsere kleinen Differenzen zu reden, und ich glaubte, wir könnten ein sehr zärtliches Verhältnis haben.

Dann, etwa einen Tag nach unserer Rückkehr, geriet David plötzlich total in Panik und kam weinend zu mir. Er meinte, seine Frau habe ein Verhältnis und er ginge darüber kaputt. Ich muß gestehen, daß ich wütend wurde. Ich sagte: ›Was? Du bist gerade weggelaufen, um zwei Wochen mit mir zu verbringen, du hast für mich Geld ausgegeben, das du für deine Frau und deine Kinder hättest ausgeben sollen, du gabst es für mich aus, und nun bist du hier und heulst mir vor, daß deine Frau vielleicht ein Verhältnis hat? Was ist los mit dir? Erzähl das deinem

Psychiater, weil ich nicht zuhören will.‹ Ich war wirklich wütend.

Er sah mich an und wimmerte: ›Aber du bist doch meine Freundin.‹ Ich sagte: ›Ich bin deine Geliebte, verstehst du das nicht?‹ Er wußte nicht, wie ihm geschah, und er konnte meine Reaktionen nicht verstehen. So ging er zu seiner Frau und weinte und erzählte ihr seine Ängste, und sie sagte: ›David, ich liebe dich zu sehr, um so etwas zu tun.‹ Und das erzählte er mir dann!«

Dies war eine Seite von David, die Karen nie zuvor wahrgenommen hatte. Sie war so verschieden von seiner Fassade, daß sie sagt, sie hätte gedacht, daß es sich um eine momentane Verwirrung handeln müsse, verursacht durch den Streß der Entscheidung, die eine Frau zu verlassen und eine andere zu heiraten. Sie meint, sie wisse nun, daß es eine Botschaft war und sie auf die Realität dessen, was geschah, hätte reagieren sollen, aber es schien so bizarr und unverständlich. Auch fuhr er fort, ihr eine andere Botschaft zu senden: Er sprach immer noch von Heirat.

»Während dieses Herbsts und Winters kamen wir gemeinsam überein, daß wir heiraten würden. Alles, was David tun mußte, war, seine Frau zu verlassen, und er sagte, er sei nicht sicher, wann oder wie er es tun solle. Manchmal machte ich ein bißchen Druck, und er pflegte zu sagen: ›Wir haben Zeit, wir haben ja noch unser ganzes Leben vor uns.‹ Ich stellte mir vor, er sei sensibel und besorgt um seine Frau, und ich konnte ihn deswegen respektieren, deshalb wollte ich ihn nicht unter Druck setzen.

Es gab nochmals einen klaren Moment, in dem ich dachte, die Beziehung würde nicht gutgehen. David pflegte mich fünf- oder sechsmal am Tag anzurufen. Das machte es unmöglich zu arbeiten, deshalb bat ich ihn, mich tagsüber bitte nicht anzurufen. Ich wußte intuitiv, egal ob ich es so gemeint hatte oder nicht, daß ich damit die Forderung an ihn stellte, nachts mehr Zeit mit mir zu verbringen. Sobald ich es gesagt hatte, fühlte ich, daß David die Dinge nicht tun würde, die er sagte – aber ich schrieb mein Gefühl des Schmerzes und Verlustes in diesem Augenblick einem überentwickelten Gefühl für Dramatik zu.«

Die meisten Frauen erzählten mir, daß sie in Beziehungen mit Männern wie David solche Augenblicke der Klarsicht hatten, und wenn sie zurückblicken, erkennen sie, daß diese den Anfang vom Ende bedeuteten. In diesem Fall war Karens unausgesprochene Forderung nach einem größeren Teil seiner Zeit wahrscheinlich die erste Forderung, die sie an ihn stellte, und sie verkörperte den Beginn eines Wandels in ihrer Einstellung. Sie war nicht mehr glücklich damit, Davids Freundin zu sein; sie wollte heiraten. Sie wollte eine feste Bindung, und sie wollte, daß er seine Frau verließ. Dieser Wandel brachte wiederum einen Wandel in Davids Verhalten mit sich.

»Dann kam der Nationalfeiertag, und weil er auf einen Montag fiel, nahm ich an, wir würden ihn zusammen verbringen wie jeden Montag. Um damit anzufangen, es graut mir davor, an wichtigen Feiertagen alleine zu sein. In diesem Fall fiel er auf ›unseren Tag‹. Als David sagte, er müsse ihn mit seiner Frau und seiner Familie verbringen, wurde ich wütend. Ich sagte irgend etwas wundervoll Klassisches wie ›Aber Montag ist mein Tag‹ und schmiß ein Glas auf den Boden. Es zerbrach nicht einmal. Er wurde böse auf mich, und er fragte *mich*, wie ich *ihn* so behandeln könne. Wieder einmal sagte er, wir hätten noch den Rest unseres Lebens. Dieses Mal setzte ich ihn vor die Tür.

Innerhalb von Stunden rief er von einer Telefonzelle aus an. Er fühlte sich schrecklich. Ich fühlte mich schrecklich. So versöhnten wir uns.«

Karen sträubte sich wirklich, David zu drängen, aber sie wollte dieses Stadium ihrer Beziehung beenden – sie wollte, daß David handelte, wie er es gesagt hatte, aber sie bekam das Gefühl, daß er nicht so stark war, wie er zu sein schien. Auch gab ihr David sozusagen die Erlaubnis, ihn zu drängen. Er sagte ihr, sein Psychiater sage, wenn er bei seiner Frau bliebe, würde er den Rest seines Lebens unglücklich sein, und wenn er Karen heirate, würde er durch den Streß, seine Frau zu verlassen, einigen Schmerz durchmachen, aber er würde schließlich sehr glücklich sein. Karen war überzeugt, daß David Hilfe brauchte, um aus seiner Ehe herauszukommen.

Ihr Psychiater sagte, daß manche Leute ein Ultimatum bräuchten und schlug es als Methode vor, um David zum Handeln zu bewegen, aber Karen waren Manipulationen zuwider, und so diskutierte sie das mit David selbst.

»Ich erzählte David, was mein Therapeut vorschlug, und eine Weile kreisten wir um das Thema Ultimatum. Schließlich, Ende Juni, sagte ich: ›Okay, ich geb' dir drei Monate.‹«

In der Zwischenzeit war es Karen klargeworden, daß Davids Frau wußte, daß etwas vor sich ging. David pflegte ihr Gespräche zu wiederholen, in denen seine Frau sagte, daß es offensichtlich sei, daß ihre Ehe nicht funktioniere, und fragte, ob er die Scheidung wolle. Davids Frau öffnete unwissentlich die Türen und gab David das Gefühl, in der Ehe nicht wirklich gefangen zu sein.

»Wenn seine Frau fragte, was vorging, pflegte David zu sagen, er wolle nicht darüber diskutieren. Schließlich erzählte er mir, daß sie ihn gefragt habe, ob er ein Verhältnis hätte. Er hätte ihr geantwortet: ›Wer wäre denn darauf scharf?‹ Wieder einmal wurde ich wütend. Ich sagte ihm, daß er 24 Stunden habe; er müsse etwas tun, oder es wäre aus zwischen uns.

Seine Frau war im Ferienhaus ihrer Eltern. Als er ging, um dahin zu fahren, dachte ich, ich würde wahrscheinlich nie mehr etwas von ihm hören, aber es ging mir gut dabei. Ich war darauf vorbereitet, zu akzeptieren, was auch immer geschah. Ich stellte mir zwei mögliche Szenarien vor: Entweder hatte er beschlossen, bei seiner Frau zu bleiben und zu versuchen, die Ehe in Ordnung zu bringen, oder er hatte mit seiner Frau gesprochen und empfand eine gewisse Traurigkeit, verbunden mit einem Gefühl der Erleichterung, und wäre nun soweit, unser gemeinsames Leben anzupacken.

Nun, keines dieser Szenarien stimmte. Statt dessen rief David an, und seine Stimme klang kalt und ärgerlich und tot. ›Nun‹, sagte er, ›das war das Schlimmste, was ich je tun mußte.‹«

Alles, was er sagte, und die Art, wie er es sagte, trug dazu bei, daß Karen sich wie eine Mörderin fühlte. Plötzlich war es *ihr* Fehler, daß seine Frau verletzt war. Er sagte Karen, er plane das Wochenende dortzubleiben, und er würde sie *vielleicht* anrufen, wenn er zurück sei. Karen konnte nicht anders, als das »vielleicht« herauszupicken. Man erinnere sich, dies war der Mann, den sie gebeten hatte, bitte *nicht jede* Stunde anzurufen. Seine ganze Einstellung ihr gegenüber war verändert, und sie wußte nicht, was da vor sich ging.

»Nun, er rief mich an, als er zurückkam, und er hatte seiner Frau tatsächlich gesagt, daß er sie verlasse, aber er fuhr fort, dort mit ihr und den Kindern zu leben. Er sagte, er könne nicht in meiner Wohnung leben – sie war zu klein, selbst als vorübergehende Lösung. Auch war er vollkommen verändert. Wo einst nichts zuviel für ihn gewesen war, um mir eine Freude zu machen, war plötzlich alles zuviel. Mit mir einen Spaziergang um den Block zu machen, wurde eher zu einer Arbeit als zu einer Wohltat. Wo er einst ganz Enthusiasmus, Liebe und Zärtlichkeit gewesen war, war er nun negativ... *allem* gegenüber. Diese Periode dauerte nur ein paar Tage, weil ich David anschaute und dachte: ›Das ist also die Art und Weise, wie er immer zu seiner Frau gewesen ist.‹«

David mußte nun noch mit Karen zusammenziehen, aber in seinem Kopf hatte er seiner Frau gesagt, daß er sie verlassen würde, und obwohl sie verletzt war, hatte sie es akzeptiert. Er war nun frei, soviel Zeit bei Karen zu verbringen, wie er wollte. Aber irgendwie hatte Karen aufgehört, seine Freude zu sein und war statt dessen seine Gefangenenwärterin geworden. Was Karens Gefühle anging, gibt es keinen Zweifel, daß die Änderung in Davids Einstellung sie unsicher und besitzergreifend machte.

»Ich wußte plötzlich, daß ich mich mit diesem Kerl in einer Menge Schwierigkeiten befand. Ich erzählte das meinem Psychiater, der sagte: ›Sie *haben* eine Menge Schwierigkeiten; Sie wissen nicht einmal, in welchen Schwierigkeiten Sie stecken.‹ Er schlug vor, wir sollten einen Eheberater aufsuchen, und David, der immer noch Lippenbekenntnisse über unsere Bindung aneinander ablegte, stimmte zu. Ich sagte der Beraterin, daß David sagte, er würde sich von seiner Frau scheiden lassen und mich heiraten, aber immer wenn es zum Schwur käme, schiene es so nicht zu funktionieren.

Auf unserem Weg zur zweiten Sitzung, gerade als er den Wagen geparkt hatte, legte David seine Arme um mich und sagte, daß er mich mehr liebe als sonst etwas auf der Welt. Zu dieser Zeit war ich immer noch überzeugt – David überzeugte mich davon –, daß er mich bis zum Tag seines Todes lieben würde, daß nichts ihn davon abhalten könne, mich zu lieben. Während der Sitzung selbst wurde alles verschwommen, und ich erinnere mich nicht mehr an alles. Ich glaube, ich sprach über die Tatsache, daß David nicht zu *verstehen* schien, daß das, was zwischen uns geschah, mir Schmerzen verursachte; er schien von meinem Elend überhaupt nicht berührt. Dann sagte die Therapeutin: ›Sehen Sie denn nicht, Karen, daß David Ihr Unglück gar nicht kümmert? Stimmt's nicht, David?‹ David saß bloß da und sagte, sie habe recht. Ich hatte sogar das Gefühl zu wissen, daß sein Unglücklichsein und sein Schmerz mich betraf und daß irgend etwas schrecklich falsch war. Dann sagte die Beraterin: ›David kann keine Bindung eingehen, nicht wahr, David?‹ Und wieder sagte David, ja, das sei richtig.

Das war das Ende. Es endete genau dort. Alles, was ich fühlte, war Schock und Schmerz. Es war nicht so, daß ich ohne David nicht hätte leben können. Ich konnte. Es war die völlige Bedeutungslosigkeit von allem, was er je zu mir gesagt hatte. Es war eine entsetzliche Erfahrung für mich. Ich konnte nichts essen; ich konnte nicht schlafen. Ich lief ihm eine Woche später über den Weg. Es ging ihm gut – er war rotwangig und munter. Die Tatsache, daß er völlig unberührt war, versetzte mich in quälende Agonie. So kam ich zu dem Schluß, daß David einen Nervenzusammenbruch gehabt haben mußte. Vorübergehender Wahnsinn war die einzige Erklärung, die ich akzeptieren konnte.«

Es ist leicht zu erkennen, warum Karen zu dem Schluß kam, David habe den Verstand verloren. Sie verstand nicht, wie ein angeblich normaler Mann diese Art von emotioneller Umwälzung, die sie und David erlebt hatten, durchmachen konnte, ohne betroffen auszusehen. Sie war sicher, daß David sie nicht mehrere Jahre lang angelogen hatte. Wer würde so viele Schwierigkeiten überstehen? Es schien völlig sinnlos, deshalb kam sie zu dem Schluß, daß er mitten in einem Nervenzusammenbruch steckte. Wenn er erst entdeckt und erkannt hatte, was er getan hatte, würde er zurückkommen.

»In meinem Innern kam ich zu dem Schluß, daß er zurückkommen würde. Ich wollte einfach nicht glauben, daß die Liebe, die wir geteilt hatten, nicht echt war. So überstand ich den Sommer, aber ich nahm zwanzig Pfund ab. Im September rief David an und fragte, ob er vorbeikommen dürfe. Natürlich sagte ich ja.

Er war genauso, wie er am Anfang gewesen war. ›Du bist eine Heilige‹, sagte er. ›Kannst du mir je verzeihen?‹ Ich dachte, er sei zurückgekommen und der Alptraum sei vorbei, deshalb konnte ich ihm natürlich verzeihen. Alles begann von vorne. Dasselbe: Wir sprachen über Heirat, und er plante, seine Frau zu verlassen. Und wieder dasselbe, er veränderte sich mir gegenüber. Der David, den ich gekannt hatte, der Mann, der sich stets bemühte, immer zuhörte, der sagte, er wolle immer alles tun, um mich glücklich zu machen, existierte nicht mehr. An seine Stelle war ein Mann getreten, der nichts geben wollte – *gar nichts.*

Ich sagte ihm, was ich empfand, und er sagte: ›Ich tue, was ich kann.‹ Er gebrauchte mir gegenüber dieselben Worte, die er gebraucht hatte, als seine Frau ihn fragte, ob er sie liebe. Ich dachte darüber nach: Er hatte sie noch nicht verlassen, und er behandelte mich schon so, wie er sie immer behandelt hatte.

Dann geschah ein Wunder. Ich war an einem Samstagabend zu einer Party eingeladen, und David wollte nicht dahin gehen. Aber an diesem Nachmittag rief ein anderer Mann an, und ich fragte ihn, ob er mit mir gehen würde. David geriet förmlich ins Schleudern. Er war überzeugt, egal was ich sagte, daß ich den Mann auffordern würde, die Nacht mit mir zu verbringen, und deshalb reagierte er damit, daß er beschloß, definitiv nach Hause zu gehen und seiner Frau zu sagen, daß er sie verlassen würde. Ich dachte: ›Ist es nicht seltsam, daß die einzige Art, wie ich diesen Mann in Bewegung setzen kann, darin besteht, ihm zu drohen?‹ Das ist mir ganz fremd und hat nichts mit Liebe zu tun.«

Obwohl Karen immer noch in die Beziehung verstrickt war, hatte sie genug Abstand und Erfahrung mit David, um zu erkennen, daß sie nicht die Kraft für diese oder den Wunsch nach dieser Art von Beziehung hatte. Sie war gefühlsmäßig erschöpft von seinem Eroberung-Panik-Syndrom.

»David ließ sich am nächsten Morgen sehen und sagte, er hätte seiner Frau gesagt, daß er ein Verhältnis habe. Für mich klang das nicht nach einem Mann, der seine Frau verlassen wollte; es klang nach einem Mann, der das Leben aller Menschen in seiner Nähe durcheinanderbringen wollte. Später am Tag ging ich zu meinem Psychiater, der mir zustimmte. Er sagte: ›Schauen Sie, Karen, ein Mensch, der aus einer Beziehung herauswill, möchte keine Probleme oder Diskussionen mehr, er möchte nur raus. Nun wird ihn seine Frau nicht mehr aus den Augen lassen.‹

Als ich an diesem Nachmittag nach Hause kam, rief David an. Ich erzählte ihm, was mein Psychiater gesagt hatte. ›Du hast recht‹, sagte er. ›Alles hat sich geändert‹, sagte er. Ich fühlte, wie mein Herz hämmerte. ›Ich liebe meine Frau‹, sagte er.

Ich bat ihn herüberzukommen, und zu meinem Erstaunen war er einverstanden. Als er zur Tür hereinkam, schlug ich auf ihn ein. Ich fuhr 45 Minuten lang fort, ihn zu schlagen. Ich konnte nicht glauben, daß er das zuließ. Als ich schließlich aufhörte, sagte er die abscheulichsten Dinge. Er sagte, er könne sich nicht erinnern, ob er mich je geliebt hätte, aber er wisse, daß er bestimmt nichts mehr für mich fühle, daß er *wirklich* seine Frau liebe. Er wiederholte fortwährend, daß er ein verheirateter Mann sei, als ob mir das nicht von Anfang an klargewesen wäre. Er sagte mir, er wolle nicht mehr, daß ich bei ihm zu Hause anriefe. Ich hatte ihn vorher noch nie angerufen, und ich hatte bestimmt nicht die Absicht, das jetzt zu tun. Tatsächlich wechselte ich mit David nie wieder ein Wort.

Während unseres letzten gemeinsamen Jahres hatte ich mit David an dem Stück, das er gerade schrieb, gearbeitet, und ich versprach ihm, wir würden es aufführen, wenn er es beendet hätte. Er hatte es beendet, und ich hielt mein Versprechen, obwohl sein Assistent alle Einzelheiten regelte. Später entdeckte ich, daß er eine Frau, die er ein Jahr vorher am Theater kennengelernt hatte, gebeten hatte, mit ihm auszugehen.«

Als ihre Beziehung mit David begann, glaubte Karen, daß Davids Problem darin bestünde, daß er eine langweilige Ehe mit einer Frau führte, die seine Bedürfnisse nicht befriedigen konnte. Als sie zu Ende ging, wußte sie, daß das nicht der Fall war.

»Mein Fehler in meiner Beziehung zu David war der Stolz, der Hochmut. Ich hatte solch ein Selbstbewußtsein; ich setzte voraus, daß ich die Heldin war. Ich dachte, ich sei anders als seine Frau; irgendwie sei ich besser. Am Ende war ich genau wie seine Frau und fragte: ›Liebst du mich, liebst du mich?‹ Und David erwiderte immer noch: ›Ich tue, was ich kann.‹ Ich dachte, uns verbinde eine echte Liebe, eine zärtliche Liebe. Ich dachte, drei Jahre der Liebe könnten nicht so schnell vergehen. Ich hatte unrecht. Aber ich meine, David war sehr unfair. Ich meine, er wußte die Wahrheit über sich. Ich nicht, aber er.«

Was ist mit der Ehefrau?

Wenn man die andere Frau ist, hat man leicht eine eigentümliche Vorstellung davon, mit welcher Sorte Frau der Mann, den man liebt, verheiratet ist. Er sagt, sie kümmere sich nicht darum, was er treibe, und Sie glauben ihm möglicherweise. Er sagt, sie lebe ihr eigenes Leben, und Sie denken vielleicht, daß zu ihrem Leben auch andere Männer gehoren. Er sagt: »Wir sind nie richtig miteinander ausgekommen«, und Sie setzen voraus, daß das ihr Fehler ist. Meist jedoch ist die Ehefrau nur eine Frau, die versucht, mit dem gleichen Mann eine ehrliche Beziehung zu haben.

JOYCE: 40, Mutter von fünf Kindern im Alter zwischen zehn und achtzehn, darunter ein Zwillingspaar

Joyce ist ein gutes Beispiel für eine verheiratete Frau, die entschlossen ist, mit ihrem bindungsscheuen Mann verheiratet zu bleiben. Sie hat sich recht weit an Hals Bedürfnisse angepaßt und hat sich sogar an seine häufigen Affären allmählich gewöhnt. Eine andere Frau wäre wohl jeweils wütend geworden oder hätte ihn verlassen. Ursprünglich blieb sie um der Kinder willen; nun bleibt sie, weil es im Laufe der Zeit leichter geworden ist. Sie sagt, finanzielle Überlegungen hätten bei ihren Entscheidungen mitgespielt. Ich glaube, sie liebt ihren Mann wirklich, und sie ist eine ungewöhnlich starke und entschlossene Frau.

Joyce ist eine bezaubernde, kultivierte, elegante und weitgereiste New Yorkerin. Aber dies war nicht immer der Fall. Vor neunzehn Jahren, als sie ihren Mann heiratete, war sie ein naives und behütetes Mädchen aus dem ländlichen Vermont.

»Mir ist jetzt klar, daß Hal mich nicht geheiratet hätte, wenn es nicht wegen des Vietnam-Kriegs gewesen wäre. Wir waren ein gutes Jahr lang miteinander ausgegangen – vielleicht einmal pro Woche. Er war nicht der einzige Junge, mit dem ich ausging, aber er war sicher derjenige, der mir am besten gefiel. Er hatte überhaupt kein Geld, und sein Kopf schwebte stets in den Wolken, aber ich fühlte mich *wirklich* von ihm angezogen. Er hatte diesen sehr intensiven Blick, und er schien mich zu brauchen, auch wenn er es nie zeigte. Selbst damals schon, das muß ich zugeben, war er nicht absolut zuverlässig, was Anrufen oder Vorbeischauen anging, wenn er gesagt hatte, er würde es tun. Aber wissen Sie, ich war so beliebt und unabhängig, es kam mir gar nicht in den Sinn, daß eine Zeit kommen könnte, wo mich das quälen würde. Obwohl wir dasselbe College besuchten, sahen wir einander nicht so oft. Meine Zimmergenossin ging mit seinem Zimmerkameraden. Sie waren wirklich schwer ineinander verliebt, und ich glaube, wir wurden sehr viel mehr von ihnen zusammengebracht, als wenn dies nur seiner eigenen Initiative überlassen geblieben wäre. Zu dieser Zeit hielten ihn die meisten Leute für einen leichtsinnigen und sorglosen Lahmarsch. Ich hätte das wohl auch gedacht, wenn ich ihn besser gekannt hätte. Auf jeden Fall machte er sein Examen und bekam prompt seinen Einberufungsbefehl, und wohl deshalb bat er mich, ihn zu heiraten. Er ging nicht soweit, zu sagen: ›Laß uns heiraten, damit ich nicht nach Vietnam muß‹, aber im Rückblick bin ich ziemlich sicher, daß er das dachte. Damals meinte ich einfach, er wolle nicht von mir getrennt sein.

Jedenfalls bat er mich, mit ihm übers Wochenende wegzufahren, und ich sagte, ich könne das nicht tun. Da sagte er: ›Gut, dann laß uns heiraten.‹ Und ich sagte: ›Okay.‹ Manche Leute brauchen länger, um im Restaurant ihr Essen zu bestellen, als ich brauchte, um meine Entscheidung zu treffen. Ich glaube, ich wollte mit ihm ins Bett gehen, aber ich wußte nicht, wie ich das machen sollte, ohne zu heiraten. Ich war noch jung. Ich war streng und religiös erzogen worden, und obwohl ich Freundinnen hatte, die mit ihren Freunden geschlafen hatten, schien es mir verboten. Wie auch immer, als er um mich anhielt, war es etwa Mitternacht an einem Samstagabend. Wir riefen meine Eltern an und danach seine. In der folgenden Woche liefen wir herum, um die Heiratslizenz und den Ring zu bekommen und planten eine kleine Feier. Meine Eltern kamen hergefahren, und wir heirateten eine Woche später, am nächsten Samstag.«

Eine Bindung einzugehen, um eine Bindung zu vermeiden, mag seltsam scheinen, aber ich habe entdeckt, daß viele bindungsscheue Männer gerade das tun. Oft heiraten sie die eine Frau, um einer anderen zu entkommen; in diesem Fall gab die Heirat Hal einen Grund, nicht zur Armee gehen zu müssen. Etwas anderes, was oft mitspielt, wenn diese Männer heiraten, ist die Schnelligkeit. Oft heiraten sie auf eine Weise, die wenig Zeit läßt, es sich anders zu überlegen. Wenn sie dann später über die ganze Geschichte nachdenken, stellt sich die Heirat als ein fast zufälliger Vorgang dar.

»Nun, wir fuhren in die Flitterwochen, und es klappte sexuell wirklich gut mit uns, wovon ich schon vorher überzeugt gewesen war. Dann bekam Hal eine Stelle in Chicago, und wir zogen dahin. Wir fanden eine winzig kleine Wohnung, und er ging jeden Tag zur Arbeit. Wie es sich nach alter Sitte gehörte, wurde ich noch während der Flitterwochen schwanger. In der Zwischenzeit arbeitete er wirklich immer sehr lange. Er beklagte sich ständig über seinen Job, aber er schien immer dortsein zu wollen. Ich sah ihn selten. Er forschte an einem bestimmten Arzneimittel und lebte praktisch im Labor oder bei den Leuten, mit denen er zusammenarbeitete. Nachdem das Baby geboren war, gewöhnte ich mich daran, alleine zu sein. Dann ging er abends regelmäßig in Wirtschaftsfortbildungskurse, und so war ich noch mehr allein. Und natürlich wurde ich wieder schwanger. Ich war von Freunden und anderen Leuten wie uns aus zwei Gründen völlig isoliert: Wir lebten in einem bescheidenen Viertel mit niedrigen Mieten, und die Leute meines Alters heirateten nicht mehr und wurden nicht mehr schwanger. Ich wollte gerne mit meinen Freundinnen reden, aber sie waren alle weg in eleganten Apartments und machten Karriere. Wenn ich Hal bat, mehr Zeit zu Hause zu verbringen, sah er mich an, als würde ich weiß Gott was verlangen. Vielleicht verbrachte er einen Abend pro Woche zu Hause – wenn es hoch kommt. Meine Kinder wurden meine besten Kameraden.

In der Zwischenzeit begann Hal, seine Arbeitsstellen zu wechseln. Er bekam eine Stelle bei dieser Vitamin-Firma. Verkauf an den Einzelhandel, was für ihn eine komplette berufliche Richtungsänderung bedeutete. Nun war er also im Außendienst und deshalb oft gleich für mehrere Tage weg. Die sexuelle Beziehung war immer noch gut, und wenn er nach Hause kam, schien er in der Ehe glücklich. Ich war diejenige, die unglücklich war. Mein ganzes Leben drehte sich nur noch um die Kinder. Sie waren weniger als zwei Jahre auseinander, und sie hielten mich auf Trab. Ich hätte ihn wahrscheinlich verlassen, aber ich wußte nicht, wohin ich gehen sollte. Meine Eltern hätten es nie verstanden, und so fühlte ich mich durch meine Situation von allen isoliert. Da stand ich nun als das kleine Hausmütterchen. Es war peinlich, zugeben zu müssen, daß mein Mann sozusagen niemals nach Hause kam.

Als wir etwa acht Jahre verheiratet waren, passierte zweierlei zugleich: Wir wurden reich, und ich entdeckte, daß Hal Affären hatte. Hal verband seine Kenntnisse als Chemiker mit seinen Fähigkeiten und Erfahrungen in Verkauf und Marketing und entwickelte ein eigenes Programm von Naturkosmetik und ähnlichen Produkten. Er machte ein Vermögen – wir hätten glücklich sein müssen. Endlich mußte er nicht mehr so schwer arbeiten. Er mußte nicht mehr jeden Abend weg sein. Aber es wurde eher noch schlimmer. Er wußte einfach nicht, was er zu Hause tun sollte, und so begann er, Affären zu haben. Vielleicht hat er schon vorher welche gehabt, aber ich fand es nie heraus. Auf jeden Fall machte ich verrückte Sachen, als ich zum erstenmal andere Frauen witterte. Ich ließ die ganze Zeit die Klobrillen hochgeklappt und legte zerknüllte Zigaretten in unsere Aschenbecher (ich selbst rauche nicht), damit er denken solle, ein Mann sei hiergewesen. Wir hatten ein paar schreckliche Auseinandersetzungen. Ich tat alles, was mir nur einfiel. Ich beschwatzte ihn und schmeichelte ihm, und er versprach, sich zu ändern, und tat es doch nicht. Ich wurde immer depressiver. Es ging mir manchmal so schlecht, daß ich kaum aufstehen konnte. Schließlich schien eine seiner Affären ernst zu sein, und deshalb verließ ich ihn. Ich nahm die Kinder und haute einfach ab. Es war Sommer, deshalb war es einfach, da die Kinder nicht in die Schule mußten. Ich ging mit ihnen aufs Land. Er suchte nach uns, aber er konnte uns tagelang nicht finden. Schließlich sagte ihm mein Bruder, wo wir waren.

Ich werde diesen Tag nie vergessen. Er kam in die Küche. Als er aus dem Fenster sah und meine jüngste Tochter im Hof auf der Schaukel erblickte, fing er an zu weinen. Ich war verblüfft; ich konnte es einfach nicht glauben. Dies war das erste Anzeichen, das ich je bemerkte, daß er noch irgendwelche andere Gefühle hatte, außer einfach distanziert, kalt und abweisend zu sein. Ich wußte, daß wir eine wirklich gute sexuelle Beziehung hatten, aber das war auch alles. Deshalb hatte ich das Gefühl, daß Sex der einzige Weg für mich war, um die Mauer zu durchbrechen, die er um sich herum errichtet hatte. Nichts sonst. Echte Kommunikation zwischen uns schien mir auf jedem anderen Gebiet so gut wie unmöglich. Ich dachte, er hätte keine wirklichen Gefühle. Aber an diesem Tag sah er so fassungslos aus, und ich fühlte mich mies. Ich gehöre nicht zu denen, die leicht aufgeben, deshalb beschloß ich, zu ihm zurückzukehren. Ich glaube nicht, daß dieser Tag auf dem Land ein wirklicher Einschnitt war. Änderte er sich danach wirklich? Nein, aber wenigstens glaubte ich, er wolle es, und wenigstens tat er mir ein bißchen mehr leid, weil er offenbar nicht absichtlich so selbstbezogen und rücksichtslos war, wie er nun mal ist.

Immer wenn ich ihn verlassen will, erinnere ich mich an diesen Tag auf dem Land. Ich vermute, ich beschloß, daß es besser für meine Kinder sei, wenigstens einen Vater zu haben, der gelegentlich mal da war, als überhaupt keinen, und daß ich, wenn ich blieb, stärker mein eigenes Leben gestalten mußte. Es wurde leichter, weil die Kinder älter wurden und wir reicher. Jetzt habe ich ein sehr schönes Leben. Ich mache Reisen. Ich mache, was immer ich will; er mißgönnt mir nie etwas. Ich hatte nie wirklich den Wunsch, Affären oder so etwas zu haben – meine Erziehung war vielleicht zu altmodisch dafür. Aber ich liebe Tennis und Museen und gute Restaurants und das Theater. Ich kann so ziemlich alles tun, was ich will. Ich habe eine gute Beziehung zu meinen Kindern, und ich habe eine Menge Freunde.

Mir ist klar, daß er es nicht ertragen kann, zuviel mit seiner Familie zusammenzusein. An Feiertagen ist er stets derjenige, der auf dem großen traditionellen Familientag besteht. Nachdem er uns alle versammelt hat, geht er allein in das Zimmer nebenan, schließt die Tür und liest seine Zeitung. Er will wissen, daß wir für ihn da sind, wenn er uns will, aber er wird nervös, wenn er zu eng mit uns zusammen ist. Ich weiß, das ist ziemlich blödsinnig, aber so ist er nun mal, und er ist schließlich mein Mann.«

Der bindungsscheue Ehemann

Wie steht es mit dem bindungsscheuen Ehemann? Was für eine Art Mann ist das, der Frauen so unglücklich machen kann?

Das vielleicht Verblüffendste am bindungsscheuen Ehemann sind die Extreme, bis zu denen er geht, um sich nicht eingefangen zu fühlen. Sein Unbehagen ist oft so groß, daß er die Tatsache aus dem Blick verliert, daß seine Frau ein menschliches Wesen ist. Als er sich in sie verliebte, war er sich wohl darüber klar, welche Art von Person sie ist. Jetzt, nach der Heirat, fühlt er sich oft so unbehaglich, so ängstlich und so außer Kontrolle, daß er sie nicht mehr klar sehen kann. Oft ist er ein Mann ohne Gnade. Seine Angst, in einer Beziehung, in der er sich gefangen fühlt, keinen Raum und keine Freiheit zu finden, ist nicht weniger schrecklich anzusehen als die Erregung eines vor kurzem gefangenen Tieres. Er schlägt um sich, und es bringt nichts Gutes, ihn darauf hinzuweisen, daß seine Ehefrau nur eine Frau ist und daß sie ihn wahrscheinlich liebt. Er kann die wirkliche Situation nicht mehr erkennen. In seinem Kopf ist sie seine Fängerin.

Eine Heirat macht einen Bindungsscheuen nicht seßhaft

Wenn Frauen eine Beziehung mit einem Mann eingegangen sind, der Bindungsprobleme hat, denken sie, es würde ein Wunder geschehen, wenn sie erst einmal verheiratet sind. Sie hoffen, die Ehe würde den Mann dazu bringen, zur Ruhe zu kommen. Die Heirat hat jedoch oft die gegenteilige Wirkung. Ein Mann, der sich gefangen, eingeschlossen oder erstickt fühlt, möchte nicht zur Ruhe kommen; er will sich befreien. Wenn ein Mann sich eingefangen, eingeschlossen oder erstickt fühlt, sieht er einfach nicht klar, und sein Verhalten seiner Frau gegenüber, oder gegenüber irgendeiner Frau, durch die er sich gefangen fühlt, ist wirklich abscheulich.

Hier sind einige der häufigsten Arten des Verhaltens bindungsscheuer Ehemänner:

– Er gibt vor, keine feste Beziehung zu haben.
  Ich hörte von einem verheirateten Mann, der jedem erzählte, er sei ledig (obwohl er seit Jahren verheiratet war), bis zu dem Tag, an dem seine Frau sich scheiden ließ. Erst dann fing er an, von seiner Frau zu sprechen, zum Erstaunen und zum Amüsement vieler seiner Freunde. Selbstverständlich ist dieser Mann ein recht extremer Fall, aber viele Bindungsscheue verhalten sich ähnlich. Besonders auf Reisen geben viele Männer vor, nicht verheiratet zu sein. Viele andere erlauben es auch in lang andauernden Beziehungen der betreffenden Frau nicht, bestimmte Bereiche ihres Lebens zu teilen – in diesen Bereichen erzählt der Mann den Leuten wahrscheinlich nicht, daß er eine feste Freundin hat.
  Dieses Verhalten ist natürlich sehr schmerzlich für die Frau, die sich ausgeschlossen und abgeschoben fühlt.

– Er benimmt sich, als sei seine Frau sein Kerkermeister, und hat selten ein gutes Wort für sie.
  Viele Bindungsscheue fühlen sich in einer Beziehung gefangen, gerade weil sie die Frau wirklich lieben. Dies macht sie oft wütend auf die Frau. Tief in ihnen steckt das Gefühl, daß die Frau irgendwie irgendwas tat, das sie beide in diese außerordentlich unbehagliche Lage brachte. Diese Männer zeigen selten irgendein Erbarmen mit der Frau und können unerbittlich unfreundlich sein.
  Wenn dies geschieht, wissen die Frauen gewöhnlich nicht,

was los ist; sie können sich lediglich darüber sicher sein, daß der Mann ständig zwischen heftigen Liebesbeteuerungen und widerlichen Zornesausbrüchen pendelt.

– Er findet ein Gefühl der Freiheit darin, daß er andere Frauen dazu benutzt, seine Probleme auszutragen.
Untreue ist offensichtlich der leichteste Weg für einen Mann, um sich selbst zu überzeugen, daß er in seiner Ehe nicht wirklich gefangen ist. Es ist interessant zu beobachten, daß viele Bindungsscheue, die erstaunlich untreu sind, wenn sie verheiratet sind, ruhiger werden, sobald sie alleinstehend sind.
Dies ist natürlich kein großer Trost für die Frau, die mit einem dieser Männer verheiratet ist oder eine ernsthafte Beziehung mit ihm hat.

ROBERT: ein geschiedener, 41jähriger Englischprofessor mit drei Kindern

Roberts Ehe dauerte knapp zehn Jahre. Während dieser Zeit benutzte er fast jede Technik der Bindungsscheuen, um sich von seiner Frau zu distanzieren. Er ist ein gutes Beispiel für einen Mann, der so dringend wegkommen wollte und mußte, daß er einen Ausweg nur dadurch finden konnte, daß er seine Frau völlig demoralisierte. Robert ist ein empfindsamer Mann, ein Professor für Englisch. Er ist sich der Menschen, ihrer Stimmungen und Bedürfnisse bewußt. Er mag auch Frauen. Er mochte die junge Frau, die er heiratete. Sie hat ihm bestimmt nichts Grausames oder Ungeheuerliches angetan – außer ihn zu heiraten.

Robert war Anfang Zwanzig als er heiratete, und seine Frau war schon schwanger. Robert, der sehr ehrlich und ebenso deutlich über seine Probleme spricht, wußte damals schon, daß er bei der Vorstellung einer Bindung alles andere als Begeisterung verspürte.

»Wir hatten ungefähr vier Jahre lang ab und zu zusammengelebt, als Beth schwanger wurde. Sie wollte das Baby, und ich war zu jung und meiner selbst nicht sicher genug, um sie daran zu hindern. Ich stand dem Vaterwerden sehr zwiespältig gegenüber, und es erschreckte mich. Ich war jedoch bei der Geburt des Babys dabei, und ich liebte das Kind. Ich vermute, ich heiratete aus Pflichtgefühl.

Ich erinnere mich, daß ich am Tag nach der Hochzeit, als ich

Beth zum erstenmal als meine Frau vorstellte, ein Gefühl des Verhängnisses empfand. Ich wollte es nicht. Ich fühlte mich, als ob ich in ein kleines dunkles Zimmer gegangen sei, eine schwarze Schachtel, die ich nicht mochte. Obwohl ich zu dem Zeitpunkt meine Frau und das Baby liebte, fühlte ich mich wenigstens zur Hälfte gefangen und eingepfercht.«

Beth war Roberts erste echte Geliebte, und er war ihr treu, bis sie heirateten. Verschiedene der Männer, die ich interviewt habe, erwähnten ein ähnliches sexuelles Verhaltensmuster – sie waren bis zur Hochzeit treu und während der Ehe im Übermaß untreu. Im Fall von Robert und Beth waren beide weniger als sechs Monate verheiratet, als er seine erste Affäre hatte. Sie dauerte etwa eine Woche.

»Dann fing ich an, regelmäßig mit anderen Frauen zu schlafen. Meine Arbeit hielt mich oft auch abends von zu Hause fern, und ich benutzte das als Entschuldigung, als Deckmantel, um oft gleich gar nicht mehr nach Hause zu kommen. Bindung und Heirat änderten die Natur der Beziehung; ich wurde ärgerlich wegen Beths Abhängigkeit. Je ärgerlicher ich wurde, desto unsicherer und anklammernder wurde sie. Es wurde ein Teufelskreis.«

Ich habe herausgefunden, daß Frauen, die mit besonders destruktiven Männern verheiratet sind, oft zu einer kindlichen, abhängigen Haltung ihre Zuflucht nehmen. Es ist, als fühlten sie, daß sie, wenn sie sich wie eine Erwachsene verhielten, automatisch die Beziehung verlassen würden. Verschiedene erzählten mir, daß sie sich in der Hoffnung »anklammerten«, der Mann würde dann Beschützerinstinkte entwickeln. Sie glauben, sie appellieren damit an die bessere Natur des Mannes. Das funktioniert aber nur selten, wenn überhaupt jemals.

In Roberts Fall wurde dieses Problem dadurch erschwert, daß er sich zugegebenermaßen auch von seiner Frau abhängig fühlte; er wollte sie nicht verlassen oder von ihr hinausgeworfen werden, deshalb war er ihr gegenüber nicht völlig ehrlich hinsichtlich dessen, was er tat und wie er sich fühlte. »Ich wollte meine Ehe nicht beenden, weil ich auch von ihr abhängig war. Ich erzählte ihr nichts von den anderen Frauen, aber ich hinterließ Hinweise, und sie fand es heraus. Dann aber wußte sie nicht, wie sie damit fertig werden sollte, sie schwankte zwischen Wütendwerden und dem Versuch, einen Ausweg zu finden. Ich leugnete teils, was ich tat, und dann wieder verhielt ich mich so, daß sie es einfach herausfinden mußte.

Von Zeit zu Zeit standen wir oft dicht davor, Schluß zu machen. Kurz bevor unser drittes Kind geboren wurde, wurde es dann beinahe wirklich ernst. Ich ging so weit, mir eine eigene Wohnung zu suchen. Ich behandelte das Band der Ehe, als ob es ein Gummiband wäre, und ich wollte dieses Gummiband so weit wie irgend möglich dehnen, um soviel Abstand zu gewinnen, wie ich konnte, ohne wirklich zu gehen; meinen Ärger auszudrücken, ohne mich zu trennen. Dann bekamen wir es beide mit der Angst und kamen wieder zusammen. ... wir waren wie zwei ängstliche Wesen, die sich an dasselbe lecke Boot als Halt klammerten.«

Robert wäre der erste, der zugibt, daß sein Verhalten die Selbstachtung seiner Frau untergrub. Sein Unbehagen war so groß, daß er es nicht unterlassen konnte, die Frau, die er geheiratet hatte, zu martern, die Frau, die er für seine Lage verantwortlich machte.

»Sie versuchte weiter, sich anzupassen und mit mir zurechtzukommen. Keine Frau aber hätte das schaffen können, und deshalb stritten wir viel. Sie ärgerte sich darüber, daß ich dauernd anderen Frauen nachstieg. Ihre Eifersucht war wohlbegründet, weil ich buchstäblich mit Dutzenden schlief. Ich konnte nicht aufhören, ihr ihre Abhängigkeit übelzunehmen, obwohl ich nicht weiß, was ich eigentlich erwartete von einer jungen Frau mit kleinen Kindern. Ich sagte schreckliche Sachen zu ihr und tat sie ihr auch an. Ich war der Redegewandtere, der Selbstsicherere, und ich pflegte sie in einer gemeinen, kleinlichen Parodie einer intellektuellen Debatte zu zerpflücken.

Im großen und ganzen wollte sie die Ehe fortsetzen, und ich wollte sie beenden. Ich hatte ständig irgendwelche Verhältnisse mit anderen Frauen. Aber jahrelang geriet ich immer, wenn wir kurz davor standen, uns zu trennen, außer Fassung und meinte, es ginge nicht ohne sie. Ich weinte sogar.

Aber wir diskutierten die Probleme nie wirklich aus. Ich glaube, wir hatten beide Angst davor. Sie bat mich, wenigstens nach Hause zu kommen, bevor es dämmerte, und ich ging mit anderen Frauen weg und kam erst nach dem Morgengrauen nach Hause. Wir stritten uns, und ich entschuldigte mich. Ich sagte, ich würde mich ändern. Aber ich wußte gar nicht, was das hieß – ich wußte gar nicht, wie ich mich ändern sollte. Ich stellte mir vor, es bedeutete, daß ich mich irgendwie selbst daran hindern würde zu tun, was ich tun wollte.

Als wir schließlich beschlossen, uns zu trennen, waren wir

beide erschöpft von den Jahren dieser sinnlosen Ehe. Das Motiv war Überdruß, und wir einigten uns darauf, daß ich mir eine eigene Wohnung suchen würde. Das dauerte ein paar Wochen. Es ist interessant, daß unsere sexuelle Beziehung sich während dieser Wochen kolossal verbesserte, nachdem wir uns endlich entschlossen hatten, uns zu trennen. Ich erinnere mich nicht mehr an das tatsächliche Ende. Am härtesten war es natürlich, es den Kindern zu sagen.

Nachdem ich gegangen war, hatte ich zuerst sehr zwiespältige Empfindungen. Ich hatte Angst, aber ich verspürte auch ein erstaunliches Gefühl der Freiheit. Ich erinnere mich, daß ich mich fühlte, als sei ich irgendwie entkommen. Es war, als wäre ich aus einem Käfig freigelassen worden. Ich war froh, daß ich mich nicht mehr vor meiner Frau rechtfertigen mußte. Ich war froh, daß ich nicht mehr nach Hause kommen mußte. Ein paar Wochen später änderten sich dann meine Gefühle wieder einmal. Ich wurde depressiv, und ich versuchte meinen Fuß wieder in die Tür zu meiner Ehe zu bekommen. Ich sagte meiner Frau Sachen wie ›Vielleicht können wir wieder zusammenkommen, und vielleicht sollten wir uns überlegen, ob wir uns nicht treffen sollten.‹ Glücklicherweise wollte sie nichts davon wissen.

Ich hatte immer das Bedürfnis zu ›wandern‹, nicht nur sexuell, sondern in jeder Hinsicht. Ich brauche hin und wieder einen Arbeitsplatzwechsel, einen Wechsel des Wohnortes. Ich ziehe oft um. Ich mag das Gefühl nicht, an einem Fleck festgehalten zu werden. Anstatt mich zur Ruhe kommen zu lassen, verstärkte die Ehe diese Bedürfnisse.«

Der Bindungsscheue und seine Kinder

Man könnte erwarten, der Bindungsscheue wäre in bezug auf seine Kinder ebenso unzuverlässig wie in bezug auf seine Frauen. Interessanterweise scheint das nicht der Fall zu sein. Obwohl die meisten interviewten Männer zugaben, von der Aussicht, Kinder zu haben, entsetzt zu sein, hingen die, die bereits Väter waren, nicht weniger an ihren Kindern als nicht bindungsscheue Eltern. Tatsächlich schienen sie sich in einigen Fällen sogar außerordentlich ihren Kindern zu widmen und an ihnen zu hängen. Von ihrem Standpunkt aus werden Kinder erwachsen und gehen aus dem Haus... und Ehefrauen eben nicht.

6. KAPITEL

Wenn er nicht lieben kann

PHILIP: ein 43jähriger Fotograf – alleinstehend

Wenn ich das klassische Beispiel eines bindungsscheuen Mannes vorstellen sollte, würde das wahrscheinlich jemand wie Philip sein. Soweit es Frauen betrifft, war er nicht nur nie in der Lage, eine dauernde Bindung einzugehen, sondern er hat auch Dutzende von ihnen verführt und dann zurückgewiesen, von denen er die meisten als »völlig unpassend« für sich beschreibt.

Philips Lebensgeschichte ist voll von Beispielen der vielen Variationen des Themas Bindungsscheu, mit einer Ausnahme: Er hatte niemals eine durch die Ehe bedingte Bindungsangst, denn er war nie verheiratet. Er fühlt sich jedoch wie viele dieser Männer von der Vorstellung einer festen Bindung stark angezogen und ist schwer enttäuscht, daß es in seinem Leben keine gibt. Dennoch fühlt er sich nicht in der Lage, sein Verhalten zu ändern oder die Frauen, denen gegenüber er es an den Tag legt. Ich glaube, einer der Gründe, weshalb er einverstanden war, mit mir zu reden, war, daß er einen Punkt in seinem Leben erreicht hatte, wo er von seiner Unfähigkeit, sich zu binden, wirklich frustriert war. Im Laufe unserer Unterhaltungen sagte er, wenn ich mich zwei Jahre vorher an ihn gewandt hätte, hätte er weder die Fähigkeit noch den Wunsch gehabt, offen über diese Dinge zu sprechen. Er ist reif genug, um zu wissen, daß er anderen nicht länger die Schuld geben kann; er weiß, daß er sowohl den Aufstieg als auch den Fall der Mehrzahl seiner Beziehungen selbst inszeniert hat. Während ich mich mit ihm unterhielt, spürte ich, daß das ein schmerzliches Thema für ihn war, und er war offensichtlich von vielem in seiner Lebensgeschichte tief beunruhigt.

Philip, ein 43jähriger, mit Beifall überschütteter Fotograf, verbringt den größten Teil des Jahres in Boulder, Colorado. Die restliche Zeit ist er überall in der Welt zu Aufnahmen unterwegs. Beredt, attraktiv, intelligent, sensibel und erfolgreich, scheint Philip die Art Mann zu sein, von der junge Frauen träumen, wenn sie von der Liebe träumen. Philip ist sich bewußt, daß er auf Frauen anziehend wirkt. Er meint, das liege daran, weil er Frauen sympathisch ist und gerne über Themen spricht, die auch sie beschäftigen, wie Gefühle und Beziehungen. Sein ganzes Benehmen ist sehr anziehend, aber für eine Frau, die nicht darauf vorbereitet ist, könnte es zum Alptraum werden, wenn sie sich in ihn verliebt.

Philip war zweimal verlobt, hat aber nie geheiratet. Seine längste Beziehung dauerte weniger als vier Jahre und endete böse. Er ist verwirrt und wirklich bekümmert angesichts seiner fehlgeschlagenen Beziehungen. Er hat nicht den Wunsch oder die Absicht, jemandem Schmerz zuzufügen, und hat viel Zeit mit dem Versuch verbracht, zu verstehen, warum er immer vor Bindungen wegläuft. Nach seinem eigenen Eingeständnis ist er zu oft ausgestiegen, und es gibt wenig in seiner Vergangenheit mit Frauen, das als vernünftig beurteilt werden könnte.

»Ich bin mit zu vielen Frauen ausgegangen, habe mit zu vielen Frauen geschlafen, zu viele Frauen enttäuscht. Vor ein paar Jahren traf ich mich mit einer Frau, die ziemlich verlegen war, als sie mir erzählte, daß sie viermal verheiratet gewesen war. Zuerst war ich schockiert, aber als ich darüber nachdachte, mußte ich zugeben, daß sie es wenigstens versucht hatte. Denken Sie einmal darüber nach. Sie hatte in fünfzehn Jahren nur vier Beziehungen gehabt, sie hatte sich bei jeder davon darum bemüht, daß es klappte. Ich hatte Hunderte gehabt, bei denen ich es nicht einmal versucht habe, und ich kann mich bei vielen Frauen nicht einmal mehr an den Namen erinnern.«

Wie so viele Bindungsscheue idealisiert Philip die Ehe. Sie ist etwas, was er will, aber er kann sich nicht wirklich vorstellen, was sie bedeutet.

»Ich habe eine phantastische Vision von meinem zukünftigen Leben. Ich sehe mich selbst als glücklich verheirateten Großvater, der ruhig und friedlich sein Leben genießt. Die Wirklichkeit aber: Ich habe nicht die leiseste Idee, wie ich das erreichen könnte.

Mein Leben hat nicht den Reichtum und die Qualität, die es meiner Meinung nach haben sollte. Ich dachte immer, ich sei ein wirklich guter Partner, aber ich fange an, mich zu fragen, ob das je der Fall sein wird. Soweit ich das feststellen kann, bin ich offenbar unfähig, die richtige Art von Mensch zu finden und mich selbst an die richtige Situation zu binden.

Ich gerate ständig an Frauen, die mir zu Füßen fallen, denn anfangs gefällt mir das. Am Schluß bin ich dann davon irritiert und laufe weg. Ich wähle Frauen, die keine richtige Arbeit haben, die übermäßig abhängig sind, und dabei will ich eine Frau, die auf eigenen Füßen steht, die fähig ist, Entscheidungen zu treffen, die ich respektiere.«

Philips Aversion gegen Bindungen erstreckt sich auf verschiedene Gebiete seines Lebens. Beispielsweise macht er sich nie mit Füllfederhalter oder Kugelschreiber Notizen. Tatsächlich bevorzugt er Bleistift, wann immer es möglich ist, und er schätzt es nicht, sich irgendwie schriftlich festzulegen, weswegen er es auch vermeidet, Briefe zu schreiben. Er weiß, daß er leicht abzulenken ist und es ihm wie vielen dieser Männer schwerfällt, Entscheidungen über größere Anschaffungen wie Autos, Häuser und Einrichtungsgegenstände zu treffen. Bei einer Kaufentscheidung wird er wochenlang hin und her überlegen und wird schließlich so ärgerlich auf sich selbst werden, daß er hingeht und irgend etwas kauft, oft genug das Falsche.

Er zögert auch, sich an ein festes Zuhause zu binden, und sagt, er habe, seit er erwachsen sei, in beinahe vierzig verschiedenen Wohnungen oder Häusern gelebt.

»Teil meines Lebensstils war es stets, nicht zu wissen, was ich am nächsten Tag tun würde oder wo ich sein würde. Ich muß mich ungebunden fühlen.«

Philip hat eine interessante Arbeit. Sein Spezialgebiet sind Tiere in freier Wildbahn, und er reist zu diesem Zweck sehr viel. Er ist nie sicher, in welchem Teil der Welt er sich im nächsten Moment befinden wird, und er nimmt viele Aufträge in Afrika und Asien an. Obwohl sein Arbeitsplan locker und flexibel ist, ist sein Beruf das Gebiet, auf dem er absolut zuverlässig ist. Er ist stolz darauf, daß er nie einen Termin versäumt hat, und sein Job ist so abwechslungsreich, daß er sich durch ihn nicht festgenagelt oder gefangen fühlt.

Das ist jedoch in seinem Privatleben überhaupt nicht der Fall. Wie er mir rasch erzählte, ist er aus Gründen, die er nicht erklären kann, nicht willens, diesbezüglich Pläne zu machen, und man kann ihn kein bißchen als zuverlässig bezeichnen, wenn es um seine Familie und seine Freunde geht.

»Ich habe den Ruf, nicht zu erscheinen. Wann immer ich verspreche, etwas mit jemandem zu unternehmen, macht mir das angst. Zum Beispiel versprach ich kürzlich fest, mit meinem Onkel zu einem Familiengeburtstag zu gehen. Ich mag diesen Onkel, und ich möchte dieser Verpflichtung nachkommen, aber das fällt mir sehr schwer. Jeder, der mich gut kennt, weiß das von mir. Ich versuche, mich selbst zu trainieren, an solche Ereignisse wie an geschäftliche Treffen zu denken, aber es ist nicht dasselbe... die Beziehungen sind einfach unterschiedlich.«

Philips Vorgehensweise gegenüber Frauen hat sich in den letzten paar Jahren geändert. Als er jünger war, traf er eine Frau und begann sofort mit dem traditionellen Eroberungsritual. Viele Frauen, mit denen ich gesprochen habe, haben jemanden wie Philip kennengelernt und wurden von ihm umworben. Wenn dies geschieht, sind sie sehr geschmeichelt. Wenn der Mann aufrichtig ehrlich und empfindsam wirkt, neigen sie dazu, seiner Werbung zu glauben. Es ist leicht, jemandem wie Philip zu glauben und sich mit ihm einzulassen. Es ist aber ebenso leicht, sich völlig verraten und desillusioniert zu fühlen, wenn er den Rücken kehrt. Philip berichtet davon:

»Wenn ich bis vor kurzem jemanden kennenlernte, wollte ich alles über Bord werfen in einer Art sorgloser, fast leichtsinniger Bindung – wenigstens für mich. Ich pflegte ihr viel Aufmerksamkeit zu widmen... sie oft anzurufen... Blumen zu kaufen... Geschenke zu schicken... sie mehrere Abende hintereinander zu treffen. Dies dauerte rund eine Woche, und dann holte mich die Wirklichkeit ein, und ich begann mit bewußten Manipulationen, damit wir nicht zu vertraut miteinander wurden. Dann pflegte ich mich zurückzuziehen und unzugänglich und unerreichbar zu sein. Einige Frauen wurden sehr wütend auf mich. Eine ging so weit, mir einen Ziegelstein durchs Fenster zu werfen.«

Wenn eine Frau genauer hingesehen hätte, hätte sie die Zeichen der Bindungsangst bemerken können, selbst wenn er sie noch so aktiv umwarb. Unter anderem neigt er dazu, sein Leben in verschiedene Bereiche einzuteilen; die Frau, mit der er geht, lernt nur selten seine Freunde oder seine Kollegen kennen. Er hat ein ganz besonderes Verhalten beim Telefonieren, das für gewöhnlich schon am Anfang einer Beziehung zu bemerken ist.

»Es ist interessant, aber selbst wenn ich intensiv um eine Frau warb, widerstrebte es mir, ihr meine private Telefonnummer zu geben. Ich hatte nie einen Anrufbeantworter, und es war immer schwierig, mich zu erreichen. Ich habe ein Studio, das ich benutze, aber sie kennen mich dort, und ich kann sicher sein, daß ich nicht von unerwünschten Anrufen gestört werde. Heutzutage neige ich dazu, auch selbst nicht nach Telefonnummern zu fragen. Statt dessen schlage ich vor, daß die Frau mich an einem bestimmten Platz wie einem Café oder einer Bar – oft dort, wo wir uns kennengelernt haben – in der folgenden Woche zur selben Zeit trifft. Dann entscheide ich mich, ob ich dort sein werde oder nicht.«

Philip sagt, daß er früher sehr ausschweifend zu sein pflegte und sehr oft und rasch die Partnerinnen gewechselt habe, aber daß er sich diesbezüglich geändert habe. Er erkennt jedoch, daß er, selbst wenn er einen Teil seines extremeren Verhaltens aufgegeben hat, wahrscheinlich sich noch lange nicht wie ein Mann verhält, der in naher Zukunft heiraten möchte.

»Heutzutage versuche ich, nicht mit jemandem zu schlafen, ehe ich wirklich meine, daß die Chance zu einer echten Beziehung besteht. Während ich Ihnen jedoch erzähle, daß ich eine Partnerin für die Zukunft suche, muß ich zugleich zugeben, daß die Frau, mit der ich mich zur Zeit treffe, wahrscheinlich nicht zu mir paßt. Jetzt sind die Seiten vertauscht: Sie will die Geschichte nicht zu eng werden lassen, und ich bin derjenige, der um mehr Zeit bittet, mehr Aufmerksamkeit. Aber wenn sie sie mir einräumen würde, würde ich wohl doch nicht den Rest meines Lebens mit ihr verbringen wollen. Es gibt zu viele Probleme, und ich habe ihr persönlich gegenüber zu viele Vorbehalte.«

Philip sagt, er fühle, daß sein Leben glücklicher und erfüllter sei als das von vielen anderen, aber er ist doch von sich und seiner Unfähigkeit, eine dauernde Liebesbeziehung einzugehen, enttäuscht.

»Vor einem Jahr tat ich etwas Schreckliches. Ich lernte eine Frau kennen, traf mich ein paarmal mit ihr und verliebte mich in sie. Dann lernte ich ihre Kinder kennen, einen Jungen und ein Mädchen, und verliebte mich in sie. Wir waren sofort wie eine Familie. Ich ging mit ihnen in den Zoo, in Parks, an Seen. Die Kinder waren verrückt nach mir... sie schickten mir sogar Karten zum Vatertag. Und ich war verrückt nach ihnen. Ich dachte: ›Ich will diese Familie, diese Bindung.‹ Deshalb machte ich ihr natürlich einen Heiratsantrag. Ich war am Ziel meiner Wünsche. Ich war glücklicher als je zuvor in meinem Leben. Ich fühlte mich wirklich zufrieden und aufgeregt angesichts der Herausforderung, die Verantwortung für eine Familie zu übernehmen. Ich dachte, das würde mir die Motivation geben, mich fest niederzulassen, härter zu arbeiten, mehr Geld zu verdienen. Als ich diese Frau kennenlernte, war alles in meinem Leben von sehr vorübergehender Natur – ich hatte kein Haus, ich hatte kein Auto. In einer Art von Anfall gingen die Frau und ich einkaufen, und ich besorgte alles – mein Buchhalter dachte, ich sei verrückt geworden. Ich hatte bis dahin keine echten Bindungen, und so stürzte ich in einer Reflexreaktion ins Leben hinaus und holte nach. Ich war völlig hingerissen. Es war, als sei ich berauscht.«

Schon wenige Tage nach Philips euphorischem Antrags- und Einkaufs-Trip heulte seine Alarmsirene auf. Von diesem Moment an konnte er nur noch daran denken, wie er aus der Sache herauskommen könnte. Von diesem Punkt an gab es nichts, was Philips Verlobte hätte tun können, um ihn aufzuhalten. Er wollte nicht darüber sprechen; er wollte nicht an der Beziehung arbeiten; er wollte keine Zeit damit verschwenden, irgend etwas anderes zu tun, als seinen Abgang vorzubereiten.

»Ich wurde auf einen Schlag nüchtern. Ich sah alles, was an der Frau nicht paßte. Ich hatte nicht das Gefühl, daß ich mich auf sie verlassen könnte. Oh, ich konnte mich auf ihre Treue und ihre Liebe verlassen, aber ich konnte nicht mit einem Problem zu ihr kommen; ich konnte mich nicht auf ihr Urteil verlassen. Wenn sie Probleme hatte, ging sie zu einem Astrologen. Ich war bedrückt, denn ich erkannte, daß ich nicht das Recht hatte, von ihr zu erwarten, daß sie anders wäre. Sie arbeitete halbtags als Empfangsdame; und sie hatte nie allein für sich sorgen müssen. Ich schäme mich, daß ich so dumm war. Ich mußte meinen Freunden gestehen, daß ich diesen dummen Fehler gemacht hatte. Ich versuchte, einen sauberen Schnitt zu machen. Ich versuchte, ihr zu sagen, wie ich mich fühlte, aber sie wollte es nicht hören. Sie glaubte mir nicht, wie hätte sie das auch können? Nur ein paar Wochen zuvor hatte ich mich verhalten, als wollte ich alles für sie und die Kinder sein. Es wurde wirklich schrecklich. Sie versuchte weiter, an mich heranzukommen. Sie fragte mich, wie ich sie nur hätte bitten können, ihr Leben umzukrempeln, ohne mir das genau zu überlegen. Sie war sowohl ärgerlich als auch nicht gewillt, mich gehen zu lassen. Sie rief an und schickte Briefe, klagende und bittende. Sie konnte meine Erklärung einfach nicht verstehen. Ich beschloß, ihr keinerlei Antwort zu geben und nahm weder ihre Anrufe entgegen noch beantwortete ich ihre Briefe. Schließlich war Schluß.«

Philips Geschichte über seine aufgegebenen Ehepläne zeigt als Beispiel die Quintessenz der Bindungsangst in ihrer übelsten Form. Aber wenn man die Geschichte zuerst vom Standpunkt der Frau aus gehört hätte, wäre interessanterweise die erste Reaktion gewesen, daß man sich gefragt hätte, was *sie* falsch gemacht hat. Wenn man sie von Philips Seite hört, ist es erstaunlich klar, daß sie gar nichts falsch machte. Die ganze Geschichte war von Philip veranlaßt. Wie Philip selbst als erster zugibt, hatte sie ihn nicht einmal gedrängt, ihr einen Antrag zu machen.

»Nach dieser Beziehung war ich wirklich kopfscheu. Ich fühlte mich, als ob man mich mit verbundenen Augen vor ein Erschießungskommando gestellt hätte und ich es dann überlebt hätte. Ich glaube, dieses Erlebnis veranlaßte mich in mancher Hinsicht zu noch mehr Distanz gegenüber Bindungen. Ich hatte es damit versucht und war kläglich gescheitert. Als ich diese Frau bat, mich zu heiraten, zwang mich nichts dazu, das zu tun. Niemand riet mir, es zu tun. Sie war überrascht, als es passierte. Freudig erregt, aber doch überrascht. Es war ganz allein meine Idee, und niemand hatte schuld außer mir.«

Man könnte vermuten, Philips Bereitwilligkeit, die Schuld für das Scheitern dieser Beziehung auf sich zu nehmen, zeige, daß dies ein Lernprozeß für ihn war. Aber das weitere Gespräch enthüllte, daß es nicht das erste Mal war, daß er vom Abgrund einer Bindung zurücktrat.

»Vor rund zehn Jahren machte ich einer Frau, mit der ich zusammenlebte, einen Heiratsantrag. Sie war wirklich anbetungswürdig, und sie pflegte mich beim Thema Bindungen zu hänseln, indem sie sagte, ich würde es nie lernen, das Wort mit dem ›H‹ am Anfang auszusprechen. Nun, eines Nachts, in einem sehr leidenschaftlichen Moment, benutzte ich schließlich doch das Wort mit dem ›H‹ am Anfang. Aber als ich den Antrag machte, fühlte ich mich, als würde ich bei einer Lüge ertappt. Es war wie in einer Parodie, es war sehr seltsam. Wir setzten das Datum fest, ließen Einladungen drucken. Wir waren verlobt... Ich war so stolz auf mich, daß ich es geschafft hatte und eine Bindung eingegangen war. Dann wurde mir ein Auftrag angeboten, der mit dem geplanten Hochzeitstermin nicht unter einen Hut zu bringen war. Ich nahm den Auftrag an und verschob die Hochzeit. Irgendwie setzten wir nie ein neues Datum fest – nachdem ich sie erst einmal gebeten hatte, mich zu heiraten, begannen mir bestimmte Dinge an ihr aufzufallen. Sie waren alle schon vorher dagewesen, aber sie hatten mir nichts ausgemacht. Schließlich kam ich eines Abends spät von der Arbeit zurück, und sie machte etwas, was mich wirklich ärgerte, obwohl es sich, um bei der Wahrheit zu bleiben, nicht sehr von dem unterschied, was sie bisher getan hatte. Sie hatte sich nicht geändert, aber meine Wahrnehmung von ihr hatte sich geändert. Ich hatte plötzlich genug. Deshalb ging ich. Und das war's dann.«

Rückblickend sagt Philip, daß es, als er jünger war, zwei andere Frauen in seinem Leben gab, mit denen er hätte glücklich sein können, aber er verließ beide, weil er sich nicht festlegen wollte.

»Es ist erschreckend, wie leicht es mir fällt, etwas zu verlassen. Ich kann meine Gefühle über Nacht hinter mir lassen, und ich habe das oft getan. Es macht eine Frau immer ganz wehrlos.«

Stellen Sie sich eine schummrige Restaurant-Bar in einem Skigebiet vor. Im Kamin brennt ein Feuer, und der Pianist in der Bar spielt Gershwin. Es ist außerhalb der Saison, deshalb ist es noch ruhig in der Bar. Dort saß Philip kürzlich am Abend, als er eine attraktive, intelligente, solide Frau kennenlernte. Es schien, als habe sie all die Qualitäten, die er angeblich suchte.

»Wir redeten stundenlang über alles – das Leben, die Liebe, über Beziehungen. Sie war von außerhalb und wohnte bei Freunden. Sie zögerte, mir ihre Telefonnummer zu geben und bat mich statt dessen, ihr meine zu geben. Ich tat es nicht. Ich wollte ihr meine Telefonnummer einfach nicht geben. Sie sagte, sie würde am nächsten Abend mit Freunden in einem bestimmten Restaurant sein, und ich könnte sie dort wiedertreffen, wenn ich das wollte. Ich tat es nicht. Meine Vorstellungen von dem, was sein könnte, genügten mir. Ich wollte es nicht weitertreiben.«

Philip fühlt, daß er sich ändert, und er meint, die Tatsache, daß er kürzlich sowohl ein Haus als auch ein Auto kaufte, sei ein wichtiger Schritt gewesen.

»Das war schwer – ein Auto zu kaufen. Es gibt einen derartigen Haufen der verschiedensten Autos, und es war schwer, mich zu entscheiden, was für einen Typ ich kaufen sollte. Aber ich bin fest entschlossen, meine Wahl nicht in Zweifel zu ziehen und mich nicht nach jedem anderen Wagen umzublicken und mich zu fragen, ob ich die richtige Wahl getroffen habe. Zum erstenmal schrieb ich eine Wohnadresse auf meinen Führerschein. Ich machte das vorher noch nie. Das große Ereignis in meinem Leben wird sein, wenn ich meinen Namen auf den Briefkasten schreibe. Für mich wird das die Verpflichtung bedeuten, an einem Ort zu bleiben.«

Es ist leicht zu erkennen, warum eine Frau, die Philip kennenlernt, von dem angezogen wird, was er über seinen Wunsch erzählt, eine dauernde Beziehung oder Bindung zu einer Person aufzubauen. Aber trotz seiner Ernsthaftigkeit kann man ebensoleicht erkennen, daß irgend etwas ihn davon abgehalten hat, sich auch nur für eine kurze Zeitspanne an eine Person, einen Ort oder eine Sache zu binden, und daß es für jede Frau tollkühn wäre zu meinen, daß es bei ihr anders wäre.

GARY: ein 32jähriger Vertreter eines großen Verlages, alleinstehend

Als ich Gary zum erstenmal traf, war er im Begriff, zu seiner dritten Verabredung mit Janet zu gehen, einer Frau, die er eine Woche vorher kennengelernt hatte. Gary lernte Janet bei einem »blind date« kennen. (Ein »blind date« ist ein Treffen mit jemandem, den man bis dahin noch nicht persönlich kannte.) Gary nimmt an, daß er, seit er das College verlassen hat, zu annähernd sechshundert solcher »blind dates« ging, und auf diese Weise lernt er die meisten der Frauen kennen, mit denen er ausgeht.

Garys Statistik der »blind dates« ist nicht nur amüsant; sie ist ein klarer Hinweis darauf, daß er stets Distanz hält. Indem er »blind dates« als Gelegenheiten benutzt, um Frauen kennenzulernen – mehr als alltägliche Situationen des Privat- oder Berufslebens – hat Gary sichergestellt, daß er diese Frauen nicht wiedersehen muß, wenn er nicht will – und früher oder später will Gary nicht.

Weil Gary sagte, er sei sehr beschäftigt, traf ich mich mit ihm in seiner Wohnung und begleitete ihn in seinem Wagen, während er zu seiner Verabredung fuhr. Gary sagte, er lebe seit zwei Jahren in dieser Wohnung. Die einzigen Möbelstücke waren zwei Sofas, die noch in ihrer Plastikhülle steckten. Er sagte, er habe sie vor ein paar Monaten gekauft, aber er überlege, ob er sie zurückgeben solle, und deshalb habe er sie noch nicht ausgepackt.

Janet, Garys Verabredung, wurde an diesem Tag 28, und Gary hatte einen »speziellen« Geburtstagsabend geplant. Er wollte sie in ein sehr teures Restaurant zum Abendessen einladen. Danach hatte er Karten für ein erfolgreiches Musical in einem Theater in der Nähe seiner Wohnung. Er hatte mit einem der Besitzer des Theaters geschäftlich zu tun gehabt, und während ich darauf wartete, ihn interviewen zu können, telefonierte Gary und versuchte, es zu arrangieren, daß das ganze Ensemble herauskommen und für Janet »Happy Birthday« singen sollte. Gary sagte, er glaube, das würde sie überwältigen. Als ich hörte, wie er all das plante, meinte ich, Janet müsse für Gary etwas ganz Besonderes bedeuten. Er sah mich an, als sei ich außerordentlich beschränkt, und sagte mir, daß er sie kaum kenne.

Gary geht fast jeden Abend aus und schätzt, daß er im letzten Jahr mit fünfzig neuen Frauen aus war. Er sagt, er könne schon nach dem ersten telefonischen Kontakt viel über eine Frau sagen.

»Vorsicht zum Beispiel vor Frauen, die am Telefon toll wirken. Das kann täuschen. Es gibt Frauen, die beim erstenmal toll am Telefon sind, und wenn man sie dann trifft, denkt man, es handle sich um eine andere Frau. Aus diesem Grund spreche ich inzwischen nicht mehr so viel am Telefon, bevor ich sie treffe... ich möchte nicht enttäuscht werden.«

Gary war mit so vielen Frauen aus, daß es ihm schwerfällt, sie auseinanderzuhalten. Er rückt das ins rechte Licht, wenn er sagt: »Manchmal meine ich, ich müsse mir eine Kartei anlegen!«

Gary hatte nie eine Beziehung, die wirklich monogam war. Obwohl es kurze Perioden gab, in denen er nur mit einer Frau schlief, verabredet er sich dauernd, sucht er dauernd.

Gary hat einer Frau nie wörtlich gesagt, daß er sie liebe, aber er machte einmal einer Frau einen Heiratsantrag, die er als die »Liebe meines Lebens« bezeichnet. Sharon war eine Frau, die er im College kennenlernte, und auch nach dem Examen traf er sich noch mit ihr. Alles in allem gingen sie vier oder fünf Jahre lang immer wieder mal miteinander aus. Aber lassen Sie sich von dieser Zahl nicht irreführen. Während dieser Zeit schliefen sie nur ein halbes dutzendmal miteinander, weil Sharon, wie Gary nun erkennt, »schwierig« und nicht so sehr an ihm interessiert war. Und dann gab es da noch ein paar andere Probleme: Sie war verwöhnt, und sie war drogenabhängig, wobei Gary annahm, sie würde »schon daraus herauswachsen«. Sie tat das nie. Gary war, wie sich von selbst versteht, nie in Drogensachen verwickelt und hatte keine Ahnung von den Weiterungen eines solchen Problems, als er seinen Heiratsantrag machte.

Gary sagt, er sei es gewöhnt gewesen, Frauen kleinere Notlügen zu erzählen, aber jetzt versuche er sehr ernsthaft, immer aufrichtig und ehrlich zu sein. Er versucht auch, es freundschaftlich zu halten, und er hat einen bewundernswerten Rekord darin, die Frauen, mit denen er ausgeht, dazu zu bringen, ihm freundschaftlich gesinnt zu bleiben, obwohl er sagt, daß ein paar Frauen, die mehr von ihm erwartet hatten, ärgerlich geworden seien.

Gary sagt, daß er bis vor kurzem nie eine ganze Nacht in der Wohnung einer Frau verbrachte oder einer erlaubte, bei ihm zu übernachten.

»Ich wollte nicht, daß sie denken, es könnte ernst sein, deshalb ließ ich es mir immer angelegen sein, nach dem Sex zu gehen, auch wenn es zwei oder drei Uhr morgens war. Es war, wie wenn man zu einer Sportveranstaltung geht. Ich war natürlich manchmal sehr müde. Jetzt versuche ich, es auf andere Weise deutlich zu machen. Manche Mädchen haben versucht, Schuldgefühle in mir zu erwecken, weil ich nicht so reagierte, wie sie wollten, aber ich fühle mich nicht verantwortlich dafür.«

Letztes Jahr geriet Gary in eine ernste Sache mit jemanden. Er sagte, er hätte nicht erwartet, daß es passierte, weil sie in einem anderen Staat lebte. Da sie Garys erste ernsthafte Beziehung in fast zehn Jahren war, muß man sich überlegen, ob nicht der einzige Grund, *daß es passierte*, eben gerade der war, daß sie in einem anderen Staat lebte und die Entfernung sicher und vorgegeben war. Aber auch zwei Flugstunden für eine Strecke waren nicht genug, um zu verhindern, daß die Beziehung an einem Punkt angelangt war, wo es »bedenklich ernst« wurde.

»Am Ende pendelten wir fast jedes Wochenende hin und her. Eines Abends waren wir im Landhaus meiner Eltern – sie waren nicht da –, und nachdem wir uns geliebt hatten, konnte ich nicht einschlafen. Allison hatte von Heirat gesprochen – sie war ein paar Jahre älter als ich und machte sich Sorgen, ob es mit dem Kinderkriegen noch klappen würde. Nun, zuerst konnte ich nicht einschlafen, und dann bekam ich einen Angstanfall. Mein Herz fing an zu hämmern, und ich begann zu schwitzen. Zu diesem Zeitpunkt wußte ich noch nicht, daß es sich um einen Angstanfall handelte. Nun, eine Woche verging, und es ging mir nicht wirklich besser. Mein Herz jagte die ganze Zeit. Dann begann ich Gewicht zu verlieren. Ich erschrak und ging schließlich zum Arzt.

Er machte eine ganze Reihe von Tests und konnte nichts finden. Dann erinnerte ich mich an etwas, was ich vergessen hatte: Dasselbe war mir mal auf dem College passiert, als ich in eine ernste Beziehung mit einem Mädchen geriet.

Ich war in Allison ernstlich verknallt, und sie war toll. Aber als ich es am Magen bekam und ich nichts mehr essen konnte, da wußte ich, daß ich die Beziehung beenden mußte. Ich tat es und fühlte mich sofort besser.«

Gary machte vor kurzem einen einwöchigen Trip nach Kalifornien. Bevor er ankam, rief er einige Geschäftsfreunde an und sagte ihnen, er würde gern ein paar neue Frauen kennenlernen. Er kam am Sonntag an. Den Montag verbrachte er mit Liza. Sie nahm sich den Tag frei, und sie verbrachten ihn in Disneyland. Gary sagte, sie wäre eine »wirklich nette Frau«, mit der er einen »tollen Tag« gehabt hätte. Er spürte, daß sie eine Menge zu bieten hatte, aber er konnte merken, daß »sich nichts abspielen würde«. Dienstagabends hatte er eine Verabredung mit einer anderen Frau, Sally, die er wirklich attraktiv fand. Er ging mit ihr zum Abendessen in ein gutes Restaurant und dann zu einer Show. Sie kauften eine Flasche Wein und gingen in ihre Wohnung zurück, aber kaum hatten sie angefangen zu schmusen, erwähnte sie einen wahnsinnigen Mörder, der in die Wohnungen von Frauen einbrach und deren Freunde ermordete. Das ernüchterte ihn, und er ging nach Hause – aber er wollte sie wiedersehen, »vorzugsweise nicht in Südkalifornien«. Mittwochs hatte er eine Verabredung mit Renée, deshalb konnte er Sally vom vorigen Abend nicht treffen. Er rief sie an, aber er wollte ihr nicht sagen, daß er schon eine andere Verabredung hatte. Sie sagte, sie würde in ein paar Monaten nach dem Osten fahren, und vielleicht könnte sie ihn dann sehen. Renée, das dritte ›blind date‹, war »reizend«, aber sie gefiel ihm nicht so gut wie Sally. Er hätte sich vielleicht mit beiden wieder getroffen, aber am nächsten Tag entschloß er sich, nach San Diego zu fahren. Dort gabelte er eine vierte Frau auf, Gwen, mit der er den Tag verbrachte.

Als er in sein Hotel zurückkehrte, fand er eine Karte von Sally, auf der stand, daß sie wirklich hoffte, daß sie wieder zusammenkommen würden. Er rief sie an, bevor er abreiste, um ihr zu versichern, daß er bald wieder in Kalifornien sein würde und sie dann treffen könnte, falls nicht in den Ferien in Boston. Er rief auch Renée an, ebenso wie Gwen, die Frau aus San Diego, und sagte beiden, daß er wohl wieder mal nach Los Angeles käme. Die erste Frau, Liza, rief er nicht an, obwohl er eine tolle Zeit in Disneyland verbracht hatte, weil er, wie er sagte, merken konnte, daß sie »etwas Ernstes« anstrebte.

Gary hat eine Taktik der fünf Verabredungen. Das geht etwa so:

1. VERABREDUNG: ein Drink oder Mittagessen oder Brunch. Etwas Kurzes und Nettes.
2. VERABREDUNG: Abendessen, dann intensives Knutschen.
3. VERABREDUNG: Abendessen, vielleicht ein Kinobesuch oder eine Show. Dann zurück in die Wohnung zu weiterem Schmusen.
4. VERABREDUNG: Kino und zurück in die Wohnung mit einer Flasche Wein, und man schläft miteinander.
5. VERABREDUNG: Verabredung am Tage. Museum, Zoo etc. Man schätzt die Situation ab und entscheidet, ob man die Frau noch einmal um eine Verabredung bitten soll.

Sie finden es vielleicht befremdlich, daß Gary fünf Verabredungen braucht, bevor er weiß, ob er weitermachen soll oder nicht. Er erklärt das so:

»Man muß jemanden ein paarmal treffen, wenn man mit ihr schlafen will. Aber dann muß man mit ihr schlafen, um zu wissen, ob man es wieder tun soll. Oft treibt einen gar nicht das körperliche Bedürfnis ins Bett; es ist einfach die Herausforderung. Wenn ich einmal mit einer Frau geschlafen habe, möchte ich das meist gar nicht wiederholen. Aber wie könnte ich das wissen, wenn ich nicht mit ihr schliefe? Und wie kann ich mit ihr schlafen, wenn ich nicht ein paarmal mit ihr ausgehe? Deshalb das System der fünf Verabredungen.«

Gary bekommt man nur schwer zu fassen, deshalb wickelte ich das Interview mit ihm in seinem Wagen auf dem Weg zu einer Verabredung ab. Wie man sich aufgrund seines Privatlebens denken kann, hat er nicht viel Zeit übrig. Obwohl er versichert, daß er sich letztlich eine Ehe und alles, was dazugehört, wünsche; sagt er doch, er sehe wenig Chancen, daß das in naher Zukunft passiere.

»Wenn ich meine verheirateten Freunde betrachte, mit den Babys und Häusern und Parties und Kombis, komme ich irgendwie nicht mit. Sie kommen mit anderen Ehepaaren zusammen und langweilen sich. Das ist alles, wie mir scheint. Langweilig.«

Ich rief Gary so etwa einen Monat nach unserem Auto-Interview an, um ein paar Fragen zu klären, und ich fragte ihn, wie es mit Janet gelaufen sei, dem Mädchen, das er an dem Tag eingeladen hatte, als wir uns trafen – dasjenige, für das er ein ganzes Ensemble »Happy Birthday« singen lassen wollte. Zuerst konnte er sich gar nicht erinnern, wovon ich sprach. Dann, als er es doch tat, erzählte er mir, er hätte sie nie wieder um eine Verabredung gebeten.

»Ich kam zu dem Schluß, daß ich sie nicht so sehr mochte. Es war jedoch eine tolle Verabredung... sie war wirklich beeindruckt. Einer meiner Freunde arbeitet in der Blumenbranche – so brachte ich ihr ein Dutzend Rosen. Das gefiel ihr ebenfalls.«

Gary erzählt den meisten der Frauen, mit denen er sich verabredet, daß alles, was er will, ist, die richtige Frau zu finden und sich häuslich niederzulassen und eine Familie zu gründen. Bei seinem Lebenswandel ist es schwer, ihn ernst zu nehmen. In Wahrheit scheint es, daß Gary zu wenig Zeit mit irgendeiner Frau verbringt, um ernsthaften Schaden anzurichten. Ich habe den Eindruck, die Frauen blicken auf ihre Erfahrungen mit Gary eher verblüfft als schmerzerfüllt zurück.

MARK: ein 35jähriger Kunsterzieher – ledig

Mark wird Frauen wahrscheinlich gefährlich, weil er so verläßlich wirkt. Wenn man ihm glaubt, was er einem am Anfang erzählt, scheint er ein sehr einsamer Mann zu sein, den es verzweifelt nach Liebe und Ehe verlangt. Seine offensichtliche Verletzlichkeit bringt eine Frau leicht zu Zugeständnissen, damit er sich sicherer fühlt. Dies ist ein Fehler, denn wenn Mark erst einmal wahrnimmt, daß die Frau eine Bindung erwarten könnte, reagiert er darauf, indem er die größten Anstrengungen macht, um die Beziehung zu sabotieren, und dabei schafft er es für gewöhnlich, daß die *Frau* sich vollkommen unsicher fühlt.

Als ich mich mit diesem Buch zu beschäftigen begann, konnte ich nicht aufhören, über meine ersten Untersuchungen dazu zu sprechen. Eines Abends tat ich dies gerade auf einer großen Party, als sich mir eine Frau näherte und vorschlug, ich solle doch mal ihren Freund Mark kennenlernen. Die Frau, die Mark seit vielen Jahren kannte, sagte, er leite jede Unterhaltung damit ein, seine Gefühle der Einsamkeit und sein Bedürfnis nach einer festen Bindung auszudrücken, aber sie erklärte mir auch, daß alle seine Freunde allmählich merkten, daß Mark das, was er sagte, vielleicht gar nicht so ernst meinte. Es scheint, als hätte er denen, die ihn kannten, sehr deutlich gemacht, daß er nie mit irgendeiner Frau einen Hausstand gründen würde, die keine Jüdin war. Soweit alle wußten, war er jedoch noch nie mit einer Frau ausgegangen, die tatsächlich Jüdin *war*. Mark, der 35 Jahre alt ist, lebte bisher immer in Städten mit einem hohen jüdischen Bevölkerungsanteil. Es fiel dieser Frau schwer, zu glauben, daß es reiner Zufall sei, daß er noch nie mit einer Jüdin gegangen war. Die Freundin betonte, daß Mark durchaus brillant war. Sie sagte, daß er an dem Elite-College, das sie beide besucht hatten, als außerordentlich talentiert galt, und jeder erwartete, daß er in der Kunstwelt großes Aufsehen erregen würde.

Ich war im Begriff, auf eine Lesereise zu gehen, und als ich Mark anrief, stimmte er meinem Vorschlag zu, mich in seiner Wohnung in den Außenbezirken der großen Stadt im Mittelwesten zu empfangen, wo er als Kunsterzieher arbeitete. Mark, ein großer, drahtig wirkender Mann mit einem immer sprungbereit wirkenden Körper, der fast ebenso beweglich ist wie sein Geist, begrüßte mich an der Tür seines geräumigen Ein-Zimmer-Apartments. Obwohl die Wohnung erfreulich groß und hell war, hatte sie ein entschieden unfertiges Aussehen, und Mark sagte, er sei nicht sicher, wie lange er hierbleiben würde. Nachdem ich eingetreten war, zeigte er in der Wohnung herum und sagte: »Sie braucht eine weibliche Hand, nicht?«

Ich wurde sofort auf die Dutzende von Fotos an den Wänden aufmerksam. Wohin ich auch sah, erblickte ich zwei kleine Kinder, die laut Mark seine Nichten waren. Auf verschiedenen der Bilder war auch Mark, er half ihnen, den Seehunden im Zoo Fische zuzuwerfen, oder brachte den Geburtstagskuchen herein. Auf diesen Schnappschüssen bestand er nur aus Lächeln, war ganz der zärtliche Onkel. Wenn eine Frau sein Apartment betrat, würden diese Fotos Marks Version seines Lebens noch unterstützen – alles, was er wolle, sei die richtige Frau und dann ein nettes Baby dazu. Die einzigen anderen Fotos in dem Apartment zeigten Mark und einige Studienkameraden und eines, auf seinem Schreibtisch auffallend zur Schau gestellt, eine Frau, von der ich erfuhr, daß es sich bei ihr um Jane, Marks letzte Freundin, handelte.

Es machte Spaß, Mark zu interviewen, weil er durchweg fröhlich und aufmerksam war. Wie seine Freunde, war er sich der Diskrepanz zwischen dem, was er sagte, und dem, was er tat, schmerzlich bewußt. Für einen Mann, der behauptet, heiraten zu wollen, hat er ein paar sehr effektive Techniken, Bindungen abzuwehren: Mark verabredet sich nie mit Frauen, die seine Kriterien für eine Bindung erfüllen, und Mark läßt nie zu, daß eine Beziehung über einen bestimmten Punkt hinausgeht.

In der Woche, als ich ihn interviewte, paßte Mark kurzfristig auf ein Katzenpaar auf, das einem abwesenden Nachbarn gehörte. Er sagte, seine Reaktionen seien ein Indikator für seinen Konflikt; er war hin und her gerissen, weil er sich einerseits ärgerte, auf ein starres Schema festgelegt zu werden, aber er war so einsam und isoliert, daß er andererseits den Katzen für ihre zeitweilige Gesellschaft dankbar war. Er sagte, er wäre nicht in der Lage, mit der Bindung fertig zu werden, die ein Haustier von ihm verlange, und er schaffe es kaum, ein paar Pflanzen zu halten, die er »im Zustand des reinen Entsetzens am Leben erhielte«.

Wir fingen damit an, über berufliche Dinge zu sprechen. Obwohl Mark tüchtig in seinem Beruf war und anerkannt wurde, betonte er schnell, daß er nicht wirklich Kunsterzieher sei – das sei nur etwas, was er mache, bis er sich aussuchen könne, wie er leben wolle.

»Im Geiste bin ich nicht ganz bei meiner Arbeit. Sie fordert mich überhaupt nicht – aber ich finde es schwer, mich zu konzentrieren oder mich an irgendeinen wesentlichen Weg zu irgend etwas zu binden, einschließlich meiner eigenen Arbeit. Es ist alles nur kurzlebig... Ich springe vom einen zum anderen, und ich hoffe weiter, daß ich das Eine finden werde, das alles zusammenfügen wird, sei es nun Karriere oder Ehefrau.«

Er gab bereitwillig zu, daß seine Bindungsängste in alle Bereiche seines Lebens ausstrahlten.

»Meine Bindungsängste sind der Brennpunkt meines Lebens. Ich denke dauernd an sie... aber sie betreffen nicht nur Frauen, sondern alles. Vor gut drei Jahren fand ich zum Beispiel, daß ich einen Computer brauchte. Wie stets rannte ich bis zur Erschöpfung durch die Geschäfte und konnte mich immer noch nicht entschließen. Würde ein neuerer mit besseren Eigenschaften herauskommen? Würde ein billigerer auf den Markt kommen? Würde einer von denen, die schon auf dem Markt waren, im nächsten Jahr weniger kosten? Ich kam zu keinem Entschluß, deshalb entschied ich mich, zeitweilig einen Computer zu mieten. Drei Jahre später mußte ich mir Rechenschaft ablegen: Ich hatte dreimal soviel bezahlt wie den Kaufpreis irgendeines Computers, nur um einen Apparat zu mieten, der dem, den ich wollte, unterlegen war. So sprang ich ins kalte Wasser und kaufte ein nicht zu teures Modell. Es ist in Ordnung, aber es ist typisch, daß es einige Funktionen nicht hat, die ich brauche, deshalb habe ich mit den Preisvergleichen wieder von vorne angefangen.«

Einsamkeit ist ein wiederkehrendes Thema in einer Unterhaltung mit Mark – er sagte, er könne sich nicht vorstellen, den Rest seines Lebens ohne eine feste Bindung zu verbringen. Mark sagte, er habe stets sehr wenige Beziehungen mit Frauen gehabt, und diese wären kurzlebig gewesen. Er erinnerte sich nicht an Affären für eine Nacht oder an beiläufige sexuelle Begegnungen. Er hatte auch das Gefühl, daß es in seiner Vergangenheit keine Frauen gab, die er ohne Erklärung verlassen hatte, aber er erinnerte sich, nachdrücklich befragt, daß es einmal vorkam. Er hatte eine Frau während einer kurzen Zeitspanne getroffen, und eines Nachts im Bett fand er, daß er dort nicht bleiben wollte. Er berichtete, daß er ohne Erklärung aufstand, seine Kleider anzog, sagte, er ginge für ein paar Minuten raus – und nie wieder zurückkam oder je wieder mit der Frau sprach. Ein Jahr später sah er sie in einem Kino wieder und änderte rasch seinen Weg, um ihr nicht zu begegnen.

Nach eigenem Eingeständnis vergißt Mark oft nicht nur die Details im Zusammenhang mit seinen Beziehungen zu Frauen, sondern auch das, was er damals fühlte. Nur bei zwei Frauen zeigte es sich, daß er starke Gefühle ihnen gegenüber hatte.

Seine Beziehung zu Andrea dauerte nur zwei Monate, aber seine Freunde erinnern sich, daß er völlig von ihr gefesselt war. Aufgrund dessen, was er ihnen über die Affäre erzählt hatte, hatten sie den Eindruck gewonnen, daß sie ihn abgewiesen hatte. Wie ich entdeckte, war das nicht der Fall.

Mark gab zu, daß er sich von Andrea ungewöhnlich stark angezogen gefühlt hatte. Nach ihm waren es zwei sehr stürmische und leidenschaftliche Monate. Auch mochte er sie sehr gern. »Wir hatten emotionell und intellektuell viel gemeinsam, aber sie hatte zwei Hauptfehler: sie rauchte, und sie war keine Jüdin. Am Anfang, für ein paar Wochen oder so, träumte ich von Heirat, aber als ich ihr sagte, daß ich sie liebte, merkte ich schon, daß mir dabei nicht ganz behaglich war. Im Grunde genommen wußte ich, daß ich nicht imstande sein würde, sie zu heiraten. Ich erinnere mich an eine Nacht, als es sexuell besonders schön war, und ich schätze, ich ließ mich dadurch zu dem hinreißen, was ich sagte. Danach fühlte ich mich, als ob ich ein Dementi herausgeben müßte.«

Mark gibt bereitwillig zu, daß er nicht gerne der ist, der eine Beziehung beendet. Statt dessen benimmt er sich so provozierend – wie er es auch bei Andrea tat –, daß die Frau ihm schließlich den Bettel hinwirft.

»Als ich erkannte, daß ich es nicht verhindern konnte, daß sie schließlich die Ehe wollen würde, versalzte ich die Beziehung, indem ich mürrisch und launisch wurde. Zwar beendete sie die Beziehung, aber ich brachte sie soweit. Eines Abends gingen wir auf eine Party, und ich zog mich zurück und ging ihr aus dem Weg. Schließlich sprach sie mich auf die Sache an. Sie sagte mir, sie liebe mich, aber sie glaube nicht, daß die Beziehung eine Zukunft habe. Obwohl ich mich sicher gerne weiterhin mit ihr getroffen hätte, konnte ich die Richtigkeit ihrer Wahrnehmungen nicht bestreiten. Ich war ganz schön außer Fassung und deprimiert, als es zu Ende war, aber sie hatte recht – ich wäre nie bereit gewesen, sie zu heiraten, egal was sie tat.«

Es ist interessant zu bemerken, daß Mark, obwohl er behauptet, es falle ihm schwer, Frauen kennenzulernen und anzuziehen, erstaunlich schnell dabei ist, Beziehungen zu beenden, auch wenn sie durchaus befriedigend sind.

Im Gegensatz zu der Mehrzahl der Männer, die ich interviewte, scheint Mark bei der Werbung um eine Frau nicht übermäßig aggressiv vorzugehen. Die meisten seiner Beziehungen ergeben sich durch berufliche Kontakte oder bei gesellschaftlichen Anlässen, wo er mehr Zeit hat, sich ins rechte Licht zu setzen. Während unserer Unterhaltung wurde es sowohl ihm als auch mir klar, daß seine Werbung sehr intensiv war, wenn auch sehr subtil.

Wenn Mark sich für eine Frau interessiert, verwickelt er sie sofort in vertrauliche Gespräche über sein Leben, seine Ängste, seine Probleme usw. Er gibt zu, daß er ziemlich übertreibt, wenn er dabei sich selbst als einen Mann porträtiert, der eine Frau sucht, die sein Leben verändern wird, und daß eine Frau seine offensichtliche Vertraulichkeit ihr gegenüber durchaus so auslegen könnte und soll, daß sie »die Eine« ist, die sein Leben ändern kann.

Dieser Ablauf zeigt sich an einer früheren Beziehung deutlich. Sie war vielleicht die längste und wichtigste in Marks Leben. Er arbeitete mit Jane zusammen und kannte sie schon ein Jahr lang, bevor sie anfingen, miteinander auszugehen. Er fühlte sich sehr von ihr angezogen und tat, was er konnte, um ihr Interesse zu erregen. Zu der Zeit, als sie miteinander schliefen, wußte sie alles, was über ihn zu wissen war, und überraschte ihn damit, daß sie all seine »Marotten« völlig akzeptierte. Obwohl er sich bei ihr behaglicher und sicherer fühlte als in jeder seiner vorherigen Partnerschaften, endete sie schließlich, weil er wußte, daß er keine Nicht-Jüdin heiraten konnte.

Wie es schon bei Andrea der Fall gewesen war, sagte Mark Jane, daß er sie liebe, aber er sagte, daß er sich deshalb weniger schuldig fühle, da er erkannt hätte, daß Liebe für verschiedene Menschen etwas Verschiedenes bedeute. Er war sich sicher, daß Jane ihn ganz direkt danach gefragt hätte, wenn sie hätte wissen wollen, ob Liebe für ihn bedeute »Ich will für immer und ewig mit dir leben«.

Da Jane Marks Ansichten über Mischehen kannte, fragte ich

ihn, wieso sie denn dann trotzdem bei ihm geblieben sei, und er gab zu, daß er sie möglicherweise irregeführt hatte.

»Irgendwann am Anfang, bevor wir miteinander schliefen, habe ich ihr, glaube ich, gesagt, wenn ich genug für eine Frau empfände, könnte ich die Frage des jüdischen Glaubens vielleicht übersehen. Mir scheint, sie wollte glauben, daß ich schließlich genau das tun würde. Sie war bestimmt sehr an mich gebunden. Nachdem wir miteinander schliefen, stellte sie eine Menge Fragen über das Judentum, und ich dachte auf längere Sicht daran, daß ich sie ja bitten könnte zu konvertieren, sobald ich mich festgelegt hätte. Ich habe vielleicht auch irgend etwas Vages gesagt wie: Wenn ich eine Nicht-Jüdin heiraten wollte, würde ich sie bitten zu konvertieren; und da sie auf diesem Gebiet keine starken Gefühle hatte, mag sie das als Möglichkeit betrachtet haben – sie stellte keine direkten Fragen, und ich hatte schon gar keinen Grund, diesbezüglich Unruhe heraufzubeschwören. Ich sagte ihr nie, daß das unmöglich wäre, denn ich stellte mir vor, daß das die Beziehung beendet hätte, und ich wollte ja nicht, daß das geschah, zumindest nicht am Anfang.«

Aber innerhalb von ein paar Monaten, nachdem sie angefangen hatten, miteinander zu schlafen, fing Mark an, gefühlsmäßig auf Abstand zu gehen. Er hatte ein Dutzend von Gründen dafür, Gründe, weswegen Jane angeblich nicht zu ihm paßte.

»Ich hatte weitere Vorbehalte Jane gegenüber. Sie hatte nie solche Möglichkeiten gehabt wie ich, sie mußte schon arbeiten, während sie noch zur Schule ging. Sie wußte, daß ich das Gefühl hatte, daß sie keine so gute Ausbildung hatte, wie ich es vielleicht gern gehabt hätte, und deshalb verlegte sie sich darauf, ihren Schulabschluß nachzuholen. Sie änderte ihre politische Einstellung und begann, der Welt um sich herum mehr Aufmerksamkeit zu schenken. Sie fing an, die Zeitung von vorne bis hinten zu lesen, und sie kaufte Bücher und Zeitschriften und ging in Museen, um mehr über Kunst zu lernen. Sie hörte sogar auf zu rauchen.«

Aus all dem wird deutlich, wie ernsthaft Jane an Mark interessiert war. Sie nahm es offenbar sehr ernst, wenn er etwas an ihr auszusetzen hatte, und bemühte sich nach Kräften darum, das zu ändern. Aber wie es so oft der Fall ist, weder ihr guter Wille noch ihre guten Absichten beeinflußten Marks Verhalten. Und es veranlaßte ihn auch nicht, geradeheraus zu sagen, daß es nicht klappen würde.

»Ich meine, all ihre Bemühungen, sich zu ändern, kamen letztlich ihr selbst zugute, und daher habe ich deswegen keine Schuldgefühle. Aber keine Frage, sie hatte hochgespannte Hoffnungen, für mich die Art von Frau zu werden, die ich suchte, und ich vermute, ich gab ihr keinen Grund zu glauben, daß das nicht möglich wäre. Die meisten meiner Botschaften waren völlig verschwommen. Wenn sie zum Beispiel anfing, über langfristige Pläne zu sprechen, wie Urlaub oder Ferien, setzte bei mir gewissermaßen der Motor aus. Das ist ein typisches Verhaltensmuster von mir – ich neige dazu, Frauen irgendwie hinzuhalten, anstatt ein klares Nein zu sagen.«

Obwohl Mark und Jane einander am Anfang vier- oder fünfmal pro Woche sahen, hielten sie bei der Arbeit weiter auf Abstand. Mark fühlte, daß es wichtig war, daß keiner ihrer Kollegen den Verdacht hatte, daß mehr zwischen ihnen war als eine berufliche Beziehung. Eine dieser Kolleginnen, eine Frau namens Debbie, spielte beim Bruch eine Rolle. Nur ganz beiläufig – auch sie war keine Jüdin.

»Ich kannte Debbie schon und war mit ihr befreundet, bevor ich mich mit Jane einließ, aber erst als Jane und ich intim wurden, sah ich in Debbie mehr als eine Freundin. Jane gab mir viel. Es ist keine Frage, daß ich wegen meiner Beziehung zu Jane mehr Vertrauen zu mir als Mann hatte, und das mag dabei eine Rolle gespielt haben... auch könnte ich Debbie zweifellos als Mittel benutzt haben, mich von Jane zu distanzieren. Ich weiß nicht... Ich schlief schlußendlich nie mit Debbie, aber meine Beziehung zu ihr und meine Phantasien über sie hatten bestimmt Anteil am Bruch.«

Ich muß hier wieder einmal innehalten, um das zusammenfassend hervorzuheben, was ziemlich offenkundig ist. Bevor er anfing, sich mit Jane zu verabreden, hatte Mark keine Freundin; es gab keine Frau in seinem Leben, die der Rede wert war. Er war verzweifelt einsam gewesen und fühlte sich Frauen gegenüber insgesamt sehr unsicher. Als Jane in sein Leben trat, mit seiner Erlaubnis, hatte er zum erstenmal eine voll befriedigende sexuelle Beziehung mit einer Frau, die schon ein volles Jahr seine Freundin gewesen war, bevor sie anfingen, miteinander zu schlafen. Man müßte doch denken, daß er fähig gewesen wäre, die Beziehung wenigstens zeitweise zu genießen. Manche Leute würden wohl sogar meinen, er hätte einfach den Mund halten und dankbar sein sollen. Statt dessen begann er innerhalb von Monaten sich so zu verhalten, daß es seiner Beziehung mit Jane zum Verhängnis werden mußte.

Mark hatte Jane von seiner Freundschaft mit Debbie erzählt und ihr erklärt – und er glaubte das zu diesem Zeitpunkt wirklich –, daß er Debbie nichts von seiner Beziehung zu Jane erzählen könne. Jane hatte darauf verletzt und eifersüchtig reagiert. Wenn seine Beziehung zu Debbie eine rein freundschaftliche war, wie Mark ihr weiterhin versicherte, warum, so fragte sie, sollte dann sie davon ausgeschlossen sein? Und wenn es so eine enge Freundschaft war, warum wollte Mark ihr dann nicht von der Frau in seinem Leben erzählen?

»Schließlich passierte folgendes: Ich beschloß, eine kurze Reise zu unternehmen, und zwar zu einem Zeitpunkt, als Jane beruflich nicht wegkonnte. Andererseits konnte Debbie, und diese wollte auch gerne mitkommen – so fuhren wir mit dem Wagen nach Kanada.

Es ereignete sich nichts zwischen uns, aber ich merkte, daß ich Jane nicht so vermißte, wie ich es hätte tun sollen. Als ich zurückkam, wartete Jane in der Wohnung, begierig, mich zu sehen. Sie sah wirklich hübsch aus und hatte aus einem Spezialitätenrestaurant ein Essen für uns beide kommen lassen. Ich war dagegen schmutzig und müde – ich vermied sozusagen jeden körperlichen Kontakt mit ihr und ging so schnell wie möglich ins Bett und schlief sofort ein. Ich glaube, danach wurde ich ihr gegenüber immer launischer und brummiger. Von diesem Zeitpunkt an wurde es wirklich übel.

Jane bemühte sich weiterhin darum, sich mir anzupassen und sich auf mich einzustellen, und ich hatte dabei natürlich sehr gemischte Gefühle. Es gefiel mir, aber ich wußte, daß sie nicht erkannte, daß die Beziehung schon vorbei war, soweit es mich betraf, deshalb fühlte ich mich in ihrer Gesellschaft schuldig und unbehaglich. Sie arbeitete immer noch an der Beziehung, und ich versuchte ihr vorsichtig anzudeuten, daß sie nicht dauern würde. Je schuldiger ich mich fühlte, desto reizbarer und launischer wurde ich. Je netter sie wurde, desto ärgerlicher wurde ich, weil ich der Beziehung eine andere Wendung geben und aus ihr herauskommen wollte. Ich begann mir einzureden, daß sie nur deshalb nett war, weil sie versuchte, das zu bekommen, was sie wollte.«

Wenn Jane am Anfang der Beziehung nett zu Mark war, so sah er das als Beweis dafür an, daß er ihr eben gefiel, und das sichere Urteil und den guten Geschmack, den sie damit bewies, wußte er durchaus zu schätzen. Als er jedoch erst einmal die Beziehung verlassen wollte, begann er andere Erklärungen für ihren grundsätzlich guten Willen zu finden, und er kam zu dem Schluß, daß sie nur versuchte, ihn zu manipulieren. Sehr viele Männer haben mir Ähnliches erzählt. Wenn eine Frau zum Beispiel unter ihrem abweisenden Verhalten leidet, leugnen manche Männer die Aufrichtigkeit der Gefühle der Frau und kommen zu dem Schluß, daß sie lediglich versucht, den Mann mit ihren Gefühlen zu manipulieren. Im Gegensatz zu vielen Männern, war Mark letzten Endes aufrichtig genug anzuerkennen, daß Jane einfach nur Jane war, eine warmherzige, hingebungsvolle Frau.

»Ich versuchte, Distanz zwischen uns zu schaffen, indem ich Auseinandersetzungen über unwichtige Themen inszenierte, wann immer das Verhältnis zwischen uns zu leicht und zu angenehm wurde. Das ging ein paar Wochen so zu; ich versuchte sozusagen, einen Schraubenschlüssel in die Maschine zu werfen, während sie bemüht war, sie in Gang zu halten. Sie mußte einfach merken, daß ich ihr gegenüber gereizt war. Ich denke, meine Schuldgefühle wegen der Tatsache, daß ich wußte, daß ich sie nicht heiraten würde, machten mich garstig. Auch trafen wir einander weniger und weniger in Gesellschaft. Nach ein paar solchen Wochen stellte mich Jane schließlich während einer Wanderung zur Rede. Es war recht unerfreulich... auf dem Rückweg heulte sie die ganze Zeit. Ein Ende in dieser Weise hatte ich nicht vorgesehen.«

Mark hat sich bemüht, auf freundschaftlichem Fuß mit Jane zu bleiben, die sich bald nach dem Ende der Beziehung nach einer neuen Stelle umzusehen begann. Sie hatte das Glück, eine höher eingestufte und besser bezahlte zu finden und ist zweifellos erfolgreicher als vorher. Mark gibt zu, daß diese Beziehung die beste war, die er jemals hatte.

»Es ist gar keine Frage, daß wir gut zueinander paßten. Auf der einen Seite handelte es sich um eine sehr aufrichtige, enge Beziehung, aber auf der anderen war es – aufgrund dessen, was ich ihr eben nicht sagte – eine sehr unaufrichtige Beziehung.«

Mark weiß nicht, warum er nie eine Jüdin kennengelernt hat, aber er gibt zu, daß die Religion bei seiner zwiespältigen Haltung Frauen und Ehe gegenüber eine wichtige Rolle spielt.

»Die Tatsache, daß die Frau keine Jüdin ist, ist eindeutig ein Sicherheitsventil. In meinem Unterbewußtsein gäbe es bei einer Jüdin kein Entkommen. Das empfände ich als eine derartige Schweinerei, daß es mir unmöglich wäre.«

Mark sagt, wenn er mit einer Frau im selben Bett schlafe, habe er oft Schwierigkeiten mit dem Atmen, und er erwache mit dem Gefühl, endgültig in der Falle zu sitzen. Allen Frauen, mit denen er geschlafen hat, ist sein unruhiges Atmen aufgefallen. Mark erklärte:

»Ich erwache mit dem Gefühl des Gefangenseins, einem endgültigen Gefühl des Gefangenseins, und ich fühle mich niedergeschlagen. Die Frauen, mit denen ich geschlafen habe, sagen alle, daß es jedesmal wie ein tiefer Seufzer klingt, wenn ich Luft hole. Bei Jane ging es weg; sie ist die einzige, bei der es sich verloren hat. Aber mit Jane war es keine richtige Falle, weil es einen ›eingebauten Grund‹ gab, aus der Beziehung herauszukommen – die Religion. Aber deshalb gehe ich nicht oft mit Jüdinnen aus. Es ist einfach Angst – Angst, da wäre mehr Druck, eine endgültige Bindung einzugehen. Aber wenn ich erst einmal weiß, daß eine Beziehung eine Sackgasse ist, ist das sehr deprimierend, sehr künstlich. Die Frauen denken nie, daß ich schnarche, sie beschreiben es stets als einen Seufzer. Sie denken, ich sei traurig – und ich bin es auch wirklich.«

BRAD: ein 48jähriger Filmemacher, geschieden

Obwohl es auf den ersten Blick ein Widerspruch zu sein scheint, zieht es einige der schlimmsten Bindungsscheuen förmlich zur Ehe. Die meisten dieser Männer leben nicht gerne alleine und möchten gerne ihr Leben mit einer Frau teilen. Typischerweise beginnt die innere Stimme der Angst jedoch erst dann zu schreien: »Laß mich hier raus!«, wenn ein solcher Mann »Ich will« sagt.

Solch ein Mann neigt dazu zu glauben, daß es eher die gewählte Gefährtin ist als die Situation, die sein Unbehagen verursacht, und läßt sich vielleicht scheiden und heiratet mehrmals wieder. Brad ist ein ausgezeichnetes Beispiel für einen Bindungsscheuen, der heiratet und heiratet und heiratet und heiratet.

Mit achtundvierzig erwägt Brad, ein großer, gutaussehender Filmemacher, zum fünftenmal die Heirat. Er räumt als erster ein, daß er ein höchst fragwürdiger Ehekandidat ist.

»Es mag verrückt klingen, das in Anbetracht meiner Vergangenheit zu sagen, aber ich sträubte mich stets aufrichtig gegen eine Heirat. Tatsächlich wollte ich in keinem der Fälle heiraten, als ich es tat, und sah die Ehe immer als eine Falle an. Ich hätte wahrscheinlich eine Menge Leute vor einer Menge Unglück bewahren können, wenn ich diesen Instinkten gefolgt wäre. Aber ich habe die Frauen, die ich heiratete, auch geliebt. Fairerweise muß ich zugeben, daß ich stets alle Register zog, wenn ich mich zuerst für sie interessierte. Ich fuhr meilenweit, um sie zu treffen, schrieb Gedichte usw. Dann kommt der Augenblick, in dem es anfängt, ernst zu werden, und ich denke: ›Wie kann ich da nur wieder rauskommen?‹ Eines Tages ist es dann zu spät, und man kommt nicht mehr aus der Sache raus, ohne wie ein Krimineller dazustehen.«

Brad heiratete schon in der ersten Hälfte der Zwanzig zweimal. Zu dieser Zeit war er damit beschäftigt, einen juristischen Grad zu erwerben, den er nie benutzte. Beide Ehen waren kurz. Seine dritte Ehe, die zwölf Jahre dauerte, war die längste, und er hatte mit dieser Frau vier Kinder.

»Diese dritte Frau war diejenige, an die ich am meisten gebunden war, in der mir eigenen halbherzigen Art. Sie war sehr schön, und es gab Zeiten, wo ich sie sehr liebte, aber ich war ihr scheußlich untreu und fing schon im ersten Ehejahr an, Liebschaften zu haben. Ich traf mich mit Frauen und erzählte dann meiner Frau, daß ich länger hätte arbeiten müssen. Anfangs wollte sie mir glauben, und deshalb glaubte sie mir; sie dachte, ich würde angestrengt Schwerarbeit leisten. Schließlich trieb ich es zu unverhohlen, und sie fand es heraus.«

Brad sagt, daß er das Problem löste, indem er einfach seiner Frau die Schuld zuschob.

»Ich fühlte mich sehr schuldbewußt wegen all meiner Liebschaften und rechtfertigte mein Benehmen damit, daß ich mir einredete, meine Frau sei sexuell kalt. Ich kritisierte ihre Art zu lieben. Das löste natürlich einen Teufelskreis aus. Verständlicherweise hatte sie immer weniger Interesse, mit mir ins Bett zu gehen.

Ich bekrittelte auch die Dinge, die sie gut machte. Ich kam nach Hause, und sie war dort und las friedlich den Kindern vor, und das Nachtessen stand auf dem Herd, und anstatt glücklich zu sein, kam Ärger in mir hoch. Ich ärgerte mich über all ihre Häuslichkeit, die die Ehefalle symbolisierte. Deshalb machte ich mich über sie lustig. Ich gab ihr die Schuld an all meinem Unbehagen, zog die alte Masche ›Meine Frau versteht mich nicht‹ ab und fand jede Menge an den Haaren herbeigezogener Argumente für mein Verhalten.«

Brad sagt, er sei sich bewußt, daß seine Frau alles getan hätte, um ihm zu gefallen, aber es gab da nichts, was sie hätte tun können – es wäre alles vergeblich gewesen.

»Meine Frau liebte mich sehr, aber ich schaffte es, alles kaputtzumachen. Deshalb fühle ich mich immer noch schuldbewußt. Sie wollte so sehr eine gute Frau sein – sie war eine reizende Frau, eine fabelhafte Hausfrau. Sie war mir ergeben und arbeitete hart; sie buk, sie bügelte, sie nähte. Das hätte jeden normalen amerikanischen Mann glücklich gemacht, aber jede Mahlzeit zu Hause war wie ein weiterer Nagel zu meinem Sarg. Ich hatte nur noch einen Gedanken – daß ich weg wollte.«

Während seiner Ehe war Brad in eine ziemlich komplizierte und heftige Affäre mit einer verheirateten Frau verwickelt, die vorschlug, sie sollten sich von ihrem jeweiligen Partner scheiden lassen und einander heiraten. Paradoxerweise sagt Brad, daß die Intensität dieser Frau ihn eine unglückliche Ehe als einen sicheren und geschützten Hafen betrachten ließ, und kurz nachdem das Thema Scheidung und neue Heirat aufgetaucht war, endete die Affäre.

Obwohl, wie er sagt, er eigentlich gedacht hätte, daß er entzückt über die Möglichkeit wäre, seine dritte Ehe hinter sich zu lassen, war Brad verzweifelt, als es wirklich zum Bruch kam.

»Nach zwölf Jahren wurde mein Verhalten meiner Frau schließlich zuviel, und sie fing an, sich für einen anderen Mann zu interessieren. Sie sagte mir, daß sie die Scheidung wollte. Ich fiel buchstäblich in eine tiefe Depression. Angesichts der Umstände war das erstaunlich. Ich bat sie, es nochmals mit mir zu versuchen, aber davon wollte sie nichts wissen. Zu der Zeit war ich sehr verbittert und gab ihr an allem die Schuld. Jetzt erkenne ich, daß sie in gerechtfertigter Selbstverteidigung handelte. Ich habe den größten Respekt für diese Frau, die viel zu gut für mich war.«

Nachdem seine dritte Ehe gescheitert war, zog Brad, dessen Lebensgeschichte auch viele Berufswechsel aufweist, in eine andere Stadt, um dort zu arbeiten. Dort lernte er eine Frau kennen, mit der er eine fünf Jahre dauernde Beziehung hatte. Obwohl er dieser Frau, die er als »perfekt« für sich beschreibt, nicht völlig treu war, waren seine Affären begrenzt.

Als er und diese Frau zwei Jahre zusammen waren, machten sie Pläne für eine gemeinsame Wohnung. Sie bezog die Wohnung, die sie zusammen gefunden hatten, aber als für Brad die Zeit kam, dasselbe zu tun, scheute er davor zurück. Er sagt, er sei mehrere Tage lang nicht ans Telefon gegangen, bevor er sich schließlich der Frau stellte und ihr sagte, daß er den Umzug nicht durchführen könnte. Obwohl er finanzielle Probleme hatte, war Brad nie in der Lage, seine eigene Unterkunft aufzugeben, obwohl es damit endete, daß er praktisch jede Nacht bei der Frau in der »gemeinsamen« Wohnung verbrachte.

»Nachdem mehrere Jahre so vergangen waren, brachte *ich* das Thema Heirat zur Spache – ein eindeutiger Fehler, da sie nie davon gesprochen hatte. Danach war sie bestrebt, unsere Beziehung zu legalisieren und stellte ein Ultimatum – Heirat oder aber...«

Brad wählte »oder aber...« und beendete die Beziehung. Es kostete ihn sehr wenig Zeit, eine Affäre mit einer anderen Frau anzufangen. Und dieses Mal heiratete er wieder. Die Ehe war sehr kurz und seiner Einschätzung nach »sehr stürmisch«.

Es war interessant, Brad zu interviewen, denn er war begierig darauf, über seine Bindungsprobleme zu reden. Sein Verhalten Frauen gegenüber erschreckte ihn wirklich, und er machte sich Sorgen, daß er nie in der Lage sein würde, sich zu ändern.

»Ein Teil von mir denkt, daß der Grund, warum ich eine Menge Arbeitsstellen und eine Menge Frauen hatte, darin liegt, daß ich einzigartig, phantasievoll und abenteuerlustig bin. Aber ein anderer Teil von mir weiß, daß ich nicht nur einen Job oder eine Frau haben will, weil ich nicht mit einer einzigen Sache identifiziert werden will.

Ich habe alle möglichen Entschuldigungen benützt, um von Frauen wegzukommen. Ich erinnnere mich, wie ich einmal mit einer Frau zusammen war, die ich innig liebte und zu der ich zu sagen pflegte: ›Wir werden heiraten... wir müssen einfach zusammensein‹. Und die Frau antwortete: ›Wir haben zu viele

Probleme... es gibt zu viele Widerstände zu überwinden.‹ Und ich sagte ihr dann: ›Liebe überwindet alles.‹

Schließlich begann sie zu glauben, was ich sagte, und eines Tages sah sie mich an und sagte ›Vielleicht hast du recht‹. Sofort fing ich an, unruhig zu werden. ›Um Gottes willen‹, dachte ich, ›du Idiot... warum hast du es nicht gelassen, wie es vorher war? Warum mußtest du hingehen und alles verderben?‹«

Brad ist ein weiteres Beispiel für einen Bindungsscheuen, der sich als Vater durchaus engagiert und bindet.

»Ich lernte, mich an meine Kinder gebunden zu fühlen. Ich nehme an, man kann diese Verpflichtung ebenfalls vermeiden, aber das tat ich nicht. Vielleicht, weil die Gesellschaft einen Mann, der seine Kinder schlecht behandelt, ungünstiger beurteilt als einen, der seine Frau schlecht behandelt. Es ist keine Frage, daß die Schande, ein gefühlloser Vater zu sein, schlimmer ist als die Schande, ein gefühlloser Ehemann zu sein. Aus welchem Grund auch immer, ich fühle mich für meine Kinder verantwortlich.«

2. TEIL

IHRE EIGENE BEZIEHUNG: WAS EINE KLUGE FRAU TUN KANN

7. KAPITEL

Einsicht in die bindungsphobische Beziehung

Was eine kluge Frau tun kann

Nun wissen Sie also, warum manche Männer nicht lieben können. Was aber können Sie nun dagegen tun – oder gibt es überhaupt etwas, was Sie tun können? Ja, es gibt einiges, was Sie tun können, und davon handelt dieses Buch. Zugegeben, *manche* Männer sind so bindungsscheu, daß ihre Freundin den Atlantik überqueren könnte, und sie würden sich immer noch in der Falle fühlen. Die meisten dieser Männer werden nie zur Liebe fähig sein, und das Klügste, sie am meisten Schützende, was eine Frau tun kann, ist, das Problem zu erkennen und auszusteigen – bevor er es tut. Wenn Sie am Ende dieses Teils angelangt sind, sollten Sie den nötigen Einblick haben, um diese schlimmste Sorte von Bindungsscheuen zu erkennen.

Aber nicht alle Bindungsscheuen sind *so stark* gestört. Die große Mehrzahl von ihnen *ist* fähig zu lieben und *ist* fähig, sich zu binden. Aber prägen Sie sich ein: Eine Beziehung kann einen ganz unterschiedlichen Verlauf nehmen – sowohl einen guten als auch einen schlechten –, je nachdem, wie eine Frau sich behauptet und wie sie sich auf den Mann einstellt.

Wenn Sie in eine Beziehung mit solch einem Mann verstrickt sind, fühlen Sie wahrscheinlich, daß er zur Liebe fähig sein möchte. Ein anderer Teil von ihm – der bindungsscheue Teil – will jedoch weglaufen. Mit diesem andauernden inneren Konflikt ist der Mann natürlich keine große Hilfe. Wenn Sie deshalb nicht in die Statistik über gescheiterte Bindungen eingehen wollen, ist es an Ihnen, sich an die Grundregeln zu gewöhnen, die die Basis für den Erfolg liefern.

Bis hierher beschäftigte sich dieses Buch in erster Linie mit dem, was der Bindungsscheue in einer Beziehung macht. Nun ist es an der Zeit, von Ihnen zu sprechen, der Frau, die zunächst einmal seine Aufmerksamkeit erregte.

Welche Frauen geraten an Bindungsscheue?

Wenn Sie laufend an Bindungsscheue geraten oder jemals an einen geraten sind, besteht die Möglichkeit, daß Sie bestimmte Charakteristika haben, die solche Männer anziehend finden. Oft repräsentieren diese Charakteristika Qualitäten, die ihm fehlen. Diese Unterschiede in Charakter und Persönlichkeit helfen bei der Erklärung, wie die Beziehung des Bindungsscheuen »abhebt« und auch, warum sie oft so schlecht endet.

Anfangs, wenn Sie ihn kennenlernen, läuft der Bindungsscheue typischerweise auf vollen Touren. Alles ist übersteigert, ein unaufhaltsames Vorwärtsdrängen. Er will Sie. Deshalb ruft er an, schreibt, nimmt alles auf sich, um Sie zu sehen, und macht im allgemeinen einfach alles, um Sie soweit zu bringen, auf ihn zu reagieren.

Am Anfang scheint dieser Mann entschieden romantisch. In Wirklichkeit ist er oft völlig unrealistisch. Er hat keine Ahnung, was er wirklich will, und er hat keinen Begriff davon, wie sein Verhalten aufgefaßt werden kann.

Er ist wahrscheinlich jemand, dessen Vergangenheit wenig Beispiele für Zuverlässigkeit und Verläßlichkeit in anderen Beziehungen aufweist. Das meiste an diesem Verhalten hatte seine Ursache in seiner Bindungsangst, aber da er sich unbehaglich fühlt, wann immer er an Bindung denkt, zieht er es vor, *nicht* daran zu denken – zumindest nicht ernsthaft.

Sie selbst haben andererseits wahrscheinlich eine Lebensgeschichte, die von totaler Zuverlässigkeit gekennzeichnet ist und davon, daß man sich auf Sie verlassen kann. Sie sind stolz, daß die Leute auf Sie zählen können. Im wesentlichen tun Sie das, was Sie versprachen oder ankündigten. Konsequenterweise denken Sie lange und gründlich nach, bevor Sie sagen, daß Sie irgend etwas tun werden. Wenn Sie so auf jemanden zugingen, wie er auf Sie zugeht, würde das etwas bedeuten. Es würde bedeuten, daß Sie bereit dazu sind, alles, was möglich ist, zu versuchen, um eine wirkliche, langfristige Partnerschaft zu entwickeln.

Deshalb versprechen Sie ganz am Anfang wenig, da Sie das

zu halten gewohnt sind, was Sie versprechen. Wenn Sie jemanden kennenlernen, geht es bei Ihnen nicht so schnell; Sie müssen erst irgendwie überzeugt sein, daß seine Gefühle und Absichten ernst sind, bevor Sie so reagieren. Dieses Bedürfnis, überzeugt zu werden, ist ein Selbstschutz und ein Zeichen für Sensibilität. Das Problem liegt darin, daß Sie die falschen Maßstäbe zugrunde legen, um seine Beteuerungen über seine Gefühle für Sie zu beurteilen. Sie interpretieren sein Verhalten so, als würden Sie Ihr eigenes interpretieren. Sie setzen voraus, daß er so denkt wie Sie. Sie setzen voraus, daß er dasselbe Maß an gefühlsmäßiger Integrität hat wie Sie. Aber wie kann er das? Er ist ein Mann, der sich im völligen Widerstreit mit sich selbst befindet: Nicht, daß er Sie nicht wollte – er kann nur nicht mit dem fertig werden, was Sie wollen. Nicht, daß er keine Liebe wollte – aber wenn er über die echte Bindung nachdenkt, die die Liebe mit sich bringt, wird er von Furcht überwältigt. Wenn Sie an einen Bindungsscheuen geraten sind, müssen Sie verstehen, daß alles, was er tut, typische Reaktionen bei Frauen auslöst. Grundsätzlich und in sich führen diese Reaktionen dazu, a) die Probleme des Bindungsscheuen zu verstärken und b) zu dem destruktiven Gesamtbild zu führen, das ich zusammenfassend als »bindungsphobische Beziehung« oder »bindungsphobisches Verhältnis« bezeichne.

Woran erkennt man die bindungsphobische Beziehung?

Im folgenden gliedere ich die typische bindungsphobische Beziehung in einzelne Stufen. Jede Stufe hat eine bestimmte Eigendynamik – eine Dynamik, die sich durch eine Vielzahl leicht zu erkennender Schritte ausdrückt. Beim Lesen werden Sie feststellen, daß jeder Schritt folgendermaßen skizziert wird: Als erstes gibt es eine Beschreibung dessen, was der Mann tut. Als zweites gibt es eine Beschreibung der Art und Weise, wie eine Frau normalerweise darauf reagiert. Als drittes folgt eine Darlegung dessen, was ein Bindungsscheuer denkt und fühlt. Als viertes und letztes wird erläutert, wie eine kluge Frau reagieren *sollte* und was sie tun kann, um die Beziehung davor zu bewahren, in den bindungsphobischen Verfall zu geraten.

Beim Lesen sollten Sie im Gedächtnis behalten, daß nicht alle Männer jeden einzelnen dieser Schritte ausführen. Auch kann der Bindungsscheue in kurzen, intensiven Beziehungen vorzeitig in Panik geraten. Wenn dies geschieht, kann viel von dem Mittelteil und dem Ende übersprungen werden, und der Mann steuert geradewegs auf das bittere Ende zu. In diesen Fällen spielt sich ein großer Teil des Konfliktes im Kopf des Bindungsscheuen ab. Aber für die große Mehrzahl dieser Beziehungen sind die hier aufgeführten Schritte die klassischen.

Wie man diesen Teil benutzt

Dieser Teil ist so angelegt, daß er Ihnen hilft:

1. Den Bindungsscheuen zu erkennen, bevor Sie sich mit ihm einlassen, nicht erst danach.
2. Zu erkennen, wie Frauen am Anfang solcher Beziehungen es typischerweise versäumen, sich zu schützen, und damit den Grundstein für den späteren schlimmen emotionalen Schaden legen.
3. Einzusehen, daß bestimmte Verhaltensweisen – wie das Setzen von Grenzen, das Suchen nach Fehlern, zweideutige Botschaften – fast grundsätzlich Zeichen eines bindungsphobischen Problems im allgemeinen sind und sich nicht gegen Sie im besonderen richten.
4. Zu lernen, warum typische Reaktionen wie »ihn mit Liebe zu überschütten« oder »an sein besseres Ich zu appellieren« sein Problem nur verschlimmern.
5. Die Zeichensprache zu erkennen, die er benutzt, um einer Frau mitzuteilen, daß er aus einer Beziehung heraus möchte.
6. Die wahre Bedeutung – sowohl die positive als auch die negative – erkennen zu lernen und zu verstehen, die hinter seinem bindungsphobischen Verhaltensmuster steckt.
7. Zu lernen, wie man eine aussichtslose Situation als solche erkennt, und wie man sich aus der Beziehung mit so wenig persönlichem Schaden wie möglich freimacht.
8. Einen Bindungsscheuen der schlimmsten Sorte als das zu erkennen, was er ist – und nicht als das, was Sie wünschen, daß er werden könnte.
9. Zu lernen, wie man von Anfang an eine Beziehung so aufbauen kann, daß seine bindungsphobischen Tendenzen minimiert und Ihre Chancen für ein gesundes, positives Wachstum der Beziehung maximiert werden.

8. KAPITEL

Der Anfang einer bindungsphobischen Beziehung

Das Anfangsstadium

Es ist keine Frage: Anfangs ist der Bindungsscheue äußerst feurig und romantisch. Aber eine Frau sollte daran denken, daß er auch völlig unrealistisch ist und keinen praktischen Sinn hat für das, was er sagt oder tut. Alles, woran er denken kann, ist, so schnell wie möglich an Sie heranzukommen. Weil er nicht langfristig denkt, hat er keinen Grund, etwas zurückzuhalten. Welche romantischen Worte ihm auch in den Sinn kommen, er spricht sie aus. Welches Geschenk auch immer seiner Phantasie einfällt, er kauft es. Was immer er tun oder sagen kann, damit Sie ihn wollen und lieben, er tut's. So einfach ist das. Zu diesem Zeitpunkt ist er so auf Sie fixiert, daß es schwerfällt zu glauben, daß er sich jemals ändern könnte. Aber wenn er ein echter Bindungsscheuer ist und wenn es mit der Beziehung zu schnell vorwärtsgeht, wird er wahrscheinlich bald in Panik geraten.

Eine Frau muß im Anfangsstadium vor allem realistisch bleiben und die Entwicklung der Beziehung verlangsamen. Am Anfang haben Sie noch einen Großteil an Selbstwertgefühl und Selbstkontrolle. Benutzen Sie die, um das Tempo und den Ton zu bestimmen, die zur Dauer führen werden. Egal, wie sehr Sie versucht sind, bei seinem »Hollywood-Stil« mitzumachen, tun Sie es nicht. Und denken Sie daran:

> Das Anfangsstadium kann eine Stunde, eine Woche, einen Monat oder ein Jahr dauern; das hängt ganz davon ab, wie lange es dauert, bis Sie eine Reaktion zeigen. Wenn er Sie zu schnell von den Füßen reißt, wird er Angst vor dem Grad der Bindung bekommen, den man von ihm erwartet. Sie müssen

das Tempo festsetzen, und langsam und gleichmäßig ist eindeutig die Art und Weise, wie vorgegangen werden sollte.

Das typische Muster

1. Er dreht mächtig auf und ist wahrscheinlich viel stärker an Ihnen interessiert als Sie an ihm.

Ihre typische Reaktion:
Wenn Sie ihn kennenlernen, sind Sie zunächst vielleicht gar nicht an ihm interessiert. Tatsächlich sind Sie vielleicht entschieden desinteressiert. Die Mehrzahl der Frauen, mit denen wir sprachen, berichtete, daß sie ursprünglich dachten, daß der Mann zu »verschieden« von ihnen war im Hinblick auf Interessen und Lebensstil. Die typische Reaktion einer Frau: »Ich konnte mir nicht vorstellen, was ihn so an mir anzog. Zuerst dachte ich, daß er einen Fehler machte. Aber er überzeugte mich, daß ich begehrenswert bin.«

Sein Verhalten:
Der Bindungsscheue zieht bei seiner Werbung alle Register, weil er an heute denkt, nicht an morgen. Völlig am *Jetzt* orientiert, versucht er, *heute* alles besonders, wundervoll, romantisch zu machen. Für den Augenblick denkt er nicht an die langfristigen Konsequenzen dessen, was er sagt oder tut. Er will nur, daß Sie auf ihn reagieren. Einer der einleuchtendsten Wege, Sie zum Reagieren zu bringen, ist der Sex. Ein Mann weiß, daß wenn eine Frau damit einverstanden ist, mit ihm ins Bett zu gehen, dies für gewöhnlich eine wichtige Bejahung von ihrer Seite aus bedeutet. Er will diese Bejahung.

Die vernünftige Reaktion:
Je stürmischer er vorgeht, desto skeptischer sollten Sie sein.

Wenn ein Mann von Ihnen sofort überwältigt ist, sollten in Ihrem Kopf die Alarmglocken schrillen. Sie sollten sagen: Dieser Mann reagiert eher auf die Phantasie als auf die Realität.

Wenn Sie nicht vorsichtig sind, wird diese Eigenschaft die Beziehung – und Sie – später belasten. (Es ist leicht, geschmeichelt zu sein, aber behalten Sie im Gedächtnis, daß Sie, nach allem, was er über Sie weiß, für ihn ein Wesen vom andern Stern sein könnten.) Anstatt geschmeichelt zu sein, sollten Sie *ihm* volle Aufmerksamkeit schenken. Achten Sie auf alles, was er sagt und tut und ebenso auf das, was er *nicht* sagt und *nicht* tut.

Hören Sie auf Ihren Instinkt und nicht auf seine flotten Sprüche, und gestatten Sie es sich nicht, daß er sie förmlich umwirft, indem Sie ihm ins Phantasieland folgen.

Außerdem:
– Hüpfen Sie nicht eilends mit ihm ins Bett, weil er es so dringend zu wollen scheint.
– Setzen Sie nicht voraus, daß sein Wunsch, Sie ins Bett zu kriegen, auch bedeutet, daß er von brennenderer Leidenschaft erfüllt ist, als Sie je einen Mann kannten.
– Gehen Sie nicht mit ihm ins Bett, weil Sie sich wegen des Geldes, der Zeit oder der Energie, die er aufgewendet hat, verpflichtet fühlen.
– Und am wichtigsten: Gehen Sie nicht mit ihm ins Bett, weil Sie denken, wenn erst einmal der Sex nicht mehr im Mittelpunkt steht, wird sich die Beziehung stabilisieren.

Auch wenn er um Nähe kämpft, bewahren Sie Distanz. Kommen Sie zu einer Einschätzung seines Charakters und seiner Gefühle, die auf Ihren eigenen besten Instinkten beruht – und nicht darauf, was er Ihnen über sich erzählt. Je mehr er drängt, desto mehr sollten Sie ihn bremsen. Wenn er ungeduldig wird und Sie verläßt, hätte er dasselbe auch später gemacht und Ihnen weit größeres Herzweh verursacht.

Eine Möglichkeit, die man bedenken sollte: Ist er am Anfang nur deshalb so an Ihnen interessiert, weil Sie gerade nicht so sehr an ihm interessiert sind?

2. Innerhalb sehr kurzer Zeit zeigt er, daß er Sie für »etwas Besonderes« hält und scheint vorbehaltlos um Sie zu werben.

Ihre typische Reaktion:
Sie fühlen sich dadurch rundum akzeptiert, und das ist ein herrliches Gefühl. Es vermittelt Ihnen das Gefühl, daß hier jemand ist, demgegenüber Sie ganz entspannt Sie selbst sein können

und dem Sie nichts vorspielen müssen. Die Tatsache, daß er Sie so sehr zu mögen scheint, ist sehr verführerisch. Sie ermutigt Sie, ihn positiver zu sehen. Die typische Reaktion einer Frau: »Ich sah ihn an und sah sogleich all seine Fehler, aber er schien mich so sehr zu mögen, daß es mir sinnvoll erschien, in bezug auf meine Ideale von einem Mann Kompromisse zu schließen – was konnte schließlich schlecht daran sein, mit jemandem zusammenzusein, der mich derart anbetete?«

Sein Verhalten:
Für diesen Mann sind »besonders« und »für immer« zwei sehr verschiedene Dinge. Er denkt, Sie seien etwas »Besonderes«, und er wünscht sehr stark, daß Sie für ihn das gleiche empfinden. Aber das heißt nicht, daß er an irgend etwas nach dem nächsten Morgen denkt.

Die vernünftige Reaktion:
Gerade weil er anscheinend keine Vorbehalte Ihnen gegenüber hat, heißt das nicht, das Sie ıhm gegenüber keine haben sollten.

Es ist nun an der Zeit, soviel wie möglich über ihn herauszufinden, über seine vorhergehenden Beziehungen, über seine Beziehungen zu seiner Familie. Ihr Urteil und Ihre Einschätzung von ihm sollten darauf beruhen, was für eine Art Mann er ist, nicht auf seinen Fähigkeiten, Ihr Selbstwertgefühl zu beeinflussen.

Wenn Ihre ursprüngliche Reaktion auf ihn Mißtrauen war, dann machen Sie sich ein paar Gedanken darüber und überprüfen Sie es, bevor Sie weitermachen.

3. Er hat eine dornenvolle Vergangenheit mit Frauen hinter sich, aber er gibt Ihnen das Gefühl, mit Ihnen sei es ganz anders.

Ihre typische Reaktion:
Wenn Sie ihn über seine vergangenen Beziehungen erzählen hören, tut er Ihnen leid. Die Art, wie er seine romantischen Fehlschläge darstellt, läßt Sie denken, daß mit den anderen Frauen in seinem Leben etwas nicht gestimmt hat. Vielleicht

liebten sie ihn nicht genug. Vielleicht mochte er sie nicht so, wie er Sie mag. Vielleicht waren sie schwierig und zu fordernd. Sie glauben, mit Ihnen wird es anders sein, weil Sie beide etwas Besonderes verbindet.

Sein Verhalten:
Wenn er Ihnen von Problemen in vergangenen Beziehungen erzählt, ist das seine Art, Sie zu warnen, Ihre Erwartungen nicht zu hoch zu schrauben. Aber er will auch nicht, daß Sie gehen – deshalb muß er erklären, warum diese Beziehungen fehlschlugen, und ebenso durchblicken lassen, daß es bei Ihnen anders sein könnte. Oft hat er so wenig Berührung mit seinem Problem, daß er das wirklich glaubt.

Die vernünftige Reaktion:
- Wenn er jemals eine andere Frau schlecht behandelt hat, gehen Sie nicht davon aus, daß es bei Ihnen anders sein könnte.
- Seien Sie skeptisch, wenn er die Schuld an seinen vergangenen Problemen nur den Frauen zuschiebt.
- Wenn er sich die Schuld an seinen vergangenen Problemen gibt, sagt er wahrscheinlich die Wahrheit und wird sich wahrscheinlich bei Ihnen gleich verhalten.

Seine Lebensgeschichte ist die wichtigste Information, die Sie über ihn haben. Eben weil er sich zu diesem Zeitpunkt benimmt, als wolle er stets Ihr bester Freund und Ihre stärkste Stütze sein, sollten Sie ihm nicht vertrauen, bis Sie ihn lange und gut genug kennen, um richtig beurteilen zu können, ob er irgendeine Beziehung langfristig aufrechterhalten kann.

4. Er tut alles, um Sie zu beeindrucken: Wenn er Geld hat, gibt er es aus; wenn er spezielle Talente hat, zeigt er sie; wenn er über »Sensibilität« oder »gefühlsmäßige Tiefe« verfügt, enthüllt er sie.

Ihre typische Reaktion:
Es ist herrlich, jemanden zu haben, der einen behandelt, als wä-

re man etwas ganz Besonderes. Sie fühlen sich beeindruckt von der Mühe, die er sich macht, um Sie zu beeindrucken. Von Ihrem Standpunkt aus scheint es nicht möglich, daß ein Mann so viel Zeit und Energie aufwenden würde, um eine Frau für sich zu gewinnen, wenn er nicht das »für immer« oder etwas ganz Ähnliches wünschte.

Sein Verhalten:
Sicher, er versucht, sich gut zu verkaufen, aber das gilt nur für den Augenblick. Er denkt nicht an die Zukunft, aber wird tun, was immer er kann, um Sie in der Gegenwart für sich zu gewinnen. Wenn er Geld hat, werden Sie für gewöhnlich Geschenke erhalten oder allerwenigstens sorgfältig geplante Einladungen zum Abendessen und zu Unterhaltungen. Wenn er keines hat, werden Sie wahrscheinlich in gut geplanten Raten kleine Stückchen von seiner Seele bekommen. Wenn er Talente hat, von denen er annimmt, daß Sie dafür empfänglich sind, wird er Sie davon wissen lassen. Welche Fertigkeiten er auch benutzt, es besteht die Wahrscheinlichkeit, daß sie wohlerprobt sind und bisher immer gut gewirkt haben. Die Männer sind sich sehr bewußt, was sie hier tun – sehr bewußt, wann sie »Punkte machen« und wie nahe sie jeweils daran sind, »zum Abschluß zu kommen«. Das Werben, das Weintrinken, das Abendessen, die Romantik – das alles ist Teil seiner Hier-und-heute-Philosophie. Er fühlt kein Widerstreben, einer Fremden Vertraulichkeiten mitzuteilen, weil er an nichts anderes denkt als sich »gut zu verkaufen«.

Die vernünftige Reaktion:
Dieser Mann denkt nicht wie Sie. Jetzt etwas »Besonderes« bedeutet nicht etwas Besonderes für immer – wenigstens nicht für ihn. Genießen Sie die Mahlzeiten, das Amüsement, aber nehmen Sie es als das, was es ist – nicht als das, was Sie wollen, das es ist. Behalten Sie das im Gedächtnis und »kaufen« Sie nicht zu schnell. Der Käufer muß aufpassen! Er ist möglicherweise wie der Gebrauchtwagenhändler, der am eifrigsten ist, wenn er weiß, daß er ein mangelhaftes Produkt verkauft. Vorsicht ist die beste Strategie.

Nutzen Sie diese Zeit, bevor Sie sich auf etwas festlegen, um einen realistischen Eindruck von ihm zu bekommen. Stellen Sie ihn Ihren Bekannten vor. Lernen Sie seine kennen und prüfen Sie, wie er sich ihnen gegenüber und der Umwelt gegenüber verhält. Vergewissern Sie sich, daß in seiner Welt Platz für Sie ist und daß er Ihnen nichts verbirgt. Wenn er sich benimmt, als wolle er Sie ausschließen oder Sie von seinem übrigen Leben getrennt halten, sollen Sie das besser jetzt gleich feststellen.

Es ist leicht, von dem Wirbelsturm-Stil der Werbung eines solchen Mannes weggefegt zu werden, aber das dürfen Sie nicht zulassen. Wenn es wahre Liebe ist, wird es später noch viel mehr Romantik geben – für den Rest Ihres Lebens natürlich.

Stellen Sie sicher, daß Sie einen Fuß auf seiner Bremse haben und den anderen auf Ihrer.

5. Er wirkt verletzlich und benimmt sich, als brauche er die Beziehung mehr als Sie.

Ihre typische Reaktion:
Er scheint so bedürftig, daß er Ihnen fast leid tut; Sie haben den Eindruck, daß er Ihnen so vertraut wie wenigen Menschen. Sie schätzen sein Vertrauen. Seine Bereitwilligkeit, seine Verletzlichkeit offen zu zeigen, gibt Ihnen die Sicherheit, auch Ihre zu zeigen.

Sein Verhalten:
Er *ist* verletzlich und bedürftig. Wenn er ein echter Bindungsscheuer ist, verbringt er so viel von seiner Zeit damit, Distanz zu schaffen und wegzulaufen, daß er selten hinter seinem Schutzwall hervorkommt. Aber ganz am Anfang einer Beziehung, bevor die Frau eine Bindung von ihm verlangt, fühlt er sich sicher, und alle seine emotionellen Bedürfnisse sprudeln aus ihm heraus.

Die vernünftige Reaktion:
Man muß wissen, daß seine Verletzlichkeit täuscht und daß seine Bereitwilligkeit, sie so schnell zur Schau zu stellen, verdächtig ist. Suchen Sie nach den Tatsachen hinter seinen Gefühlen. Wenn seine Version seines Lebens zu einseitig zu seinen Gunsten scheint, dann seien Sie vorsichtig. Seine »Sensibilität« für

seine Probleme bedeutet nicht, daß er sensibel für Ihre sein wird. Egal ob er Ihnen leid tut oder nicht, vertrauen Sie nicht darauf, daß er bei Ihnen ebenso einfühlsam ist. Gerade in einem so frühen Stadium der Beziehung müssen Sie besonderen Wert darauf legen, sich selbst zu schützen. Wenn er Ihr Vertrauen nicht verdient hat, dann schenken Sie es ihm auch nicht. Noch wichtiger: Lassen Sie sich von seinen emotionalen Bedürfnissen nicht so vereinnahmen, daß Sie ein Muster des Ungleichgewichts in der Beziehung einreißen lassen (indem Sie sich zum Beispiel so verhalten, als sei grundsätzlich er der mit den Problemen und Sie immer diejenige, die sich darüber Sorgen macht). Übernehmen Sie keine Verantwortung für sein emotionelles Wohlbefinden. Lassen Sie sich da nicht so schnell hineinziehen. Und bedauern Sie ihn nicht.

6. Er gibt zu verstehen, entweder durch Worte oder Taten, daß er eine ernsthafte, monogame Beziehung sucht, nicht nur eine oberflächliche Affäre.

Ihre typische Reaktion:
Sie sind glücklich, jemanden kennenzulernen, der solch ein festes Werte-System zu haben scheint. Nach allem, was er sagt, scheint es richtig, zu glauben, daß er, wenn er erst einmal die richtige Frau trifft, bereit ist, eine ernsthafte Bindung einzugehen. Und nach dem, wie er Sie ansieht, scheint es ebenfalls richtig, anzunehmen, daß Sie diese Frau sein könnten, wenn Sie nicht etwas Falsches tun.

Sein Verhalten:
Er versucht nicht, Sie auszutricksen. Er meint wirklich, was er sagt. Wenn er ein Bindungsscheuer ist, hat er wahrscheinlich nie eine *gute* Beziehung gehabt, deshalb will er ja so dringend eine. Aber das heißt nicht, daß er fähig ist, so eine Beziehung zu entwickeln. Wieder einmal drückt er ein Phantasie-Bedürfnis aus. Wenn er davon spricht, eine feste Beziehung zu wollen, spricht er im allgemeinen, nicht im besonderen. Wenn er so spricht, macht er keine Versprechungen. Es kommt ihm nicht in den Sinn, daß jemand von ihm erwarten könnte, sofort entsprechend seinen Worten zu handeln. Er

stellt sich vielmehr vor, diese Beziehung vielleicht im kommenden Jahr zu haben – oder irgendwann einmal, eben »mehr so grundsätzlich«.

Aber obwohl er all die Verpflichtungen, die mit einer Bindung einhergehen, nicht will, wünscht er sich doch, all die positiven Dinge haben zu können, die das Zusammensein bringt, und nicht das Geringste davon ist das Gefühl, daß die Frau da ist, wenn er es braucht, wann immer ihm danach ist.

Die vernünftige Reaktion:
Denken Sie daran, daß er nicht so denkt wie Sie. Bevor Sie die Art Dinge sagen, die er von sich gibt, würden Sie Ihre Worte sehr sorgfältig abwägen. Setzen Sie nicht voraus, daß er dasselbe tut.

Lassen Sie sich von seinen Worten nicht ermutigen, an eine Familie und einen Ehemann und die weitere Zukunft zu denken. Seien Sie nicht so erpicht darauf, an seine Aufrichtigkeit zu glauben, daß Sie sich hinreißen lassen. Denken Sie darüber nach! Ein Mann, der wirklich an einer Bindung interessiert ist, würde wahrscheinlich nicht so bald anfangen, davon zu reden, und wenn er es täte, dann im besonderen und nicht im allgemeinen.

Wenn er traditionelle Werte hervorhebt, setzen Sie nicht voraus, daß er besonderen Wert auf eine Frau legen wird, die alle Qualitäten einer perfekten Partnerin hat. *Am wichtigsten:* Versuchen Sie nicht, die perfekte Frau/Gattin-Mutter-Figur zu werden, in dem Bemühen, ihn zu überzeugen, daß Sie genau die Frau sind, nach der er sucht.

Dies ist der Zeitpunkt, an dem Sie sich daran erinnern müssen, daß Sie eine kluge, unabhängige, emotional gefestigte Frau sind, die ihr eigenes Gefühl für Identität bewahren sollte. Denken Sie objektiv darüber nach, was Sie von einer langfristigen, verpflichtenden Beziehung wirklich erwarten. Sind Sie sicher, daß dieser Mann das garantieren kann, selbst wenn er es wollte? Mit anderen Worten: Paßt er wirklich zu Ihnen, oder übersehen Sie eine Menge aufgrund seines starken Interesses an Ihnen?

7. Er überschlägt sich förmlich, um mit Ihnen zusammenzusein und etwas für Sie zu tun, er ändert seine Pläne, überwindet, wenn nötig, große Entfernungen usw.

Ihre typische Reaktion:
Toll! Um Ihnen zu gefallen, ist ihm nichts zuviel. Wenn er 100 km weit her- und wieder zurückfahren muß, um Sie jeden Abend zu sehen, so ist das kein Problem. Ihre Küchendecke muß gestrichen werden – kein Problem. Es scheint Ihnen ganz offensichtlich, daß er sich um die Rolle des perfekten Ehemanns bewirbt, und er macht einen beinahe perfekten Eindruck dabei.

Sein Verhalten:
In dieser Zeit ist er besessener, ist auf der Jagd, sein Adrenalinspiegel steigt, und nichts ist ihm zuviel. Das ist teilweise Manipulation, teilweise liegt es an den Hormonen. Er ist wirklich erregt und geht in der Beziehung auf, aber er denkt dabei nur an heute. Er verschwendet keinen Gedanken daran, wie das interpretiert werden kann oder ob man von ihm erwarten wird, daß er sich weiter so verhält.

Die vernünftige Reaktion:
Sie sollten ihn sich näher anschauen. Benimmt er sich so seinen Eltern gegenüber? Benimmt er sich so seinen Freunden gegenüber? Reißt er sich ganz allgemein für andere Leute ein Bein aus? Ist sein Verhalten eine Reflexion seines Charakters, oder handelt es sich nur um etwas, was er jetzt tut, weil er »zum Abschluß kommen« will? Machen Sie sich klar, daß viele Männer, die einen gesunden Sinn für Prioritäten haben, nicht gewillt sind, in einem so frühen Stadium der Beziehung alles für eine Frau liegen- und stehenzulassen. Wenn das nach sechs Monaten geschieht, ist das eine andere Sache, aber ganz am Anfang kann es ein weiterer Beweis für die wenig realistische Grundlage seiner Werbung sein.

Sicher, lassen Sie ihn Ihre Wohnung streichen und übertriebene Entfernungen zurücklegen, nur um Ihr Antlitz zu erblikken – wenn ihm der Sinn danach steht. Aber setzen Sie nicht voraus, daß dadurch eine Beziehung begründet wird, in der er sich wie ein Ehemann benimmt.

Wichtiger ist, daß Sie nicht anfangen, sich wie eine Ehefrau zu benehmen, weil Sie annehmen, daß er das von Ihnen erwartet. Fangen Sie nicht an, sich darin zu überschlagen, besonders »frauliche« Dinge zu tun.

Und wenn Sie noch nicht mit ihm geschlafen haben, tun Sie es keinesfalls, nur weil er Ihre Garage aufgeräumt, Ihr Auto repariert oder Ihren Hund gewaschen hat.

8. Er ruft dauernd an, oft »nur um hallo zu sagen« oder »nur um deine Stimme zu hören«.

Ihre typische Reaktion:
Er scheint immer wissen zu müssen, daß Sie für ihn da sind. Das führt dazu, daß Sie dasein wollen, und das wiederum veranlaßt Sie dazu, besondere Anstrengungen zu unternehmen, um sicherzustellen, daß er Sie stets erreichen kann. Nach allem, so sagen Sie sich selbst, weiß ich, daß er auch für mich da sein will. Seine »Bedürftigkeit« ermutigt Sie zu glauben, daß er ebenso für Sie da wäre, wenn Sie ihn bräuchten.

Sein Verhalten:
Er denkt wirklich die ganze Zeit an Sie, wenn auch unrealistisch, und er ruft Sie an, wenn er an Sie denkt. In diesem Stadium will er wissen, daß Sie für ihn da sind. Es kommt ihm nicht in den Sinn, daß Sie das so interpretieren könnten, daß Sie auch auf ihn zählen können.

Die vernünftige Reaktion:
Pawlow benutzte zum Abrichten von Tieren eine kleine Glokke; diese Männer haben dafür Telefone. Keine Frau fühlt sich je so unabhängig vom Klingeln bzw. Nichtklingeln des Telefons wie ein Mann. Nachdem Sie also wissen, daß dies ein Gebiet ist, auf dem Frauen leicht manipuliert werden können, sollten Sie konsequenterweise alles tun, um ihn davon abzuhalten, Sie mit dem Telefon »abzurichten«.

Lassen Sie nicht die Gewohnheit einreißen, wegen seiner Anrufe alles stehen- und liegenzulassen – wenn Sie seinen Anruf verpassen und er nicht wieder anruft, wäre das irgendwann auf jeden Fall passiert. Hinterlassen Sie nicht ständig Nachrichten für ihn, die ihm sagen, wo Sie sich befinden. Machen Sie sich keine Sorgen, ob er sich unsicher fühlen könnte, wenn er Sie nicht zu Hause erreicht. Telefonieren Sie mit ihm bei der Arbeit nicht länger als mit jedem anderen Bekannten. Versäumen Sie Ihre Lieblingssendung im Fernsehen nicht und lassen Sie nicht Ihre Wäsche in der Maschine, nur weil Sie ihm nicht sagen wollen, daß Sie beschäftigt sind.

Und das Wichtigste: Denken Sie nicht – auch wenn er Sie fünfmal am Tag anruft –, daß das bedeutet, daß er »für immer« ihr Gesprächspartner sein will.

9. Er läßt sich offen auf »Zukunftsgespräche« ein, indem er Dinge plant, die Sie beide zusammen machen wollen. Er spricht vielleicht sogar von Ihnen beiden als »wir«.

Ihre typische Reaktion:
Es ist wirklich toll, einen Mann kennenzulernen, der keine Angst zu haben scheint, Pläne für die Zukunft zu schmieden. Sie bekommen das Gefühl, daß er das macht, weil er will, daß Sie sich in der Beziehung genauso sicher fühlen, wie er es gerne tun würde. Eine typische Reaktion: »Er sagte mir gleich, wie gut mir bestimmt das Strandhaus seiner Familie gefallen würde. Das ließ mich meinen, daß er plante, daß wir lange Zeit zusammen sein würden... Ich glaube, ich begann damit zu rechnen.«

Sein Verhalten:
Sein Konzept von der Zukunft unterscheidet sich von Ihrem. Zu diesem Zeitpunkt denkt er an all die »idealen« Augenblicke, die er gerne mit Ihnen verbringen würde, ohne an all die dazwischenliegenden Stunden zu denken – also das Alltagsleben –, das man auch meistern muß, um all diese besonderen Stunden zu haben. Er kommt nicht auf die Idee, daß er irgend etwas damit verspricht, und wäre schockiert, wenn Sie versuchen würden, ihn zu einem späteren Zeitpunkt auf das festzulegen, was er gesagt hat. Auch hier gibt es ein Element der Manipulation. Er weiß, daß eine Frau auf solche Gespräche positiv reagiert und daß sie denken wird, daß sein Interesse an ihr ernst gemeint ist. Auch wenn es eine abgekartete Sache ist, glaubt er im

Geist, daß er es ernst meint, und er nimmt den Widerspruch nicht wahr.

Die vernünftige Reaktion:
Lassen Sie sich von seinen Gesprächen über die Zukunft nicht zu der Annahme verführen, daß Sie sich in einer langfristigen, stabilen Beziehung befänden. Fangen Sie nicht an, sich wie das Muster einer Ehefrau zu benehmen und seine Fehler zu übersehen, nur wegen einer gelegentlichen Anspielung auf die Zukunft. Fangen Sie nicht an, Abendgesellschaften mit ihm zu planen.

Weil seine Anspielungen auf die Zukunft Sie glauben machen, daß er versucht, Ihnen ein Gefühl der Sicherheit zu geben, kommt die Neigung auf, noch mehr Zeit zu opfern, damit er sich in der Beziehung sicher oder behaglich fühlt. Das ist ein großer Fehler. Sein »wir« bedeutet nicht das, was Ihr »wir« bedeutet.

Denken Sie nicht daran, ihn in Ihre Freizeit- oder Ferienpläne einzubeziehen, bevor er Sie nicht wirklich in seine einbezieht. Fangen Sie nicht an, Ihr Leben für ihn zu ändern. Falls jemals, ist jetzt der Zeitpunkt, Ihre Unabhängigkeit und Ihr Eigenleben zu bewahren.

Sobald er Sie in alle Aspekte seines Lebens einführt, können Sie dasselbe ihm gegenüber tun – nicht vorher. Wenn Sie seine Familie kennenlernen, dann kann er Ihre kennenlernen usw.

10. Er benimmt sich, als wären Sie das Wichtigste in seinem Leben.

Ihre typische Reaktion:
Sie machen *ihn* zum Wichtigsten in Ihrem Leben, und wenn Sie »das Wichtigste« denken, dann meinen Sie es auch so. Er kommt an erster Stelle – so einfach ist das.

Sein Verhalten:
Er denkt nicht über Ausdrücke wie *»das Wichtigste«* nach. Er handelt einfach impulsiv, ohne daran zu denken, was seine Handlungen bedeuten oder wie sie interpretiert werden.

Die vernünftige Reaktion:
Sie sollten die Nummer eins in *Ihrem* Leben sein. Wichtig sind auch noch Ihre Familie, Ihre Kinder (falls Sie welche haben), Ihre Freunde, Ihre Arbeit, Ihre Katze, Ihr Hund und all die anderen Dinge und Menschen in Ihrem Leben, die diesen Status verdient haben.

In diesem Stadium der Beziehung sollten Sie ihn nicht wichtiger nehmen als sonst jemanden – und lassen Sie ihn nie wichtiger werden als Sie selbst!

11. Er scheint empfänglich für Frauenprobleme und putzt andere Männer herunter, die Frauen gegenüber gedankenlos und unfreundlich sind.

Ihre typische Reaktion:
Sie sind wirklich beeindruckt! Er scheint so empfindsam, scheint ein wirkliches Gespür zu haben. Man denkt leicht, daß er nie fahrlässig gedankenlos oder unfreundlich zu Frauen sein kann. Er wirkt so abschätzig gegenüber Männern, die sich anders verhalten, daß Sie sicher sind, daß er sich nie so benehmen wird.

Sein Verhalten:
Das ist fast eine Methode, durch die er sich besser in bezug auf sich selbst fühlt.

Er weiß bis zu einem bestimmten Grad, daß er Sie betrügt, und er muß sich und Ihnen immer wieder versichern, daß er nicht so schlimm wie andere Männer ist. Er glaubt wirklich, er habe Verständnis für die Bedürfnisse von Frauen, und er glaubt nicht, daß er Sie nur für Sex benutzt. Kurz gesagt, er will glauben, daß er ein guter Kerl ist.

Die vernünftige Reaktion:
Ein Mann, der in der Vergangenheit Frauen verletzt hat, steht dem empfindlich und abwehrend gegenüber. Er ist geschickt darin, immer mehr Verurteilenswertes am Verhalten anderer Männer zu entdecken als ein x-beliebiger Trampel von Ehemann, für den diese Probleme gar nicht existieren.

Ziehen Sie die Möglichkeit in Betracht, daß das, was er sagt, eine Projektion seinerseits sein kann und daß seine »Sensibilität« Frauenproblemen gegenüber vielleicht lediglich ein Mittel ist, um seine eigene dornenvolle Vergangenheit und seine fragwürdigen Absichten zu verbergen.

12. Er tut alles, was er kann, um Sie zu überzeugen, ihm zu vertrauen – und schließlich tun Sie es.

Ihre typische Reaktion:
Wie könnten Sie ihm nicht vertrauen? Er sagt alles, was Sie hören wollen. Auch ist es ganz offensichtlich, daß er Ihnen vertraut.

Wenn Sie davon reden, ihm zu vertrauen, meinen Sie langfristiges, dauerndes Vertrauen, das Vertrauen eines besten Freundes oder eines/einer Geliebten. Es kommt Ihnen nicht in den Sinn, daß er etwas ganz anderes meinen könnte.

Sein Verhalten:
Seine Vorstellung von Vertrauen ist wahrscheinlich anders als Ihre. Was viele Männer meinen, wenn sie sagen, Frauen könnten ihnen vertrauen, ist, daß sie Frauen nicht nur für den Sex »brauchen«. (Diese Definition scheint so an Studententage zu erinnern, daß sie der Mehrzahl der Frauen gar nicht in den Sinn kommt.)

Die vernünftige Reaktion:
Stellen Sie sicher, daß Sie beide die gleiche Sprache sprechen und bitten Sie ihn, seine Begriffe zu erläutern. Vertrauen hat für ihn häufig eine deutlich vorübergehende Bedeutung. Wenn er von Vertrauen spricht, meint er damit zwei Wochen oder für immer?

Vertrauen Sie, bis Sie in der Beziehung fortgeschritten sind, sich selbst, vertrauen Sie Ihren Instinkten und halten Sie diese Art von speziellem Vertrauen zurück, bis er es wirklich verdient hat.

13. Er überzeugt Sie, eine Bindung mit ihm einzugehen (emotional und/oder sexuell).

Ihre typische Reaktion:
In Ordnung, er hat Sie für sich gewonnen. Falls Sex das Thema ist, sind Sie bereit, das zu akzeptieren. Wenn Exklusivität das ist, was er will, sind Sie ganz die Seine. Wenn er mit Ihnen zusammenziehen, sich verloben oder Sie heiraten will, Sie tun es. Ihr letztes bißchen Widerstand ist dahingeschmolzen, und Sie sind zu jeder Art von Bindung, die er will, bereit.

Sie haben einigermaßen sorgfältig darüber nachgedacht, und Sie wissen, was Sie tun. Sie wissen, was eine Bindung bedeutet, und Sie wissen, was es heißt, ein anderes menschliches Wesen zu akzeptieren und an einer Beziehung zu arbeiten. Sie denken, er habe sich darüber dieselben Gedanken gemacht wie Sie. Mit anderen Worten, Sie meinen, daß er wie Sie denkt und das weiß, was Sie wissen.

Sie sind erfreut, weil Sie denken, daß er jetzt entspannen kann und daß Sie entspannen können. Sie machen weiter mit dem, was er will, und setzen voraus, daß das der Anfang des besten Teils Ihrer Beziehung ist. Es kommt Ihnen nicht in den Sinn, daß dies der Anfang vom Ende sein könnte.

Sein Verhalten:
Seine Träume haben sich erfüllt. Nun muß er sich mit der Wirklichkeit auseinandersetzen. Er hat keine Ahnung von der Wichtigkeit, die Sie der Bindung beimessen, die Sie mit ihm eingehen. Dennoch konnte er nicht ruhen, bis er das Gefühl hatte, von Ihrer Seite aus sei es eine feste Sache. Jetzt, da er die Bindung hat, weiß er nicht, was er damit anfangen soll. Für einen flüchtigen Moment wird er sich wirklich gut fühlen. Dann wird ihm dämmern, was er getan hat. Sofern er nicht wirklich allen Ernstes zur Fortsetzung der Beziehung entschlossen ist, wird er jetzt anfangen zu wünschen, aussteigen zu können.

Die vernünftige Reaktion:
Dies ist ein sehr kniffliger Augenblick in der Beziehung. Wenn er nicht irgendwelche Anzeichen dafür zeigt, daß er die volle Bedeutung dessen erkennt, worum er Sie gebeten hat, stoßen Sie ihn nicht darauf.

Denn Sie müssen ihm nichts beweisen. Sie wissen, was es bedeutet, eine Bindung einzugehen. Machen Sie nicht den Fehler zu glauben, daß er seine Worte und Taten ebenso sorgfältig bedacht hat wie Sie.

Wenn Sie noch nicht mit ihm geschlafen haben, aber nahe daran sind, es zu tun, versichern Sie sich, daß der sexuelle Akt für ihn dasselbe bedeutet wie für Sie – *bevor* es geschieht.

Obwohl seine Werbung Sie möglicherweise überzeugt hat, daß Sie einen festen Platz in seinem Leben haben, fangen Sie nicht an, mit der Treue und Hingabe einer Ehefrau zu denken und zu handeln. Wenn er sagt, daß auch er bereit sei, sich zu binden, sollte er ebenso fest gebunden sein wie Sie, und Sie sollten beide genau wissen, was damit gemeint ist.

Lassen Sie sich, solange es noch irgendwelche dunklen Flekken in seinem Leben gibt, oder wegen der Art, wie er reagiert hat, auf keine entscheidenden Bindungen ein – wie Heirat oder Zusammenleben. Wenn Sie in dem Augenblick, als Sie die Bindung eingingen, von seiner Seite aus ein Zurückziehen oder Zögern verspürt haben, sollten Sie nicht weitermachen, ehe Sie absolut sicher sind, daß er weiß, was er tut und damit fertig werden kann.

Eine Bindung einzugehen, sollte zu hundert Prozent auf Gegenseitigkeit beruhen, und Sie sollten beide genau wissen, was Sie tun, mit wem Sie es tun und was es bedeutet.

Und selbst wenn er all diese Anforderungen erfüllt und Sie bereit sind, mit der Lektüre dieses Buches an dieser Stelle aufzuhören, denken Sie daran: Bewahren Sie stets Ihre Unabhängigkeit, einen Sinn für Ihr eigenes Selbst und ein gesundes Interesse an Ihren eigenen Bedürfnissen.

9. KAPITEL

Das mittlere Stadium einer bindungsphobischen Beziehung

Das mittlere Stadium

Das mittlere Stadium beginnt, wenn der Bindungsscheue aus seinem »Hier-und-heute«-Traum erwacht und erkennt, daß Sie ihn nicht nur haben wollen, sondern diesbezüglich wahrscheinlich langfristig denken.

Während des Anfangsstadiums war er völlig damit beschäftigt, die Frau zu überzeugen, daß er ihre Bejahung, ihre Aufmerksamkeit, ja auch ihre Seele verdiente. Nun hat er »das Geschäft abgeschlossen« und denkt darüber nach, was das überhaupt bedeutet. Er weiß, man will ihn. Er ist sich dieses Gefühls sicher. Unglücklicherweise bedeutet für ihn dieses Sich-sicher-Fühlen, sich in der Falle zu fühlen; und sich in der Falle zu fühlen, heißt Angst zu empfinden, wenn nicht sogar geradezu von Panik ergriffen zu werden.

Mit anderen Worten, daß die Frau ihn akzeptiert, hat die Beziehung auf eine andere Ebene gehoben. Wo er sich einst unsicher und ungeschützt fühlte, fühlt er sich nun geborgen und sicher – tatsächlich sicher genug, um anzufangen, sie abzuschätzen und sich zu fragen, ob *er* diese Beziehung auf Dauer will oder nicht. Aber die Aussicht der Dauer ist erschreckend, und plötzlich ist er unsicher, ob er damit fertig werden kann oder nicht.

Mit dem allem im Sinn, fängt er an, die Beziehung nach hinten statt nach vorne voranzutreiben, wobei er eine oder beide der folgenden Methoden verwendet:

– *Grenzen ziehen*: Nichts kann das Wachsen einer Beziehung mehr ersticken als künstliche Grenzen, und der Bindungsscheue weiß das. Sie verhindern nicht nur das Wachsen, sondern sie machen die Frau verrückt. Was manche Männer tun, ist, der Frau beizubringen – egal wie lange oder wie eng sie miteinander verbunden sind –, daß sie nicht in seine Planungen für wichtige Feiertage, Ferien, Familienfeste usw. eingeschlossen ist. Andere übermitteln ihre Signale, indem sie die Menge der Zeit begrenzen, die sie jeweils am Stück mit der Frau verbringen.

– *Fehlersuche*: Anstatt die Beziehung zu genießen und die Liebe wachsen zu lassen, fängt er an, daran und an ihr herumzunörgeln. Wo er einst die Frau glorifizierte, übertreibt er nun jeden ihre kleinen Fehler und jedes Problem. Er fängt vielleicht mit den Problemen an, die gelöst werden können – etwa ihre derzeitige Wohnsituation oder ihre gegenwärtigen wirtschaftlichen Verhältnisse. Schließlich aber konzentriert er sich am meisten auf die Dinge an ihr, die man nicht ändern kann.

Es versteht sich von selbst, daß, wenn die Beziehung das Stadium des Grenzenziehens oder der Fehlersuche erreicht hat, der Grund dafür ist, daß er sich angebunden fühlt. Er mag die Frau, fühlt sich von ihr angezogen und liebt sie wahrscheinlich, so gut er es eben kann. Tatsächlich stürzt ihn der Gedanke, sie zu verlieren, in völlige Verzweiflung. Aber wenn er fühlt, wie sich die Möglichkeit einer Bindung immer deutlicher abzeichnet, fängt der Bindungsscheue häufig an, die Frau dafür verantwortlich zu machen, daß sie all diese intensiven Gefühle in ihm wachruft.

Schließlich steckt er in einem totalen Konflikt und fängt an, diese Gefühle zu testen. Er macht weiter und erlebt absolute Angst, deshalb zieht er sich zurück. Die ersten paarmal, wenn er sich zurückzieht, empfindet er *etwas* Erleichterung dabei, Abstand von der Situation zu gewinnen, die ihm Angst einflößte, aber sein vorherrschendes Gefühl ist, daß er die Frau vermißt. Deshalb nähert er sich ihr wieder. Aber jedesmal, wenn er ihr näherkommt, wachsen die Erwartungen der Frau bezüglich einer Bindung. Dies wissend, wächst sein Entsetzen. Er weiß, wenn nicht ein Wunder geschieht, wird er wahrscheinlich nie imstande sein, eine Bindung einzugehen, aber er will sicherstellen, daß er die Beziehung nicht aufgeben muß, bevor er dazu bereit ist. So zieht er sich immer mehr zurück. Schließlich ist sein Gefühl der Erleichterung größer als sein Gefühl eines Verlustes.

In seinem Kopf verdrängt seine bindungsbedingte Panik häufig jede Loyalität oder jedes Gefühl von Fairneß für die Frau. Er mag erkennen, daß er sie ermutigt hat, mehr zu erwarten, aber er neigt dazu, das zu übersehen. Im Grunde meint er, daß sie versucht, ihn in die Falle zu locken, und so sehr er sie auch genießen, gern haben oder sogar lieben mag, er fühlt sich wie ein gejagtes Tier. Ihn treibt das Bedürfnis wegzukommen.

Sie, die Frau, haben zu diesem Zeitpunkt eine völlig andere Gedankenwelt. Wenn das mittlere Stadium beginnt, sind Sie Hals über Kopf verliebt... endlich. Während er all Ihre Fehler übertreibt, sind Sie damit beschäftigt, all seine herunterzuspielen. Ein typisches Beispiel: »Er ist nicht so klug, wie ich ihn gern hätte, er ist ein bißchen zu dick, er hat ein bißchen wenig Haare, er ist sicher nicht so reich wie Fred, aber er liebt mich – und das ist mehr wert als alles andere zusammengenommen.«

Dies markiert einen wichtigen Wechsel in der Machtstruktur der Beziehung. Sie haben aufgehört zu zweifeln, und deshalb hat er angefangen zu zweifeln. Sie glauben, es mache ihn sicher, daß Sie ihn völlig akzeptieren. Aber nein – es bewirkt, daß er sich in der Falle fühlt.

Ob Sie gerade jetzt langfristig denken oder nicht: In der einen oder anderen Weise hoffen Sie jedenfalls, daß es klappen wird, und Sie tun bestimmt alles, wovon Sie glauben, daß es der Beziehung nützen wird, dieses Ziel zu erreichen.

Jede Frau, die dieses Stadium erreicht, hat ein Hauptproblem: Sie verhält sich immer noch so, als ob der Bindungsscheue um sie werben würde. Sie war auf keine Veränderung in seiner Einstellung gefaßt. Sie hat all die Dinge abgeschätzt, die er tat, damit sie sich sicher und glücklich fühlte. Sie setzt voraus, daß er diese Dinge weiterhin tun wird, und sie benimmt sich, als täte er sie – selbst wenn er damit aufgehört hat.

Selbst wenn er sich völlig destruktiv verhält, besteht auf seiten vieler Frauen die Tendenz, zu erwarten, daß die Gefühle, die er im Anfangsstadium ausdrückte, wiederaufleben und alles wieder in Ordnung kommt. Egal wie destruktiv, verletzend, ablehnend oder geradezu gemein der Bindungsscheue wird, wenn er darum kämpft, sich selbst – und sie – zu überzeugen, daß er nicht in der Falle sitzt, glauben viele Frauen einfach nicht, was geschieht.

Die erste Reaktion einer Frau ist, ihren Kummer in nichtdrohenden Worten auszudrücken. Alles in allem denkt sie nicht, daß etwas nicht in Ordnung ist, und ist sicher, daß das Problem geklärt wird, wenn sie ausdrückt, was sie fühlt, und dann alles wieder normal werden wird. Wenn die Zeit vergeht und seine negative Einstellung stärker wird, wächst ihre Unzufriedenheit, und sie spricht sie aus. Die Streitereien werden hitziger. Sie meint, daß sie versucht, die Dinge zu entwirren; er dagegen hat den Eindruck, daß sie ihn bedrängt, bis es unerträglich wird.

Der Bindungsscheue hilft der Frau nicht, mit der Realität fertig zu werden; statt dessen gibt er ihr, egal wie klar sich die Beziehung seinem Verstand auch darstellt, typischerweise sich widersprechende Signale, die sie völlig verwirren. So kann er sie zum Beispiel, auch wenn er schon angefangen hat, sich mit einer anderen Frau zu treffen, weiterhin regelmäßig anrufen und ihr Entschuldigungen vorsetzen, die sie vielleicht akzeptiert – wie Überstunden, familiäre Probleme oder Müdigkeit.

Man mag es glauben oder nicht, aber er denkt, daß diese Botschaften eindeutig sind. Er meint zum Beispiel, wenn er Grenzen zieht oder sich zurückzieht, daß er damit klarstellt, daß er sich nicht an sie binden wird. Wenn er weiterhin sagt, daß er sie liebt und sie nicht verlieren will, denkt er, daß er damit nur seinen Konflikt zum Ausdruck bringt. Das Problem ist, daß die Frau nicht weiß, welcher Botschaft sie glauben soll. So glaubt sie die, die sie glauben will. Sie tut auch, was sie kann, um ihn zu überzeugen, daß die Bindung der richtige Weg ist.

Weil die Frau so angelegt ist, daß sie sich auf eine bestimmte Weise verhält, neigt sie dazu, in ein weibliches Verhalten zurückzufallen – fast, als müsse sie ihm beweisen, daß sie »gut für ihn« ist. Sie toleriert mehr und sie entschuldigt mehr. Kurz gesagt, sie versucht, mehr zu lieben. Aber jedesmal, wenn sie das tut, fühlt er, wie sich die Schlinge um ihn enger zusammenzieht. Warum? Weil, egal was er sagt, er diese weiblichen Qualitäten mehr fürchtet als schätzt.

Im mittleren Stadium ist das Schlüsselwort des Bindungsscheuen *Konflikt*. Das der Frau ist *Verwirrung*. Sie weiß nicht, was vorgeht, und in der Mehrzahl der Fälle bewertet sie sein Verhalten nicht richtig. Sie vertraut auf das Band zwischen ihnen und denkt, daß Liebe alles überwindet.

Im mittleren Stadium verfügt die Frau über emotionellen Einfluß, der auf der Tatsache beruht, daß der Mann stark von ihr angezogen ist und eine beträchtliche Zuneigung für sie entwickelt hat. Obwohl er sich in einem Konflikt befindet, überwiegt das Negative nicht das Positive... jetzt noch nicht. Eher ist das Gegenteil der Fall. Wenn eine kluge Frau diese Beziehung will und denkt, der Mann sei die Mühe wert, muß sie diesen Einfluß nutzen, um die Beziehung ins Anfangsstadium zurückzuführen, damit sie neu gestaltet werden kann, so daß sie gesund, gegenseitige Unabhängigkeit bietend, Raum lassend und nicht bedrohlich ist. Wenn Sie bei einem Bindungsscheuen Erfolg haben wollen, müssen Sie dahin zurückkommen, wo Sie am Anfang waren, als er noch nicht so wichtig für sie war und als sie auch ohne ihn glücklich waren und sich nicht langweilten.

Und sagen Sie nicht, eine Beziehung müsse sich stets weiterentwickeln. Stellen Sie sie sich lieber wie eine kränkelnde Pflanze vor: Wenn Sie wollen, daß sie jemals wieder wächst, müssen Sie sie zurückschneiden und sie in andere Erde setzen. Wenn Sie nur damit fortfahren, sie zu gießen, wird sie eingehen.

Das typische Muster

1. Er scheint sich zurückzuziehen, als ob ihn etwas ängstigen würde. Er ruft vielleicht nicht mehr so oft an, ist nicht mehr so aufmerksam usw.

Ihre typische Reaktion:
Inzwischen sind Sie, vereinfacht gesagt, verrückt nach ihm. Sie haben nicht die leiseste Ahnung, daß sein Konflikt anfängt sich zu zeigen. Soweit es Sie betrifft, mag er Sie noch ebenso wie am Anfang. Eher würden Sie erwarten, daß er noch intensiver für Sie empfindet, als Sie es in der Tat für ihn tun.

Ohne eine Ahnung, daß es einen Umschwung in seiner Einstellung gegeben hat, benehmen Sie sich weiterhin, als ob er der Mann sei, der mehr als alles andere Ihre Liebe und Zuneigung zu brauchen scheint. Sie sind so damit beschäftigt, ihm all die Wärme und Sicherheit zu geben, die er zu wollen scheint, daß Sie die ersten Hinweise, daß er sich zurückzieht, nicht richtig erkennen oder bewerten.

Wenn Sie fühlen, daß da Probleme sind, legen Sie das dann falsch aus und unternehmen alles, um ihm ein noch stärkeres

Gefühl von Sicherheit zu vermitteln – womit sie lediglich seine Bindungsängste verstärken.

Sein Verhalten:
Fast genau im gleichen Moment, in dem er Sie für sich gewinnt, fängt er an, sich durch die Vorstellung von etwas Dauerhaftem in der Falle zu fühlen. Die möglichen Folgen erschrecken ihn. Er empfindet das erste Grollen der Bindungsangst, und es gefällt ihm nicht. Er weiß, er hat Sie ermutigt, mehr zu erwarten, aber plötzlich ist er nicht mehr sicher, ob er mehr geben will – oder ob er es kann. Die Enge der Beziehung schließt sich um ihn, sein Problem taucht auf, und irgend etwas sagt ihm, daß er den Rückzug antreten soll. Anstatt sich darüber zu sorgen, wie er Sie gewinnen kann, fällt ihm jetzt ein, daß er eines Tages von Ihnen wegwollen könnte. Er erkennt, daß diese Gedanken jedem seltsam erscheinen würden, der gesehen hat, wie intensiv er um Sie warb. Deshalb fängt er fast unbewußt an, Sie dahin zu bringen, weniger zu erwarten, als er ursprünglich versprach. Er baut das notwendige Fundament, falls er einen völligen Rückzieher machen will.

Die vernünftige Reaktion:
Nehmen Sie den ersten Hinweis, daß er sich zurückzieht, als ein Zeichen, daß etwas ernstlich nicht stimmen könnte. Obwohl Ihnen Ihr erster Instinkt empfiehlt näherzurücken, ist die angemessene Reaktion abzurücken. Sie müssen wissen, daß Ihre Bestätigung und Hingabe sein Problem nicht lindern werden. Ganz im Gegenteil, sie können das Problem verursachen. Deshalb sollten Sie nicht daran arbeiten, besonders hingebungsvoll, liebevoll, aufmerksam usw. zu sein. Das ist die falsche Reaktion.

Statt dessen sollten Sie sich ein Bild davon machen, was hier tatsächlich abläuft, und nicht versuchen, sich selbst etwas vorzumachen. Machen Sie sich klar, daß Sie vielleicht mit einem Mann zusammen sind, der zuviel Nähe als Falle betrachtet. Sie können versuchen, sich selbst zurückzuziehen, um zu sehen, was passiert. Wenn Sie sich jedoch distanzieren und er mit Eifersucht reagiert, sollten Sie dies als das nehmen, was es ist. Es bedeutet nicht notwendigerweise, daß er langfristige Pläne für Sie beide hegt.

Wenn Sie glauben, er ist der Mühe wert, könnten Sie versuchen, ihn durch Ihre Taten, nicht durch Ihre Worte, wissen zu lassen, daß er von Ihnen nicht erstickt wird, auch wenn er Sie liebt.

Planen Sie mehr selbständige Aktivitäten. Keine Aktivitäten, um ihn eifersüchtig zu machen, nur Sachen, die Sie aus dem Haus bringen und klarmachen, daß Sie Ihr eigenes Leben haben, das Sie nicht aufgeben wollen.

Egal was Sie tun, klammern Sie sich nicht an ihn. Und egal was Sie tun, planen Sie Ihr Leben nicht so, daß es sich nur um ihn dreht.

2. Wo seine Absichten einst klar waren, sind seine Worte und Taten jetzt voll einander widersprechender Signale.

Ihre typische Reaktion:
Sie lauschen den Signalen oder Botschaften, die Sie hören wollen, und schenken den anderen nicht viel Aufmerksamkeit. Es ist nicht so, daß Sie es nicht merken, wenn es anfängt, negativ zu werden, aber Sie sind an seine positive Zuwendung so gewöhnt und so darauf geeicht, daß Sie seinen negativen Botschaften nicht das Gewicht beimessen, das sie verdienen.

Wenn Sie wie die meisten Frauen sind, gehen Sie vollkommen in der Hingabe an ihn auf, und Sie wollen die positiven Gefühle genießen. Tatsächlich bemerken Sie wahrscheinlich nur das an diesem Mann, was Sie bemerken wollen, und unterdrükken alles Negative oder streiten es vor sich ab.

In diesem Stadium denken Sie typischerweise, wie glücklich Sie doch seien, diesen wunderbaren Mann gefunden zu haben, der Sie so sehr mag. Wie könnten Sie auf die Idee kommen, daß er anfängt, bei Ihnen Fehler zu suchen?

Sein Verhalten:
Er ist wirklich verwirrt. Er mag Sie; vielleicht liebt er Sie sogar. Er schätzt es, daß er Ihnen vertrauen und sich auf Ihre Zuwendung verlassen kann. Und er will nicht weggehen. Aber er weiß, daß er möglicherweise nicht fähig ist, eine Bindung einzugehen. Er weiß auch, daß es die Beziehung zerstören wird, wenn er Ihnen das erzählt, und er will durchaus nicht, daß das

geschieht. Aber er will auch nicht, daß Sie irgend etwas erwarten. Deshalb wählt er den Weg des Weder-Noch, um Ihnen seine Gefühle zu übermitteln.

Seine widersprüchlichen Botschaften können darin ihren Ausdruck finden, daß er sich Ihnen gegenüber in unterschiedlichen Situationen unterschiedlich verhält. Zum Beispiel: Wenn Sie alleine zusammen zu Hause sind, ist er voller Leidenschaft und intimer Wärme; wenn es sich um eine Aktivität in der realen Welt draußen handelt, insbesondere eine, die andere Menschen einschließt, wendet er sich ab, fast, als wolle er leugnen, was zwischen Ihnen existiert. Um sein Verhalten zu rechtfertigen, sinnt er darüber nach, was er als Ihre Unzulänglichkeiten empfindet.

Er denkt vielleicht immer noch, Sie seien wundervoll, aber immer, wenn er an das »für immer« denkt, werden Sie ein kleines bißchen weniger wundervoll. Sein Denken verläuft etwa so: »Sicher ist sie wundervoll genug für den Augenblick, aber ist sie wundervoll genug für immer?« Deshalb fängt er an, Ihre Vorzüge und Schwächen aufzulisten. In seinem Kopf beginnt eine merkwürdige und andauernde Debatte, bei der er mit sich selbst darüber streitet, ob er nun eine Heirat mit Ihnen in Erwägung ziehen soll oder nicht.

Das Problem dabei ist, daß er, wenn er anfängt zu denken, daß Sie vielleicht »die eine« für ihn sein könnten, er diesen Gedanken in Frage stellt anstatt ihn voranzutreiben, und der Bindungsscheue in ihm fängt an, Gründe zu erfinden, warum Sie »unpassend« sein könnten oder warum es nicht klappen könnte.

Mit anderen Worten, er ist ein verwirrter Mann, der verwirrte Signale aussendet.

Die vernünftige Reaktion:
Sie müssen sicherstellen, daß Sie beide Botschaften hören. Sie dürfen nicht nur auf seine Botschaften von Liebe hören und so tun, als ob es die anderen nicht gäbe.

In Ihren Gedanken ist Zeit gleich Zeit mit ihm, sei es im Bett oder auf einer Party. Sie müssen verstehen, daß es in seinen Gedanken eine »Traum-Zeit« gibt, zu der Leidenschaft und Sex gehören, und eine »wirkliche Zeit«, zu der die Alltagsaktivitäten, wie etwa Wäschewaschen, gehören.

Selbst wenn eine Frau den Unterschied spürt, besteht die Neigung zu denken, daß Wärme und Nähe schließlich siegen werden. Durch das, was sie tut – intime Abendessen, Abende zu Hause usw. – betont sie diese Seite der Beziehung. Sie denkt, sie facht das Feuer der Liebe an, während sie in Wirklichkeit die Furcht anfacht.

Wenn all dies geschieht, kann es an der Zeit sein, die Tiefe seiner Furcht abzuschätzen. Fragen Sie ihn. Beunruhigt es ihn, eine Bindung eingehen zu müssen? Wie wäre es damit, einen zeitlichen Rahmen abzustecken, innerhalb dessen Sie beide darauf verzichten, an die Möglichkeit einer Bindung zu denken? Am Ende dieser Zeit können Sie beide die Beziehung bewerten und einander ehrlich sagen, was jeder von ihnen fühlt.

Das wichtigste ist hier, daß Sie der Zwiespältigkeit nicht erlauben, von Dauer zu werden. Wenn er grundsätzliche Ängste hat, müssen Sie beide davon wissen. So können Sie für sich entscheiden, wie groß das Risiko mit ihm ihrer Einschätzung nach ist.

Diese Erkenntnis versetzt Sie in die Lage, sich selbst zu schützen.

3. Er stellt klar, daß bestimmte wichtige Teile seines Lebens, wie z. B. Freunde, Familie oder Arbeit, »verbotenes Gebiet« sind, und er schließt Sie von einem oder mehreren davon aus. Oft hat er scheinbar plausible Gründe dafür.

Ihre typische Reaktion:
Natürlich sind Sie verletzt. Tatsächlich fühlen Sie sich wie ein unbeliebter Teenager, der von einer Clique in der Schule geschnitten wird. Aber Sie wissen nicht, was Sie dagegen tun sollen. Sie denken, Ihre Beziehung gründet sich auf Nähe und Vertrauen. Deshalb wollen Sie nicht fordern, daß er Sie einbezieht. Ein schlimmerer Gedanke aber: Sie sind sich gar nicht sicher, daß er es tun würde. Sie können nicht glauben, daß dieser Mann so grausam sein könnte. Sie verstehen es nicht. So sehen Sie sich nach jemand anderem um, dem Sie die Schuld geben können. Eine typische Reaktion: »Ich glaubte ihm, wenn er sagte, seine Familie sei unmöglich. Ich dachte, er hätte Angst vor ihr und wolle mich schützen. Ich gab ihr die Schuld. Ich konnte nicht glauben, daß er einfach nicht wollte, daß sie mich kennenlernte. Dann wurde mir klar, daß ich nie jemanden von den Leuten, mit denen er zusammenarbeitete, kennengelernt

hatte. Ich kam zu dem Schluß, daß er sich meiner schämte. Zuerst war ich verletzt, dann war ich sehr wütend.«

Sein Verhalten:
Er versucht ganz klar, Ihre Einbindung in sein Leben zu begrenzen. Er möchte nicht, daß Sie so stark in alles in seinem Leben eingebunden sind, daß es kein Entkommen mehr gibt. Er ist sich klar darüber, daß er verletzend ist – daher eher Entschuldigungen als die Wahrheit. In gewisser Hinsicht weiß er, daß dieses Verhalten Ihr Selbstbewußtsein schädigt, aber diese Einsicht überwindet nicht seine Angst bei dem Gedanken, Sie in alle Aspekte seines Lebens einzubeziehen. In gewisser Weise warnt der Bindungsscheue Sie, indem er versucht, Sie wissen zu lassen, daß stets Grenzen vorhanden sein werden, von denen er nicht will, daß Sie sie überschreiten. Er will nicht, daß Sie unrealistische Erwartungen an ihn haben.

Die vernünftige Reaktion:
Wenn Sie diesen Punkt in einer Beziehung erreicht haben, sind Sie in Nöten. Befassen Sie sich damit, bevor es schlimmer wird. Wenn er absichtlich so verletzend ist, dann sollten Sie glauben, daß er weiß, was er tut. Im Grunde gibt es keine Entschuldigung für diese sehr emotionale Grausamkeit. Spielen Sie ihm nicht in die Hände, indem Sie dieses Spiel mitmachen. Denken Sie darüber nach: Was würden Sie tun, wenn ein Freund sich Ihnen gegenüber so verhalten würde?

Ihre Reaktionen sollten dem entsprechen, was vorgeht. Aber seien Sie sich klar, daß *seine* Reaktionen nicht so sein werden, wie Sie sich das wünschen. Wenn Sie ihm sagen, daß Sie verletzt sind, besteht die Möglichkeit, daß er denkt, Sie versuchten lediglich irgendwie, ihn einzufangen. Wenn er der Mensch ist, der Ihnen Schmerz verursacht, wäre es falsch, sich ihm noch stärker zuzuwenden, um den Schmerz zu lindern.

Ihre Haltung sollte weitgehend davon abhängen, bis zu welchem Grad er Sie ausschließt. Wenn er Sie nur nach und nach seinen Bekannten vorstellt, Sie aber sehen können, daß er sich darum bemüht, ist das eine Sache. Wenn er sich jedoch wirklich verletzend verhält – Sie nicht zu Festtagsessen oder wichtigen privaten Anlässen mitnimmt oder Sie schäbig behandelt –, müssen Sie sich zurückziehen.

Achten Sie darauf, was er tut. Versuchen Sie zu verstehen und zu akzeptieren, was es wirklich bedeutet, und reagieren Sie in einer ähnlichen, aber nicht strafenden Weise. Sie sollten wissen, was Grenzen bedeuten. Versuchen Sie nicht, seine zu überschreiten – aber errichten Sie nachdrücklich ein paar eigene. Wenn er fortfährt, Sie auszuschließen, müssen Sie sich zurückziehen, vielleicht völlig. Sie können es sich nicht erlauben, so behandelt zu werden.

4. Er nimmt sich vor Ereignissen in acht, die Ihre Familie und Freunde einschließen, und vermeidet es ernsthaft, Zeit mit ihnen zu verbringen. Es ist, als ob er sicher wäre, daß dort jemand die Wahrheit über ihn weiß und daß diese nicht für ihn spricht.

Ihre typische Reaktion:
Sie wollen die guten Dinge in Ihrem Leben mit ihm teilen. Sie wollen, daß er die Leute mag, die Sie mögen, und die Leute liebt, die Sie lieben. Aber statt sich darauf zu freuen, Ihre Familie und Ihre engen Freunde kennenzulernen und mit ihnen zusammenzusein, scheint er ihnen aus dem Weg zu gehen. Bei solchen Gelegenheiten wirkt er angespannt und ganz und gar nicht so, als wenn Sie allein sind. Unter gewissen Umständen geben Sie einem Bekannten oder jemandem in Ihrer Familie die Schuld dafür, daß er sich unbehaglich fühlt; Sie kommen zu dem Schluß, daß diese Person ihn entweder nicht versteht oder auf ihn eifersüchtig ist.

Sein Verhalten:
Der Bindungsscheue fühlt sich bei solchen Anlässen entschieden unbehaglich. Wenn er mit Ihnen allein in einer abgeschlossenen vertrauten Umgebung ist, kann er sich selbst täuschen, aber wenn er bei Ihrer Familie ist, fühlt er sich wie ein Betrüger. Er glaubt, »Täuschung« sei quer über sein Gesicht geschrieben. Sie sollten wissen, daß er das Gefühl hat, diese Leute erwarteten von ihm, daß er Sie heiratet. Er hat vielleicht sogar selbst das Gefühl, daß er Sie heiraten sollte. Aber er meint, daß er eigentlich nicht hier sein sollte, solange er nicht bereit ist, eine Bindung einzugehen... und er ist eben noch nicht bereit.

Die vernünftige Reaktion:
Sehen Sie ein, daß Ihre Familie und Ihre Bekannten vielleicht einen viel besseren Einblick in die Situation haben als Sie. Sie kennen Sie seit langem, und selbst wenn Sie nicht immer mit ihnen einer Meinung sind, empfinden sie doch starke Loyalität für Sie. Fangen Sie nicht an zu denken, daß niemand ihn liebt und versteht außer Ihnen.

Lösen Sie sich nicht von Ihrer Familie und Ihrem Freundeskreis als Zeichen Ihrer Loyalität ihm gegenüber – nach dem Motto »Wir beide gegen den Rest der Welt«. Er ist nicht Romeo, und Sie sind nicht Julia.

5. Er behandelt Sie, als stünden Sie nicht mehr an erster Stelle, und hat tausend Entschuldigungen dafür.

Ihre typische Reaktion:
Sie bemerken die Veränderung nicht sofort – die Art, wie er sich am Anfang verhielt, hinterließ solch einen starken Eindruck bei Ihnen, daß Ihre Reaktionen immer noch darauf beruhen, wie er war, und nicht darauf, wie er inzwischen geworden ist.

Wenn Sie es dann bemerken, akzeptieren Sie seine Erklärungen weiter. Wenn er sagt, er hätte zuviel zu tun, nehmen Sie ihm das ab. Wenn er ständig Tausende von Dingen zu erledigen hat oder Freunde besuchen muß, denken Sie, die Beziehung gerate in das Fahrwasser des normalen Alltags, fast wie eine Ehe. Für kurze Zeit denken Sie vielleicht sogar, es sei schön, daß er Sie als selbstverständlich ansieht. Sie glauben, das bedeute, daß Sie mit ihm dasselbe machen könnten. Sie kommen auf jeden Fall nicht auf die Idee, daß seine Gefühle irgendwie anders sein könnten.

Sie glauben ihm, wenn er sagt, die Veränderung sei vorübergehend. Deshalb tut es Ihnen leid, daß er so hart arbeiten muß, Sie warten auf seine Anrufe und überraschen ihn mit einem späten Nachtessen oder verwöhnen ihn sonstwie auf besondere Weise.

Sein Verhalten:
Sie *haben* tatsächlich Ihre Vorrangstellung verloren, und er will, daß Sie das merken – aber auch wieder nicht so stark, daß

die Beziehung in Gefahr gerät. Konsequenterweise bringt er Entschuldigungen vor und hofft, daß Sie ihm mehr Raum geben, aber dieselbe bleiben.

Es kommt ihm nicht in den Sinn, daß seine Entschuldigungen Ihnen die Gründe liefern, die Sie brauchen, um sich wie eine pflichtbewußte Ehefrau zu benehmen.

Das läuft so: Er hat Sie bisher jeden Freitag, Samstag und Sonntag getroffen, aber jetzt will er Sie nur noch am Samstag sehen. Deshalb sagt er Ihnen, er habe viel zu tun, und er ruft Sie am Freitagabend und sogar am Sonntag an, vielleicht mehrere Male. Er weiß nicht so ganz genau, was er eigentlich will, das passiert, aber er weiß genau, daß er Abstand braucht, und er versucht, ein Schema aufzubauen, das ihm mehr Zeit ohne Sie läßt. Ein anderes Szenarium: Anstatt um sechs zum Abendessen zu kommen wie bisher, sucht er Entschuldigungen und taucht erst um zehn Uhr auf.

Die vernünftige Reaktion:
Glauben Sie nicht, sein Verhalten sei vorübergehend. Er ist nicht Ihr langjähriger Ehemann, der in Jahren Ihr Vertrauen ihm gegenüber aufgebaut hat. Es handelt sich nicht um einen Mann, der allmählich eine sichere Beziehung aufgebaut hat. Es handelt sich um einen Mann, der Ihnen in Gedanken alles versprochen hat und sich jetzt zurückzieht. Wenn Sie über diesen Punkt hinaus weitermachen wollen, sollten Sie wissen, daß Sie Probleme haben.

Hören Sie auf, sich wie eine verständnisvolle Ehefrau zu benehmen. Seien Sie nicht jedesmal da, wenn er anruft oder Zeit für Sie findet. Ich schlage Ihnen nicht vor, Spielchen zu treiben. Aber ich empfehle Ihnen, Ihr eigenes Leben zu leben. Wenn er Sie nicht an die erste Stelle setzt, machen Sie das auch nicht mit ihm. Und machen Sie sich keine Sorgen, daß er deshalb schlechter von Ihnen denkt.

Es ist völlig unangebracht, daß Sie ihm kleine Freßkörbe oder nette Karten oder irgend etwas anderes an seinen Arbeitsplatz schicken, um ihm zu beweisen, daß Sie ihn lieben. Halten Sie nicht das für ihn liebevoll gekochte Essen stundenlang warm. Tatsächlich sollten Sie gar nichts tun, worum Sie nicht ausdrücklich gebeten werden. Wenn die Beziehung erst einmal dieses Stadium erreicht hat, fühlt sich der typische Bindungsscheue zu schuldig, um eine Frau um etwas zu bitten, weil er nicht will, daß sie zuviel von ihm erbittet. Wenn er Sie deshalb *bittet*, für ihn zu kochen und auf ihn zu warten, meint er es wahrscheinlich ernst.

Ich habe Verständnis dafür, daß bei der Arbeit Engpässe auftreten können und daß Leute echte Entschuldigungen haben, aber eine gescheite Frau kann für gewöhnlich die Unterschiede feststellen. Sie merken das schon, wenn ein Mann nur Ausreden gebraucht. Sie wollen es vielleicht nicht wahrhaben, aber im Grunde genommen wissen Sie es schon.

6. Sein sexuelles Verhaltensmuster ändert sich, und möglicherweise drängt er Sie behutsam in die Rolle des fordernden Teils.

Ihre typische Reaktion:
Wenn sich das sexuelle Verhalten eines solchen Mannes ändert, merken Sie das sofort. Typischerweise sind Ihre Reaktionen darauf unterschiedlich: Ein Teil von Ihnen hofft, daß es sich nur um eine normale Erscheinung handelt, die auftritt, wenn eine Beziehung stabiler wird; ein anderer Teil von Ihnen versucht vorsichtig, ihn zu verführen. Wenn sein verändertes Verhalten andauert, fühlen Sie sich sehr zurückgestoßen und machen sich Sorgen, daß etwas an Ihnen ihn abstößt.

Sein Verhalten:
Seiner Meinung nach, und auch Sie neigen zu dieser Auffassung, gibt es nichts, was eine Beziehung so festigen könnte wie sexuelle Vertrautheit. Deshalb denkt er, daß er Ihnen irgend etwas vormacht, wenn er ein übermäßiges sexuelles Interesse zeigt. Aus diesem Grund muß er seiner Meinung nach auf diesem Gebiet etwas tun, um Sie spüren zu lassen, daß er abkühlt. Einige Männer ändern zum Beispiel nur ihren Stil. Wo früher alles Romantik war, ist jetzt alles Technik.

Viele andere jedoch empfinden jedes bißchen als romantisch – sie ziehen sich zurück und hören auf, die Initiative zu übernehmen. Erinnern Sie sich an das Anfangsstadium, als er bereit war, die Verantwortung dafür zu übernehmen, jeden kleinen Knopf aufzuknöpfen, nicht zu reden vom Löschen des Lichts und dem Verschließen der Tür? Nun macht er das Gegenteil. Es ist nicht so, daß er direkt ein widerstrebender Liebhaber wäre. Er will einfach nicht die Verantwortung für den Sex übernehmen, denn für ihn bedeutet das, die Verantwortung für die Fortsetzung der Beziehung zu übernehmen. Wenn Sie meist die Initiative ergreifen, dann kann er sagen, daß es Ihre Idee war, und er muß sich natürlich nicht schuldig fühlen, daß er Sie weiterhin »an der Nase herumgeführt hat«.

Die vernünftige Reaktion:
Das erste, was Sie wissen müssen, ist, daß Sie mit der Wirklichkeit fertig werden müssen. Wenn er abkühlt, dann kühlt er ab. Und es betrifft die Gefühle. Übernehmen Sie nicht die Verantwortung für den Sex, und glauben Sie nicht, der Sex würde Sie beide irgendwie aneinanderbinden.

Es ist natürlich, daß Sie sich zurückgewiesen und unsicher fühlen. Aber versuchen Sie nicht, das, was geschieht, zu ändern, indem Sie plötzlich verführerischer werden. Hüllen Sie sich nicht in ein durchsichtiges Nichts und empfangen ihn so an der Tür. Das Band zwischen Ihnen wird nicht jedesmal, wenn Sie ihn ins Bett kriegen, stärker. Und denken Sie immer daran: das Band ist ja genau das, was ihn erschreckt.

Übernehmen Sie nicht die Verantwortung für irgend etwas im sexuellen Bereich – keine romantischen Abendessen, keine durchsichtigen Gewänder, die er Ihnen abstreifen, oder gar neckische eßbare Verhüllungen, die er auffuttern könnte. Er hat nicht plötzlich das Interesse an Ihnen verloren – sondern Sex verkörpert eines der stärksten Bänder zwischen Ihnen beiden. Diese Tatsache muß für Sie ein Signal sein, sexuell vorsichtiger zu sein und nicht sexuell aktiver. Machen Sie sich keine Sorgen, daß er anfängt, mit einer anderen zu schlafen, wenn Sie sich sexuell zurückhalten. Wenn er das machen will, dann macht er es. Außerdem, ein hartnäckiger Bindungsscheuer will wahrscheinlich genau dann, wenn er mit Ihnen schläft, mit einer anderen Frau schlafen.

Kommen Sie ihm nicht dauernd mit Zuneigung, Berührungen, Streicheln, Zärtlichkeiten. (Der Impuls ist ja verständlich – es gab so viele sexuelle Intimitäten zwischen Ihnen, daß es völlig einleuchtend ist, daß Sie nicht verstehen, warum sich das geändert hat.) Und lesen Sie keine Zeitschriftenartikel, die Ihnen sagen, wie Sie diesen Mann auf Touren bringen können. Was sollten Sie also tun? Wenden Sie Ihr Hauptaugenmerk vom Sex ab. Vergessen Sie ihn einfach ein Weilchen. Sagen Sie, daß Sie müde sind, und gehen Sie ins Bett und schlafen Sie ein, bevor er es tut. Halten Sie selbst sacht Abstand – hängen Sie sich nicht an seinen Arm oder an seine Seite. Dann, wenn er wieder Interesse bekommt, schlafen Sie nicht nur mit ihm, weil er endlich in Stimmung ist und Sie denken, Sie sollten es tun. Lassen Sie ihn wieder von neuem um Sie werben. Und wenn das Abstandgewinnen ihm gegenüber funktioniert, dann binden Sie es ihm, ganz egal was Sie tun, nicht auf die Nase.

SEHR WICHTIG: Fühlen Sie sich nicht zurückgestoßen, mit *Ihnen* persönlich hat das alles gar nichts zu tun.

7. Er stellt ein festes Schema auf, wann und wie er (unter seinen Bedingungen) Zeit für Sie hat, und es scheint immer andere Anforderungen zu geben, denen er zuerst nachkommen muß; dies stört selbstverständlich den natürlichen Verlauf einer Beziehung.

Ihre typische Reaktion:
Sie bekommen das Gefühl, daß er keine Zeit für Sie hat, wenn Sie Ihr Leben nicht so einrichten, daß es in seinen Plan paßt. Deshalb passen Sie sich an, aber seine »Regeln« ärgern Sie. Denn sie sind unfair und bewirken, daß die Beziehung sehr ungleichgewichtig wird. Sie zerstören auch die Spontaneität und unterbrechen den natürlichen Verlauf einer Beziehung. Die ganze Situation führt dazu, daß Sie sich frustriert und demoralisiert fühlen.

Inzwischen ist er so völlig anders, als er am Anfang war, daß Sie nicht wissen, was Sie dagegen tun sollen. Typischerweise suchen Sie nach weiteren Möglichkeiten, ihm zu gefallen, und denken, er würde bemerken, wie sehr Sie sich bemühen, ihn glücklich zu machen. Sie hoffen, daß das funktionieren wird und daß er wieder der liebende Mann wird, an den Sie sich erinnern.

Sein Verhalten:
Er will nicht, daß die Beziehung einen natürlichen Verlauf nimmt, deshalb legt er ihr absichtlich Grenzen auf. Die Art, wie er die Zeit einteilt, ist eines der aussagekräftigen Zeichen, daß er Einschränkungen verhängt. Da er allein für die Einteilung sorgt, garantiert er sich Grenzen, die nur er überqueren kann, falls und wann er es will.

Einige klare Anzeichen, daß ein Mann Grenzen zieht:

- Er trifft Sie jeden Samstagabend, aber wenn der Sonntagmorgen kommt, ist er stets um zehn Uhr morgens aus der Tür und hält sich nie länger auf.
- Er plant nie einen Urlaub oder ein langes Wochenende mit Ihnen.
- Er verschwindet an Feiertagen.
- Er verbringt nie »einfach so« Zeit mit Ihnen (»unvereinbarte« Zeit).

Die vernünftige Reaktion:
Die ist einfach: Richten Sie nicht Ihre Zeiteinteilung, Ihre Planungen nach der/den seinen. Wenn Sie sich nicht ständig und in allem nach ihm richten, muß er das ja einfach mal bemerken. Benehmen Sie sich nicht wie eine pflichtbewußte Ehefrau, die stets für ihren Gatten zu Hause ist. Das bewirkt nur, daß er sich noch bedrohter fühlt. Für ihn zeigt das zu Recht, daß Sie langfristig denken. Streiten Sie nicht mit ihm wegen seiner Pläne. Aber fangen Sie an, eigene Pläne zu machen. Nebenbei, drohen Sie nicht mit dem, was Sie tun, oder betonen Sie es nicht. Kümmern Sie sich einfach um sich. Ich rate Ihnen nicht, manipulatives Verhalten zu zeigen, das mit seinen Unsicherheiten spielt und ihn zwingt, sich anders zu verhalten. Ich rate Ihnen nur, sich wirklich selbst zu beschäftigen und mit aller Anpassung aufzuhören.

Versuchen Sie nicht, ihn dazu zu bringen, mehr Zeit mit Ihnen zu verbringen, indem Sie die Initiative ergreifen und ihn bitten, mit Ihnen auszugehen. Unter diesen Umständen wird er typischerweise entweder nein sagen, wodurch Sie sich miserabel fühlen, oder er wird ja sagen und den ganzen Abend so unglücklich aussehen, daß Sie sich am Ende dennoch miserabel fühlen.

Offensichtlich verhalten sich manche Männer, was Grenzen angeht, extremer als andere. Ich unterhielt mich mit einer Frau, die mir erzählte, daß sie und ihr Freund drei Jahre lang nur die Mittwoch- und Samstagabende zusammen verbrachten. Drei Jahre lang hatte er ihr auch nicht nur eine einzige Minute am Sonntag gewidmet. Jede Woche sagte er, er müsse seine Kinder besuchen, und er sprang um acht Uhr aus dem Bett, nahm sie in ein Café in der Nähe zum Frühstück mit und fuhr sie nach

Hause. Nun, als er eines Sonntags aufwachte, tobte draußen ein Schneesturm. Er beharrte trotzdem darauf, daß sie nach Hause gehen müßte, obwohl die Straßen nicht geräumt und das Café nicht geöffnet war und es keine Möglichkeit gab, irgendwohin zu kommen.

Der springende Punkt in diesem Zusammenhang ist, daß viele Frauen erlauben, daß ihnen solche Einschränkungen auferlegt werden, weil sie sich selbst überzeugen, daß es einen echten Grund für solche zeitlichen Begrenzungen gibt. Meistens aber macht der Mann das absichtlich, um sich selbst die Freiheit zu sichern, an Ihrem Leben teilzunehmen, wann er es will, aber zu verhindern, daß Sie ihm gegenüber die gleichen Rechte haben. Keine Beziehung kann diese Art von Ungleichgewicht aushalten.

8. Er behandelt die meisten Ihrer Bitten, als seien es Forderungen, und scheint es übelzunehmen, daß man »auf ihn zählt«. Er zeigt, daß er »Erwartungen« übelnimmt, obwohl er nicht klar sagt, um welche Erwartungen es sich handelt.

Ihre typische Reaktion:
Wahrscheinlich fangen Sie an sich zu benehmen, als gingen Sie auf Eiern, und versuchen mehr als angestrengt, ja keine Forderungen an ihn zu stellen. Sie wollen ihn glücklich machen, aber Sie fangen an zu fühlen, daß nur Sie sich anpassen.

Sie erinnern sich auch noch, wie er am Anfang war, als er alles für Sie tun wollte. Sie glauben, so sei er normalerweise, und sein gegenwärtiges Verhalten sei vorübergehend. Sie fangen möglicherweise an zu versuchen, mit ihm über seine Mutter zu sprechen und die Forderungen, von denen Sie sicher sind, daß sie sie an ihn stellte während seiner – wie Sie denken qualvollen – Kindheit.

Es besteht die Neigung zu glauben, daß er mehr für Sie tun wird, wenn Sie mehr für ihn tun, deshalb strengen Sie sich aufs äußerste an, um ihm auch ja nichts vorzuenthalten.

Sein Verhalten:
Er reagiert überempfindlich auf alles, was als Anlaß dafür angesehen werden könnte, daß Sie sich auf ihn verlassen. Er

denkt, wenn er etwas für Sie tut, werden Sie noch mehr erwarten, und es wird immer schwerer werden, aus der Sache herauszukommen. Er möchte nicht, daß Sie auf ihn zählen, wie Sie es tun würden, wenn er Ihr Ehemann wäre. Wenn er zum Beispiel für Sie einkaufen gehen würde, wäre er ein »Ehemann«. Wenn er hilft, eine Dinnerparty zu planen oder hilft, ein Bild aufzuhängen, fühlt er sich als »Ehemann«. Wenn er mit Ihnen zur Hochzeit Ihrer Kusine geht, ist er ein »Ehemann«.

Er will Sie auch keinesfalls daran erinnern, wie er am Anfang war, als er fast alles tun wollte, worum Sie ihn baten.

Die vernünftige Reaktion:

Vergessen Sie das Anfangsstadium der Beziehung und setzen Sie nicht voraus, daß er dieselben Absichten hat wie der Mann, der bereitwillig Ihre Küche strich, Sie zum Arzt fuhr und Sie von der Arbeit abholte, als es kalt wurde. Er ist nicht derselbe, und er will diese Phase vergessen.

Fangen Sie nicht an, mehr für ihn zu tun in der Hoffnung, daß ihn die Botschaft erreicht und er entsprechend reagiert. Entschuldigen Sie sein Verhalten nicht. Es muß in Ihren Kopf hinein, daß sein Verhalten kein Test ist – er handelt nicht so, weil er nicht will, daß eine Frau »seine Gutmütigkeit ausnutzt«. Er verhält sich so, weil er kein Ehemann sein will. Benehmen Sie sich deshalb nicht wie eine Ehefrau. Und fangen Sie nicht an, sich wie eine Ehefrau mit ihm darüber zu streiten, wie er Sie behandelt.

Es könnte in einer solchen Situation durchaus sein, daß Sie beide die Beziehung in ähnlicher Weise interpretieren. Er denkt, wenn er zuläßt, daß Sie sich auf ihn verlassen, wird er sich sofort in Ihren Ehemann verwandeln. Sie andererseits meinen, wenn Sie ihn nur dazu bringen können, ein oder zwei kleine Bitten zu erfüllen, würde er sehen, daß das nicht gar so schrecklich ist, und er würde weniger Widerstand leisten, Ihr Ehemann zu werden.

Vergessen Sie einfach dieses Tauziehen und bitten Sie ihn um nichts. Wenn zum Beispiel irgend etwas in der Wohnung gerichtet werden muß, sollten Sie entweder einen Handwerker holen oder selbst lernen, mit Handwerkszeug umzugehen. Wenn Sie für eine Party einen Begleiter brauchen, fragen Sie lieber einen guten Freund. Der Bindungsscheue denkt nicht wie Sie, und er will nicht, was Sie wollen. Machen Sie sich deshalb keine Sorgen darüber, daß Sie ihn auf diese Weise unsicher oder grundlos eifersüchtig machen. Wenn Ihr unabhängiges und selbständiges Verhalten ihn zur Umkehr und zu veränderter Haltung führt, können Sie vielleicht darangehen, eine Beziehung unter veränderten Voraussetzungen aufzubauen.

In der Zwischenzeit sollten Sie sich selbst fragen, warum Sie sich mit einer Beziehung abfinden, in der Sie so wenig bekommen, nur wegen ein paar goldener Wochen am Anfang.

9. Er scheint »nicht zu hören«, was Sie sagen, und scheint Ihren Bedürfnissen immer weniger Aufmerksamkeit zu widmen.

Ihre typische Reaktion:
Allem, was er sagt, schenken Sie immer mehr Aufmerksamkeit, indem Sie es in Gedanken zerlegen und analysieren. Für gewöhnlich verbringen Sie viel Zeit damit, mit Freunden darüber zu sprechen. Es ist möglich, daß Sie sogar eine psychotherapeutische Behandlung in Erwägung ziehen – einfach, damit Sie mit einem Profi über ihn sprechen können.

Was ist geschehen? Im Anfangsstadium gab er Ihnen das Gefühl, als hätten Sie die perfekte Kombination aus Liebhaber und bestem Freund gefunden. Jetzt will er über nichts diskutieren – am wenigsten über die Probleme in der Beziehung. Er ignoriert Ihre Bitten meist und benimmt sich, als sei es ihm egal, ob Sie traurig oder glücklich sind.

Sie glauben, es müsse etwas schiefgelaufen sein, wovon Sie nichts wissen, und Sie fragen sich, ob es irgendwo ein großes Mißverständnis gegeben hat. Konsequenterweise versuchen Sie, mehr Einblick in das zu bekommen, was er möglicherweise durchmacht.

Weil er nicht mit Ihnen darüber sprechen will, was da vorgeht, führen Sie in Gedanken lange Gespräche mit ihm, in denen Sie verschiedene Ansätze durchspielen und sich selbst verteidigen.

Manchmal glauben Sie, daß er durch Beispiele lernen könnte, deshalb tun Sie, was Sie können, um seine Probleme mit ihm zu diskutieren und um verständnisvoller zu sein und ihn und seine Motive und seine Psyche besser zu verstehen.

Mit anderen Worten: Sie machen, was möglich ist, um herauszubekommen, *was da eigentlich vor sich geht!*

Sein Verhalten:
In seinen Gedanken läßt er sie »auflaufen«. Am Anfang war Aufmerksamkeit einer seiner Wege, um Ihnen zu zeigen, wie sehr Sie ihm am Herzen lagen. Jetzt will er Ihnen damit, daß er Ihnen gegenüber keine Aufmerksamkeit zeigt, andeuten, daß er Angst davor hat, daß Sie ihm am Herzen liegen. Es ist keine Frage der Prioritäten. Es ist nicht so, daß er andere, wichtigere Dinge im Kopf hat, die seine ganze Aufmerksamkeit erfordern. Es ist so, daß er bewußt nicht hören will, was Sie sagen. Tatsächlich hört er es – er weiß, daß Sie unglücklich sind. Sie müssen ihn nicht überzeugen, daß Sie wunderbar sind – er weiß, daß Sie wunderbar sind. Das ist nicht das Problem. Das Problem ist, daß es ihn wegzieht. Nicht auf das zu achten, was Sie sagen, ist einfach eine Art, wie er das schaffen kann. Er schaltet Sie ab.

Die vernünftige Reaktion:
Lassen Sie nicht zu, daß es Ihre wichtigste Aktivität wird, ihm zuzuhören oder über ihn zu sprechen. Zwingen Sie sich selbst dazu, nicht länger mit Freunden endlose Diskussionen über *sein* Problem zu führen. Erlauben Sie sich nicht, daß an ihn oder das Problem zu denken zu einer Besessenheit ausartet.

Fangen Sie auch nicht an, mit ihm lange Diskussionen über seine Probleme zu führen. Sie sind nicht sein Psychiater, und Sie sind nicht seine Mutter. Ungeachtet wie gut oder wie wenig Sie sein Problem verstehen, es ist nicht Ihre Aufgabe, es zu lösen. Verbannen Sie aus Ihren Gedanken alle romantischen Träume, die Ihnen vorgaukeln, daß er schließlich wieder zu Sinnen kommen und sich Ihnen zu Füßen werfen wird.

Sie sollten nicht jedesmal, wenn er Ihren Bedürfnissen keine Aufmerksamkeit schenkt, sofort reagieren und irgend etwas besonders Aufmerksames für ihn tun in der Hoffnung, daß er sein Verhalten ändern wird, wenn er erkennt, wie sehr Sie ihn lieben. Noch einmal: Er stellt Sie nicht auf die Probe, um zu sehen, ob Ihre Liebe allem widerstehen kann oder nicht. Er weiß, wie sehr Sie ihn lieben – das ist ja ein großer Teil seines Problems.

Anstatt daß Sie sich mit seinen Problemen befassen, sollten Sie sich um Ihr eigenes Glück kümmern und darum, zu einer Entscheidung darüber zu kommen, ob Sie diesen Mann aufgeben und Ihr eigenes Leben wieder in die Hand nehmen sollen – oder eben auch nicht.

10. Er lobt Sie dafür, daß Sie treu, zärtlich, intelligent, eine gute Köchin und verständnisvoll sind – also alle »Ehefrau«-Qualitäten haben –, aber gleichzeitig scheint ihm dies Unbehagen zu verursachen.

Ihre typische Reaktion:
Er sagt Ihnen, daß er Sie wegen Ihrer Aufrichtigkeit und Loyalität schätzt, und Sie versuchen, noch aufrichtiger und loyaler zu sein. Er sagt Ihnen, er bewundere Ihre soliden traditionellen Werte, und Sie vertreten Werte, die noch solider und traditioneller sind. Er sagt Ihnen, ihm imponiere Ihre Intelligenz, und Sie lassen die anspruchsvollsten esoterischen Bücher betont auf Ihrem Kaffeetisch liegen. Er sagt, er sei wirklich glücklich, daß Sie denselben musikalischen Geschmack hätten wie er, und jedesmal, wenn er durch die Tür tritt, wird er vom Dröhnen Ihrer Stereoanlage begrüßt. Er macht Ihnen ständig Komplimente über Ihre Kochkunst, und Sie reißen sich die Beine aus, um »Haute Cuisine« zu bieten.

Mit anderen Worten, Sie setzen voraus, daß der Mann genau weiß, was er sagt, und auf die Qualitäten, die er mit Komplimenten bedenkt, besonderen Wert legt. Sie wollen ihm gefallen und sich ihm unglücklicherweise ständig beweisen, deshalb betonen Sie jene Seiten Ihrer Persönlichkeit, von denen er sagt, daß er sie bewundere.

Sein Verhalten:
Im Grunde macht er Ihnen über alle jene Qualitäten Komplimente, die ihm das Gefühl vermitteln, als sitze er in der Falle. Es handelt sich um Qualitäten, von denen er annimmt, daß eine gute Ehefrau sie haben sollte, und daher meint er auch, daß er sie besonders schätzen sollte. Wenn er Ihnen auf diese Weise schmeichelt, ist es jedoch fast so, als würde er mit sich selbst im Widerspruch liegen. Man erwartet von ihm,

daß er all die Dinge möchte, die Sie repräsentieren – warum also will er sie nicht?

Was er denkt, ist folgendes: »Sie würde eine tolle Ehefrau abgeben – aber ich bin nicht sicher, ob ich eine Ehefrau will.« Machen Sie hier keinen Fehler. Er mag diese Qualitäten wirklich, aber sie führen dazu, daß er sich unbehaglich fühlt, weil sie ihn zu sehr an das Wort mit dem »H« am Anfang erinnern.

Die vernünftige Reaktion:
Nehmen Sie seine Worte nicht als Aufforderung, daß Sie jetzt anfangen sollten, noch toller zu kochen, noch verständnisvoller zu sein oder auf irgendeine andere Weise, Art oder Form zu versuchen, der Figur der »idealen« Frau, die er im Hinterkopf hat, noch näherzukommen.

Gehen Sie nicht davon aus, daß es sich um echte Komplimente handelt und daß Sie sich weiter entsprechend verhalten sollten. Das ist ein Fehler. Wenn Sie mir nicht glauben, so denken Sie an die Frauen, die bisher in seinem Leben eine Rolle spielten. Hatte eine von ihnen diese Qualitäten? Ich sage das, weil so viele Männer, die behaupten, alle diese wunderbar »weiblichen« Dinge zu wollen, schließlich bei Frauen landen, deren Vorstellung von häuslicher Küche darin besteht, daß sie den Mann bitten, eine Pizza mitzubringen.

11. Er beginnt, Probleme in bezug auf das Zusammentreffen oder Zusammensein mit Ihnen zu finden. Beispiele dafür: Er kann »nie einen Parkplatz in der Nähe finden«; er hat »Schwierigkeiten, in Ihrem Bett zu schlafen«. Sie »leben zu weit weg«; er ist »allergisch auf Ihre Katze«.

Ihre typische Reaktion:
Sie ertappen sich dabei, sich ohne Grund ständig zu entschuldigen, und fangen an zu versuchen, Ihre Umgebung seinen Bedürfnissen anzupassen. Als Sie beide sich kennenlernten, fand er es nicht so schwierig, Sie zu besuchen. Kann das wirklich sein, fragen Sie sich, daß er Ihnen jetzt sagt, daß Sie ein neues Bett kaufen, in eine passendere Wohnung umziehen oder Ihre Katze zur Adoption freigeben sollen?

Sein Verhalten:
Er weiß ebenfalls, daß diese Dinge früher kein Problem waren. Er weiß genau, daß, wenn es wirklich um das Bett ginge und er langfristige Pläne hätte, eines mit Ihnen zu teilen, man sich sicher darauf einigen könnte, etwa eine neue Matratze zu kaufen. Diese Klagen dienen nur dazu, ihm zu helfen, Vorwände und Entschuldigungen dafür zu finden, daß er nicht so viel Zeit mit Ihnen verbringt. Er will Ihnen nicht sagen, daß er Probleme mit der Beziehung hat, darum erzählt er Ihnen von seinen Parkproblemen. Er will für keines dieser Probleme tatsächlich eine Lösung finden, und falls Sie Lösungen finden sollten, wird er wohl einfach mit neuen, wieder anderen und sehr viel komplizierteren Gründen kommen, warum es manchmal so schwierig sei, sich mit Ihnen zu treffen.

Die vernünftige Reaktion:
Passen Sie auf keinen Fall Ihr häusliches Umfeld seinen Bedürfnissen an. Bieten Sie nicht an, ein neues Bett zu kaufen oder Ihre Katze zu Freunden zu geben. Diese Probleme sind nicht real und sollten nicht so behandelt werden, als ob sie es wären. Wenn Sie das, was ich sage, bezweifeln, versuchen Sie einmal, eine Lösung für eine seiner Beschwerden zu finden und schauen Sie, was passiert.

Ich kenne eine Frau, deren Freund sich bitterlich über das Bett beklagte. Deshalb kaufte sie ein neues Bett. Dennoch schlief er nie darin, denn er kam plötzlich zu dem Schluß, daß ihm nicht das Bett den Schlaf geraubt hatte. Es war vielmehr ihre Steppdecke – er war allergisch gegen ihre Steppdecke, und er saß die ganze Nacht da und rieb sich die Augen, bis sie rot und geschwollen waren.

Das ist ein extremer Fall, aber er ist ein gutes Beispiel für die Tatsache, daß es bis nach der Hochzeit nichts bringt, wenn Sie versuchen, Ihre Umgebung nach seinen Bedürfnissen umzugestalten – und selbst dann sollte es immer eine gemeinsame Anstrengung sein.

Wenn er nicht schlafen kann, sollten Sie ihn nach Hause schicken. Wenn er Probleme mit dem Parken hat, sagen Sie ihm, er solle sich nicht damit abplagen, zu kommen. Wenn er allergisch gegen Ihre Katze ist, treffen Sie sich in seiner Wohnung und lassen Sie ihn das Essen kochen.

Manchmal wird ein Mann erst dann so, wenn er bei der Frau

eingezogen ist. Dann hat er tausend Probleme in bezug auf ihre jetzt gemeinsame Wohnung – aber er schafft es, daß es so klingt, als wären Sie allein für alles verantwortlich. In einem solchen Fall sollten Sie ihn die Verantwortung dafür übernehmen lassen, daß Änderungen gemacht werden. Wenn er zum Beispiel ein neues Bett braucht, soll er es auswählen und dafür sorgen, daß es geliefert wird.

Wenn Sie bereits verheiratet sind oder zusammenleben, sollten Sie diese Tendenz, in Ihrem häuslichen Umfeld Fehler zu suchen, sorgfältig beobachten. Bei manchen seiner Klagen geht es vielleicht um kleinere Anpassungen, wie sie in jeder Beziehung erfolgen müssen; sie könnten aber auch ein Hinweis auf ein größeres Problem sein, das dahintersteht und weiterwächst. Sie können das überprüfen, indem Sie ein oder zwei Dinge ändern, um seinen Bedürfnissen zu entsprechen, und dann sehen, ob seine Liste von Problemen länger oder kürzer wird. Wenn er sich eingewöhnt – alles prima. Aber wenn er neue Sachen findet, über die er sich beklagen kann, sollten Sie sich darüber klar sein, was das für die Zukunft bedeutet.

Was immer Sie tun, lassen Sie sich nicht in die Defensive drängen oder Schuldgefühle einreden, wenn er sich über Ihren Eisschrank, Mülleimer oder ihr Arzneischränkchen usw. beklagt. Übernehmen Sie nicht die ganze Verantwortung dafür, die Dinge zu ändern. Lassen Sie ihn statt dessen die Veränderungen in Angriff nehmen, die ihm wichtig sind.

12. Er fängt an, Fehler an Ihnen zu finden und sucht nach Gründen, warum die Beziehung nicht gutgehen kann. Er verletzt Sie vielleicht, indem er Sie auf diese »Fehler« aufmerksam macht, vor allem, wenn es sich um Dinge handelt, die Sie nicht ändern können. (Typischerweise sagt er etwa: »Ich bin nicht sicher, ob meine Eltern akzeptieren können, daß du ... bist.« Und da können dann beliebig folgende Adjektive eingesetzt werden: irisch, italienisch, schwarz, weiß, jüdisch, nichtjüdisch, weiß und angelsächsisch und protestantisch, klein, groß, geschieden, zu alt, zu jung, zu reich, zu arm, zu durchschnittlich. Oder er spart sie sich auf und kommt plötzlich mit ihnen heraus, wenn er schlußendlich beschließt, daß die Beziehung enden sollte. (Nebenbei, diese »Fehler« haben selten etwas damit zu tun, daß Sie ihm etwas angetan haben; sie haben vielmehr fast immer zu tun mit

der »Art, wie Sie sind«. Er war sich über diese Eigenschaften völlig im klaren, als er die Beziehung begann und Sie überredete, sich mit ihm einzulassen.)

Ihre typische Reaktion:
Wenn er das erste Mal mit so etwas kommt, klingt es wie ein Scherz, und Sie sind eher belustigt. Dann aber werden Sie schrecklich in die Defensive gedrängt und verletzt. Sie können nicht glauben, daß er so etwas zu Ihnen sagt. Zuletzt sind Sie wütend.

Sein Verhalten:
Er erkennt vollkommen, daß gerade einige dieser Eigenschaften an Ihnen ihn zunächst angezogen haben. Aber er weiß auch, daß es sich hier um »eingebaute Entschuldigungen« handelt, die ihm helfen sollen, aus der Beziehung herauszukommen, wenn der Zeitpunkt der »festen Bindung« sich nähert. Diese »eingebauten Fehler« sind der beste Ausweg aus einer Beziehung, weil man sie nicht ändern kann. Er weiß, Sie können ein neues Bett kaufen, abnehmen, zunehmen oder Ihre Haarfarbe ändern. Aber Sie können nicht Ihre Größe ändern, Ihr Alter, Ihre Abstammung, Ihr Herkommen oder die wirtschaftlichen Verhältnisse Ihrer Eltern. Wenn er anfängt, Ihnen gegenüber solche Probleme hervorzuheben, heißt das nicht, daß er Sie verläßt... jedenfalls nicht jetzt gleich. Es heißt nur, daß er Sie wissen lassen will, daß er einen »legitimen« Grund hat, das zu tun, falls er es wollte. Er fühlt sich unbehaglich, solange er nicht Ihre Aufmerksamkeit darauf gelenkt hat. Wenn Sie davon wissen, glaubt er, daß er Ihnen klargemacht hat, daß er Sie schließlich doch einmal verlassen muß.

Diese »Fehler« sind oft ein Weg, jemand anderem die Schuld für das mögliche Scheitern der Beziehung zuzuschieben. Er wird seine Eltern, seinen Anwalt, seine Kinder aus einer früheren Ehe als Entschuldigung vorschieben, um aus der Sache mit Ihnen herauszukommen; in der gleichen Weise schob er seine Eltern vor, als er noch ein Kind war. Mit anderen Worten, er kann Sie nicht heiraten, weil Mami und Papi ihn nicht lassen.

Die vernünftige Reaktion:
Machen Sie sich klar, daß Sie an einen Knilch geraten sind. Eine Frau sich schrecklich fühlen zu lassen wegen etwas, das sie nicht ändern kann, ist einfach fies. Wenn das für ihn solch ein Problem war, hätte er sich nie mit Ihnen einlassen dürfen. Sie wissen es, und er sollte es auch wissen. Verteidigen Sie nicht Ihre Körpergröße oder Ihre Herkunft oder Abstammung oder Religion.

Ich weiß, es fällt schwer, zu glauben, daß dieser Mann, der Sie so gern zu haben schien, sich jetzt so schäbig benimmt. Glauben Sie es – und lassen Sie die Finger von ihm. Bilden Sie sich nicht ein, er könne fähig werden, Sie vor diesem Teil von sich selbst zu schützen. Sie haben recht, wenn Sie denken, daß er nicht wirklich meint, was er sagt, aber das heißt nicht, daß er sich nicht trotzdem dementsprechend benimmt.

Wenn ein normalerweise empfindsamer Mann sich solch eine grausame und gedankenlose »Fehler«-Suche erlaubt, ist er aller Wahrscheinlichkeit nach von der Intensität seiner bindungsphobischen Angst so überwältigt, daß er einfach nicht mit dem aufhören kann, was er tut. Er will Sie vertreiben, und das ist genau das, was passiert.

Er will Sie nicht verletzen. Aber er verletzt Sie eben, und das ist die Realität, mit der Sie fertig werden müssen. Es ist lebenswichtig für Ihre seelische Gesundheit, daß Sie realistisch bleiben und sich nicht in ein Traumland zurückziehen, indem Sie erwarten, daß er Abbitte leistet für sein Benehmen und wieder so wird, wie er am Anfang gewesen war.

Noch einmal: Das beste, was Sie tun können, ist, sein Eindringen in Ihr Leben zu begrenzen und Ihre Verwicklung in seines ebenfalls, und nicht zu erwarten, daß ein Wunder geschieht und er sich ändert.

13. Er beginnt versteckte Hinweise darauf zu geben, daß er sich mit einer anderen Frau beschäftigt, an sie denkt oder sie wirklich trifft. (Oft handelt es sich um eine Frau aus seiner Vergangenheit.)

Ihre typische Reaktion:
Sie fangen vielleicht an, Dinge zu finden, die zeigen, daß eine andere Frau in seiner Wohnung war. Oder Sie ertappen ihn bei

einer offensichtlichen Lüge. Wenn dies geschieht, trifft es Sie meist unvorbereitet. Sie rechneten nicht damit. Sie haben sich vielleicht schon einmal Gedanken darüber gemacht, aber Sie waren sich sicher, daß er viel zu sehr mit Ihnen verbunden sei. Sie glauben, die Liebe, die Sie verbindet, sei echt. Für Sie ergibt das keinen Sinn. Wenn man die Dinge betrachtet, die er zu Ihnen gesagt hat, scheint es tatsächlich geradezu unglaublich. Wahrscheinlich stellen Sie ihn zur Rede und hoffen gegen besseres Wissen, daß er es leugnen wird.

Sein Verhalten:
Ein schwer Bindungsscheuer benutzt meist eine andere Frau als letzten Strohhalm in einer Beziehung. Typischerweise will er mit dieser Frau ebensowenig eine feste Bindung haben wie mit Ihnen. Aber ihre Gegenwart gibt ihm die Sicherheit, daß es für ihn einen Weg heraus aus der Liaison mit Ihnen gibt.

Manchmal geschieht dies gerade dann, wenn die Beziehung in ein neues Stadium einzutreten scheint. Vielleicht planen Sie zusammenzuziehen. Vielleicht sprechen Sie sogar von Heirat.

Weil er keine Zeit hatte, jemand neuen kennenzulernen, zieht er oft eine Frau hinein, die er von früher kennt – manchmal ist es eine »Wiederholung« aus seiner Vergangenheit, eine dem Lazarus ähnliche Exfrau oder -freundin, die wiedererweckt wird, wann immer es nötig ist.

Wenn er sich tatsächlich mit einer anderen Frau trifft, sollten Sie das nicht auf die leichte Schulter nehmen. Es ist ein klares Zeichen dafür, egal was er sagt, daß er sich auf dem Absprung befindet. Er kann einfach nicht mehr länger mit Ihnen zusammensein und sich wohl fühlen. Etwas in der Beziehung ist bis zu dem Punkt fortgeschritten, wo es nicht mehr wie bisher weitergehen kann.

Er ist an diesem Punkt manchmal so bindungsscheu, daß er Sie nicht mehr richtig einschätzen kann und auch nicht seine Gefühle für Sie oder Ihre Gefühle für ihn. Wahrscheinlich sieht er alles, was Sie tun, nur noch als ein Mittel an, ihn in eine Bindung hineinzutreiben. Wenn Sie ein gutes Essen vorbereiten, denkt er, Sie wollen ihn in die Falle locken; wenn Sie ihm ein Geschenk kaufen, denkt er, Sie wollen ihn in die Falle locken; wenn Sie besonders aufmerksam sind, denkt er, Sie wollen ihn in die Falle locken; wenn Sie ihn eifersüchtig machen, denkt er, Sie benutzen seine Eifersucht, um ihn in die Falle zu locken.

Mit anderen Frauen auszugehen ist ein Weg, sich nicht in der Falle zu fühlen. Und wenn er anfängt, Sie wissen zu lassen, daß er es macht, ist das oft seine Art, auszudrücken, daß er sich nicht an Sie binden will.

Aber ob Sie es glauben oder nicht, er ist sich im Innern immer noch nicht darüber klar, daß er Sie verläßt.

Die vernünftige Reaktion:

Was sollten Sie tun? Wenn Sie eine einfühlsame Frau sind, die nicht zu überzogenen Reaktionen neigt, sollten Sie zuerst einmal den Anzeichen glauben. Ihn zur Rede zu stellen, wird nichts bringen, weil er es wahrscheinlich abstreiten wird. Wenn Sie diesen Punkt erreicht haben, ist die Beziehung wahrscheinlich schon außer Kontrolle geraten. Was Sie mehr als alles andere brauchen, sind Ferien von ihm und von der Art, wie er sich auf Ihre Gefühle auswirkt.

Hier ist eine Liste dessen, was man tun sollte und was nicht:

- Ziehen Sie sich so weit zurück, wie Sie es verkraften können.
- Telefonieren Sie nicht herum, um festzustellen, wo er steckt.
- Fangen Sie an, über eine mögliche Zukunft mit anderen Männern nachzudenken.
- Fangen Sie nicht an zu denken, Sie hätten etwas falsch gemacht.
- Fangen Sie nicht an, an Ihrem eigenen Urteil zu zweifeln.
- Fangen Sie nicht an, in seinen Sachen, Papieren oder Telefonrechnungen zu kramen, um Gewißheit zu erlangen.
- Gehen Sie nicht davon aus, daß es sich um eine Kleinigkeit handelt, die er durchmacht und die vorbeigeht.
- Suchen Sie sich etwas anderes, um daran zu denken – irgend etwas. Einige mögliche Vorschläge: Schließen Sie sich einem Fitneßclub an und gehen Sie regelmäßig hin. Gehen Sie in Abendkurse, oder setzen Sie sonstwie Ihre Ausbildung fort. Sehen Sie sich jeden Film an. Rufen Sie alle alten Freunde an. Verabreden Sie sich mit jedem, der Ihnen einfällt, zum Abendessen, und verbringen Sie den Abend nicht damit, über ihn zu sprechen. Fahren Sie in Urlaub.
- Fangen Sie nicht an, noch mehr für ihn zu tun.
- Versuchen Sie nicht, Ihre sexuelle Beziehung zu intensivieren, als könne das die Konkurrenz abwehren – das ist nicht der Fall.

– Fangen Sie nicht an zu versuchen, ihm zu beweisen, daß Sie besser, klüger, mehr sexy usw. sind als die andere Frau.
– Vermeiden Sie Telefongespräche mit ihm.

Zu diesem Zeitpunkt ist das Wichtigste, daß Sie Ihr Selbstbewußtsein behalten und nicht anfangen, sich in Gefühlen der Zurückweisung zu suhlen. Wenn Sie das tun, kann Ihnen die Kontrolle darüber entgleiten, und Sie werden das Gefühl bekommen, daß er der einzige Mensch ist, der bewirken kann, daß Sie sich besser fühlen. Eine solche Einstellung kann zu schweren Depressionen führen. Tun Sie das deshalb nicht.

Erinnern Sie sich immer daran, daß er alles, was Sie tun, um anziehender zu sein – einschließlich all ihrer Sorge um ihn –, nur als Bemühung Ihrerseits ansehen wird, ihn dazu zu bringen, eine Bindung einzugehen.

Ich glaube, das einzige, was Sie zu diesem Zeitpunkt tun können, ist, eine Weile wegzugehen, Ihre Gefühle wieder unter Kontrolle zu bringen und seine Reaktionen sorgfältig zu bewerten.

14. Wenn er sich mit einer anderen Frau getroffen hat, streitet er es ab oder spielt es herunter und fährt fort, Ihnen zu versichern, daß Sie der wichtigste Mensch in seinem Leben sind.

Ihre typische Reaktion:
Sie glauben ihm eigentlich nicht, wenn er lügt, aber Sie wollen es. Im Grunde sind Sie so erleichtert von seinen Versicherungen, daß Sie die Tatsachen und den Augenschein mißachten. Er zeigt oder sagt Ihnen, daß Sie die wichtigste Frau in seinem Leben sind, und das ist alles, worauf es Ihnen ankommt. Aber Sie fühlen sich sehr mißtrauisch, sehr ängstlich, sehr unsicher und sehr beunruhigt.

Sein Verhalten:
Er lügt Sie an, weil er sich vorstellt, daß etwas zuzugeben das Ende mit Ihnen bedeuten würde – und das ist etwas, ob Sie es glauben oder nicht, von dem er sich immer noch nicht sicher ist, ob er es will. Ich glaube nicht, daß er auch nur auf die Idee kommt, wie unglücklich Sie das macht. Er

ist von seiner eigenen Furcht und von seinen eigenen Problemen besessen. Noch einmal, es handelt sich hier um schwer bindungsphobisches Verhalten. Alles, was er auf allen Ebenen des Bewußtseins Ihnen mitzuteilen versucht, ist, daß er jetzt keine feste Bindung mit Ihnen eingehen kann... und vielleicht niemals.

Die vernünftige Reaktion:
Das beste, was Sie tun können, ist, sich selbst aus seiner unmittelbaren Umgebung zu entfernen. Glauben Sie seinen Lügen, seinen Entschuldigungen oder Erklärungen nicht – aber streiten Sie auch nicht mit ihm. Wenn er ein echter Bindungsscheuer ist, wissen Sie, warum er lügt, und Sie müssen einsehen, daß alles, was Sie tun, seine bindungsphobische Angst nur noch verstärkt.

Wenn eine andere Frau in die Sache verwickelt ist, unterdrücken Sie Ihren ersten Impuls, noch enger an ihn heranzurücken, so daß Sie nicht ersetzt werden können. Das ist kein einfühlsames Verhalten. Wenn er es mit anderen Frauen treibt, ist er so verletzend, daß Sie sich wirklich darüber klarwerden müssen, ob Sie diese Art emotionaler Schläge ertragen können oder nicht. Aus diesem Grund sollten Sie sich zurückziehen und über sich selbst nachdenken. Wenn Sie zu dem Schluß kommen, ihn immer noch zu lieben und bei ihm sein zu wollen, sollten Sie sich ebenfalls zurückziehen und an sich denken, weil das der einzige Weg ist, der Beziehung eine Chance zu geben.

Seien Sie nicht froh darüber, daß er sich so viel Gedanken um Sie zu machen scheint, um sich die Zeit zu nehmen, sich Lügen auszudenken. Es geht hier nicht im geringsten um die Tiefe seiner Gefühle für Sie. Das Problem ist, daß er gar nicht weiß, was er mit diesen Gefühlen anfangen soll, und die Wahrscheinlichkeit ist groß, daß er – falls er die Art von Mann ist, der andere Frauen benutzt, um sich von den Schrecken der Bindungsangst zu befreien – nie in der Lage sein wird, eine feste, ernsthafte Bindung mit irgend jemandem einzugehen. Sie müssen sich mit der Realität dessen befassen, was er tut, und dessen, was er fähig ist zu tun.

Denken Sie um Himmels willen nicht, daß es sich um etwas handelt, was Sie beide gemeinsam bewältigen können. Die Nähe verursacht ja gerade das Problem. Mehr Nähe wird es nicht lindern; für gewöhnlich verschlimmert sie es. Das Schlüsselwort für Sie heißt, *sich zurückziehen.*

Viele der Frauen, mit denen ich sprach, sagten, daß sie, wenn eine Beziehung diesen Punkt erreichte, das Verhalten des Mannes förmlich besessen machte. Einige erzählten mir, daß sie dachten, er hätte einen Nervenzusammenbruch, und sie versuchten, sich wie liebevolle, langjährige Ehefrauen zu benehmen, die zu ihrem Gatten hielten. Unnötig zu sagen, daß das nichts brachte.

15. Er steckt offensichtlich in einem tiefen Konflikt und reagiert vielleicht auf Ihre Drohungen, die Beziehung zu beenden, indem er verspricht, sich zu ändern – vielleicht bricht er sogar in Tränen aus.

Ihre typische Reaktion:
Wenn er außer Fassung gerät, sobald Sie drohen, ihn nicht mehr zu treffen, atmen Sie erleichtert auf und denken, daß er endlich »aufgewacht« ist. Er verspricht, sich zu ändern, und Sie glauben ihm. Vielleicht weint er sogar, und Sie sind tief gerührt. An diesem Punkt ist es typisch, daß Sie sich wieder genau wie vorher zu benehmen beginnen. Innerhalb von Stunden sind Sie wieder ganz Liebe und Bejahung.

Sein Verhalten:
Wenn Sie versuchen, die Beziehung an diesem Punkt zu beenden, ist selbst er überrascht, wie schockiert und verletzt er davon ist. Offensichtlich klappten seine Versuche, sich selbst zu distanzieren, allzugut, und er findet sich aus einer Beziehung vertrieben, die zu verlassen er noch nicht bereit ist. Erinnern Sie sich daran, daß er sehr starke Gefühle für Sie hat. Er will, daß Sie da sind – er will aber auch eigentlich wieder nicht, daß Sie da sind, wenn Sie mir hierin folgen können.

Deshalb verspricht er, sich zu ändern – er ist so bewegt, daß er vielleicht sogar in Tränen ausbricht. Aber selbst wenn er es sagt, weiß er doch im Grunde, daß er wahrscheinlich nicht in der Lage sein wird, seine Versprechungen einzulösen. Er sagt Ihnen nicht, auf welche Weise er sich ändern wird; er verspricht nur, es zu versuchen.

Die vernünftige Reaktion:
Dies ist eine große Gelegenheit, einige wirkliche Veränderungen in der Beziehung herbeizuführen, aber Sie müssen darauf vorbereitet sein, sich zurückzuziehen und sich anders zu verhalten. Sie können sich bereit erklären, sich weiterhin mit ihm zu treffen, mit der Einschränkung, daß er einer Eheberatung zustimmt. Ich glaube nicht, daß Sie ohne Hilfe von außen in der Lage sind, die wichtigen schrittweisen Veränderungen zu bewerkstelligen, die nötig sind, und je früher Sie diese Hilfe bekommen, desto besser. Nebenbei, wenn Sie wirklich wollen, daß die Beziehung andauert, ist es meiner Meinung nach falsch, auf eine Einzeltherapie als Mittel zur Rettung der Beziehung zu setzen. Sie wird wahrscheinlich nicht die Art von sofortigen Verbesserungen erreichen können, die die Beziehung für ihren Fortbestand braucht. Eine Einzeltherapie kann aber zusätzlich zur Partnerberatung in Anspruch genommen werden.

Wenn Sie sich keine Partnerberatung leisten können, sollten Sie sehen, ob eine Verlobten- oder Eheberatung durch Ihre Religionsgemeinschaft möglich ist. Wenn er sich verpflichten kann, sich mit Ihnen gemeinsam von Außenstehenden beraten zu lassen, haben Sie eine bessere Chance, Ihre Probleme zu lösen. Was immer Sie tun: Seien Sie nicht schon erleichtert durch seine Versprechungen, sich zu ändern, wenn es Ihnen beiden nicht klar ist, *wie* er sich im einzelnen ändern will. Ein vages »Ich werde mich bemühen« ist nicht genug. Er braucht dabei ebensoviel Hilfe wie Sie. Wenn die Sache unverzüglich wieder so läuft, wie es vorher war, ist die Möglichkeit, wieder in die gleichen Probleme hineinzurutschen, viel zu groß.

Sie haben recht, wenn Sie meinen, daß der Mann, der weint und Versprechungen macht, verletzlich ist – für diesen Zeitpunkt stimmt das, aber seine Verletzlichkeit wird nicht anhalten. Machen Sie deshalb das Beste daraus.

Einige Dinge zur Erinnerung: Haben Sie kein Mitleid mit ihm. Erwarten Sie nicht von ihm, daß alle Veränderung von ihm ausgeht – Sie müssen sich auch selbst ändern, indem Sie unabhängiger werden und weniger anklammernd. Erwarten Sie nicht, daß er ohne Hilfe seine Angst verliert und eine dauerhafte Bindung eingeht. Glauben Sie nicht, daß er ein großer, starker Mann ist, der allein in der Lage ist, die Dinge in die Hand zu nehmen und zu tun, was nötig ist.

Sie stehen hier an einem wirklichen Scheideweg. Nutzen Sie

die Situation, um positive Veränderungen in der Beziehung herbeizuführen.

16. Trotz allem, was er sagt, ändert sich nichts; er gestattet es der Beziehung nicht, zu wachsen oder sich weiterzuentwickeln, und er will nicht darüber sprechen.

Ihre typische Reaktion:
Sie bestehen vielleicht nicht auf einer totalen Bindung, aber Sie wollen ein Zeichen des guten Willens; Sie wollen wissen, daß Sie nicht Ihre Zeit vergeuden, und Sie wollen, daß die Dinge besser werden. Sie können sein Gerede von »Es ist nicht so, daß ich mir nichts aus dir mache«, nicht mehr ertragen.

Sie haben eine Liste von Themen, über die Sie mit ihm reden wollen. Dazu gehören:

- Wie kann er so verletzend sein, wenn er sagt, daß er sich etwas aus Ihnen macht?
- Wird er je in der Lage sein, eine feste Bindung einzugehen?
- Wird er sein Leben je so einrichten, daß Sie die Hauptrolle darin spielen?
- Warum führt er Sie weiter an der Nase herum, wenn sich diesbezüglich nichts tut?
- Warum schließt er Sie aus anderen Bereichen seines Lebens aus?
- Warum will er Ihnen nicht den Platz in seinem Leben einräumen, den Sie verdienen?

Es ist egal, ob Sie es mit einem ruhigen Gespräch, hysterischem Schluchzen oder unkontrolliertem Geschrei versuchen; er will nicht diskutieren, was vorgeht, und er will gar nichts tun. Sie sind sicher, daß er sich etwas aus Ihnen macht, doch es ist nicht genug. Sie können nicht verstehen, wie jemand so verbohrt sein kann. Sie kommen zu dem Schluß, daß er sich selbst zerstört.

Sie versuchen, ihn dazu zu bewegen, eine Therapie zu beginnen oder sich mit jemandem auszusprechen. Es ist ihm völlig klar, und jedem anderen auch, daß Sie zu allem bereit sind, was immer nötig ist, um die Beziehung zu retten – aber um es vorsichtig auszudrücken, Sie wissen einfach nicht, was Sie tun sollen.

Sein Verhalten:
Er will nicht an der Beziehung arbeiten, und er will nichts ändern. Er will nicht einmal darüber diskutieren, denn das zu tun, würde die Möglichkeit einer Lösung eröffnen. Seine Weigerung, irgend etwas zu tun, das zum Gedeihen der Beziehung beitragen würde, zeigt ganz klar seine Position.

All Ihre Klagen und Fragen machen es ihm überwältigend klar, daß die Beziehung nicht so bleiben kann, wie sie ist. Aber er weiß auch, daß er einfach nicht will, daß sie sich positiv weiterentwickelt. Vereinfacht gesagt: Er will schlichtweg keine feste, monogame Beziehung.

Die vernünftige Reaktion:
Akzeptieren Sie die Tatsache, daß er nicht an der Beziehung arbeiten will. Er will nicht, daß sich etwas ändert. Benehmen Sie sich nicht so, als hätte er ein Problem, und Sie wollten ihm dabei helfen. Wenn er Hilfe will, kann er selbst welche finden. Verdeutlichen Sie ihm nicht, warum er eine reifere Beziehung wünschen sollte. Versuchen Sie nicht, ihn davon zu überzeugen, wie toll Sie sind. Träumen Sie nicht von tiefschürfenden Unterhaltungen, in denen Sie Ihre verschiedenen Standpunkte diskutieren können.

Versuchen Sie nicht, ihn soweit zu bringen, daß er zugibt, ein Problem zu haben. Er hat natürlich ein Problem, aber Sie haben auch eines. Wenn er nicht *mehr* zwischen Ihnen beiden will, können ihn alle Gespräche der Welt nicht überzeugen. Das beste, was Sie tun können, ist, Ihren eigenen Weg zu gehen. Kein Drängen, Anspornen oder Bitten ändert etwas. Ihre Abwesenheit wird mehr sagen als tausend Worte. Wenn er das echte Gefühl eines Verlusts empfindet, empfindet er bezüglich einer Veränderung vielleicht anders. Wenn nicht, gibt es ohnehin nichts, was Sie sonst noch hätten tun können. Ich weiß, das ist ein schwer zu befolgender Rat, aber wenn eine Beziehung sich so lange hinzieht ohne jede Wahrscheinlichkeit, daß sie irgendwie besser wird oder enger, ist das einzig Vernünftige, was eine Frau tun kann, die Beziehung aufzugeben und sich nach jemand anderem umzusehen.

10. KAPITEL

Die Schlußphase einer bindungsphobischen Beziehung

Die Schlußphase

Die Endphase einer bindungsphobischen Beziehung beginnt, wenn es für beide Partner offensichtlich wird, daß sie nicht länger weitermachen können, ohne daß eine Veränderung stattfindet. Die Beziehung fällt auseinander, und nur eines kann sie wieder zusammenbringen: eine Verpflichtung von seiner Seite.

Das Endstadium wird oft durch ein äußeres Ereignis beschleunigt, wie zum Beispiel wichtige Feiertage, eine Hochzeit in der Familie, eine Krankheit oder ein Urlaub. Solche Ereignisse bringen es mit sich, den Bindungsscheuen zu zwingen, eine Wahl zu treffen: Entweder sind er und die Frau bei diesen Gelegenheiten zusammen und er macht so der Welt bekannt, daß er an sie gebunden ist, oder er schließt sie aus und macht damit klar, daß sie nicht wirklich ein Paar sind. Selbst wenn seine Schuldgefühle oder ihre Klagen ihn erkennen lassen, daß er nicht damit fortfahren kann, sie auszuschließen, erlaubt ihm seine Bindungsangst unglücklicherweise nicht, etwas anderes zu tun. Im mittleren Stadium war er unsicher, was er fühlte. Jetzt, am Ende, weiß er es. Er fühlt mehr Angst, wenn er bei Ihnen ist, als wenn er ohne Sie ist. Wenn eine Entscheidung getroffen werden muß, wird sie deshalb zugunsten einer Beendigung der Beziehung ausfallen.

Aber erinnern Sie sich daran, er ist nun einmal ein Bindungsscheuer. Das heißt, daß er sich in keiner Richtung auf Dauer festlegen kann, sei es zu bleiben oder zu gehen. Konsequenterweise zieht er es daher vor, daß alles indirekt geschieht und so, daß Sie einen Großteil der Verantwortung tragen.

Alles, was er von diesem Zeitpunkt an tut, richtet sich deshalb darauf, Ihnen die Tatsache, daß er Sie verläßt, bewußt zu machen – ohne daß er es Ihnen ausdrücklich sagen muß.

Typischerweise fängt er damit an, alles zurückzunehmen, was er Ihnen am Anfang gab. Auf all die Arten, auf die er Ihnen einst Sicherheit vermittelt hat, macht er Sie nun unsicher. Erinnern Sie sich an all die Dinge, die er tat, um Ihnen zu zeigen, daß er sich etwas aus Ihnen machte? Nun, jetzt scheint es, als ob er nichts davon tun will.

Er baut auch all seine Fluchtwege aus. Vielleicht fängt er an, Sie dazu zu bringen, mit ihm zu streiten, oder er fängt an, sich so ekelhaft zu benehmen, daß Sie dazu getrieben werden, den letzten Schritt zu tun. Welche Methode er auch benutzt, er weiß, daß er Sie verlassen wird, aber er ist sich noch nicht klar darüber, wie er das tun wird.

Sie reagieren andererseits wahrscheinlich nicht angemessen, und selbst jetzt noch klingen die Worte dieses Mannes, der sagte, daß er Sie liebe, in Ihrem Kopf. Auch er erinnert sich an diese Worte, aber für ihn sind sie ein Grund dafür, daß er versucht, sich ohne ein ehrliches Gespräch davonzuschleichen.

Er sieht so offensichtlich bekümmert und verwirrt aus, daß man das, was er sagt, leicht falsch interpretieren kann. Weil Sie so viel zusammen durchgemacht haben, nehmen Sie vielleicht an, daß es nicht enden wird, nachdem es ja bis jetzt auch noch nicht zu Ende ging. In Ihren Augen kann die Beziehung inzwischen so fest sein, daß es Ihnen gerechtfertigt scheint, sich wie eine treue Ehefrau benehmen. Deshalb finden Sie sich typischerweise mit ihm ab und benehmen sich so, als ob Sie ihm irgendeine Art von Loyalität schuldeten. Obwohl Sie möglicherweise mit ihm streiten und ihn drängen, sich zu ändern, ist die Wahrscheinlichkeit groß, daß Sie wenig tun, um sein Streben nach Sicherheit zu bedrohen.

In der Zwischenzeit hat er jedoch so viel getan, um Ihre Sicherheit zu bedrohen, daß Ihr Selbst ernsthaft geschädigt sein kann. Sie schwanken wahrscheinlich zwischen starker Angst und akuter Depression, und anstatt sich um sich selbst zu kümmern, wenden Sie sich oft an ihn und erwarten von ihm, daß er alles besser macht. Für gewöhnlich ist das nutzlos.

Wenn die Beziehung das Endstadium erreicht, haben Sie fast keinen Einfluß mehr darauf. Von meinem Standpunkt aus ist es das beste, was Sie tun können, aus der Sache auszusteigen, bevor er es tut, und zu versuchen, soviel Selbstwertgefühl und Selbstbewußtsein wie möglich zu retten.

Das typische Muster

1. Seine Einstellung Ihnen gegenüber hat sich fast völlig geändert, und es gibt deutliche Anzeichen dafür, daß er sich auf dem Absprung befindet.

Ihre typische Reaktion:
Wieder einmal befinden Sie sich in einer emotional total anderen Situation als er. In diesem Stadium sind Sie wahrscheinlich zu dem Schluß gekommen, daß er Sie offensichtlich nicht wirklich verlassen will, obwohl er Sie nicht glücklich macht. Das führt leicht dazu, Ihr Gefühl der Loyalität zu verstärken. Sie fühlen sich oft wie seine Ehefrau, obwohl Sie beide erkennen, daß die Mehrzahl seiner Probleme darauf beruht, daß er nicht bereit war, eine Bindung einzugehen. Hier eine typische Reaktion:

»Ich hatte keine Ahnung, daß das Ende nahe war. Eher dachte ich, daß wir so viel an Höhen und Tiefen zusammen durchgestanden hatten, daß wir es wahrscheinlich schaffen würden. Ich wollte, daß er eine Bindung einging, und ich war bereit, wenn nötig zu warten.«

Sein Verhalten:
Er fühlt, daß er bereit ist, ein Ende zu machen, aber er fühlt sich deshalb schuldig. Er ist auch hin und her gerissen. Erinnern Sie sich, es handelt sich hier um einen Mann, der sich auf nichts festlegen kann, auch nicht darauf, *keine* Bindung einzugehen.

Da er Ihnen nicht gegenübertreten und Ihnen sagen kann, wie er sich fühlt, läßt er es Sie indirekt wissen. Fast alles, was er tut, spiegelt seine Unfähigkeit wider, direkt zu handeln. Hier sind einige der Arten, auf die er versuchen kann, seine Botschaft zu übermitteln:

– Er kann anfangen, davon zu reden, daß er umziehen, die Stadt verlassen oder eine ausgedehnte Reise oder einen Urlaub machen will – allein.

- Er hinterläßt möglicherweise sehr deutliche Hinweise, daß er eine andere Frau trifft. (Zum Beispiel läßt er sich vielleicht von Ihnen bei einer offensichtlichen Lüge ertappen.)
- Er fängt vielleicht damit an, Fehler an Ihnen zu suchen oder Streit zu suchen, fast, als wolle er Ihren Zorn herausfordern.
- Er fängt vielleicht an, sichtlich zerstreut zu handeln.
- Er will vielleicht mehr Zeit ohne Sie verbringen und rechtfertigt das, indem er Sachen sagt wie »Ich muß mir in Ruhe überlegen, was ich tun soll« oder »Ich muß über uns nachdenken«.

Während er all dies tut, sieht er oft mitleiderregend und verwirrt aus. Manchmal ist er sich völlig bewußt, daß Sie weniger leicht mit ihm über das streiten werden, was selbst er als seine Schwäche empfindet, wenn er Ihnen leid tut. Vergessen Sie nicht, daß er sich der Art, wie er Sie an der Nase herumführt, ebenso bewußt ist, wie Sie selbst es sind. Er weiß, daß Sie mehr erwarten, aber er hofft, daß Sie Mitleid mit ihm haben und keine allzu große Szene machen.

Die vernünftige Reaktion:
Haben Sie jetzt kein Mitleid mit ihm, weil er so bemitleidenswert und verwirrt aussieht. Versuchen Sie nicht, der bessere, stärkere oder reifere Partner zu sein. Sie sind hier die verletzte Partei, nicht er.

Oft sucht eine Frau nach Vernunftgründen für das Verhalten des Mannes und kauft ihm sein »Ich-muß-zu-mir-selbst-finden«-Gerede ab. Wenn dies passiert, nimmt sie eine »Ich-werde-auf-dich-warten«-Pose ein. Das bringt ihr nichts ein, sondern macht sie schließlich nur zornig. Sich wie Penelope zu verhalten, verwandelt ihn nicht auf magische Weise in Odysseus.

Anstatt weitere Energie damit zu verschwenden, ihm bei der Selbstfindung zu helfen zu versuchen, ist es Zeit für Sie, Ihr Gepäck zu nehmen und auszusteigen.

Wenn Sie diesen Punkt erreichen, gibt es wenig, was Sie tun können, außer Ihre gefühlsmäßigen Verluste abzuschreiben und aus der Beziehung mit soviel Selbstachtung und Selbstbewußtsein, wie Sie sich noch bewahren können, auszusteigen.

Wenn er Ihnen nachkommen will und in Verhandlungen mit

Ihnen eintritt, ist das wunderbar – aber herumzuhängen und zuzusehen, wie er sich dreht und wendet, wird nichts bringen.

2. Er verbringt weniger Zeit mit Ihnen und denkt gar nicht mehr daran, Ihnen große Erklärungen dafür zu geben.

Ihre typische Reaktion:
Weil er zu Ihnen nicht direkt sagt, daß er die Sache beenden will – tatsächlich leugnet er es wahrscheinlich auch vor sich selbst immer noch –, fragen Sie ihn weiterhin, was eigentlich los ist, und versuchen zu glauben, was immer er Ihnen erzählt. Während all dessen warten Sie wahrscheinlich sehnlichst auf seine Anrufe und sind jederzeit verfügbar, wenn er Sie sehen will.

Sie versuchen vielleicht auch, ihn dazu zu bringen, Sie öfter zu treffen, und oft streiten Sie mit ihm darüber, was er macht oder nicht macht. Typisch ist auch, daß Sie viel weinen und sehr viel Zeit mit dem Versuch verbringen, herauszukriegen, was eigentlich geschehen ist.

Sein Verhalten:
Um seine Schuldgefühle zu verringern, hofft er, daß er Sie daran gewöhnen kann, ohne ihn zurechtzukommen. Er bildet sich ein, daß er rücksichtsvoll sei, wenn er diese Art von Lockerung durchführt. Es ist fast, als glaube er, Sie würden es nicht bemerken. Ein Mann beschrieb es mir so: »Es ist, als wären wir beide zusammen und würden unsere Spiegelbilder in einem Schaufenster betrachten, und ich mache zwei Schritte rückwärts und bin weg... nur zwei Schritte.«

Wie Sie, erinnert er sich daran, wie er am Anfang war, aber er hofft, daß Sie es vergessen. Er hofft, daß er eines Morgens aufwacht und sein »Spiegelbild« verschwunden ist.

Die vernünftige Reaktion:
Rufen Sie ihn nicht an. Schreiben Sie ihm keine Briefe. Versuchen Sie nicht, sich vor ihm zu beweisen. Warten Sie nicht auf ihn. Bitten Sie ihn nicht um ein Treffen. Planen Sie keine Treffen, bei denen Sie versuchen, ihn zu verführen. Planen Sie keine Parties in der Hoffnung, daß er käme. Mit anderen Worten:

Stellen Sie nicht Ihr Leben auf den Kopf im nutzlosen Versuch, seine Aufmerksamkeit zu erregen.

Vergessen Sie, daß Sie diesen Kerl je getroffen haben. Fangen Sie an, Ihr Leben wieder selbst in die Hand zu nehmen. Wenn das bedeutet, einen Psychiater aufzusuchen, dann tun Sie es. Gehen Sie aus. Bitten Sie Freunde, Ihnen dabei zu helfen, etwas zu unternehmen. Sagen Sie ihm, daß er seine Zeit vergeudet, wenn er anruft.

Glauben Sie nicht, daß Sie, wenn Sie ihn irgendwie zu packen bekämen, und sei es nur für eine Minute, ihn bewegen könnten zu bleiben. Es klappt nicht.

Sehen Sie, ich weiß, Sie machen eine traurige Zeit durch. Wenn Sie dieses Stadium erreichten, ging es zu tief. Aber wenn die Beziehung tot zu sein scheint, wird der Versuch, sie wiederzubeleben, Ihnen gleichzeitig nur all die emotionale Energie rauben, die Sie noch übrig haben.

3. Er besteht auf Flexibilität und Freiräumen.

Ihre typische Reaktion:
Sie erinnern sich noch, wie er am Anfang war, und hoffen, wenn Sie bei allem mitmachen, was er sagt, wird er erkennen, daß eine Bindung nichts so Bedrohliches ist. Da Sie wenig tun können, außer seine »Regeln« zu akzeptieren, versuchen Sie ihm den Freiraum zu geben, den er braucht, aber Sie wissen nicht so recht wie.

Sein Verhalten:
Im vollen Bewußtsein der Bedeutung einer Bindung, ist er von seinem Bedürfnis nach einem Freiraum überwältigt. Die geringste Kleinigkeit führt dazu, daß er sich in der Falle fühlt. Wenn er bei Ihnen ist, fühlt er sich, als bekäme er keine Luft. Er sehnt sich nach dem Gefühl der Freiheit, und alles, was Sie tun, empfindet er nur als Mittel, ihn einzufangen. Selbst wenn Sie mit ihm übereinstimmen, denkt er, daß Sie damit lediglich versuchen, ihn dazu zu kriegen, eine Bindung einzugehen. In seinen Augen sind Sie seine Kerkermeisterin.

Die vernünftige Reaktion:
Sie müssen erkennen, daß Sie nichts richtig machen können. Sagen Sie ihm auch nicht, daß Sie ihm mehr »Raum« geben werden, denn gerade der Gedanke, daß Sie darüber entscheiden können, wieviel oder wiewenig »Raum« er hat, bekräftigt Ihren Status als Kerkermeisterin und macht ihn wütend.

Das einzige, was Sie tun können, ist, sich selbst soviel Freiraum wie möglich zu nehmen, möglichst in Form eines Abstandes von hundert Kilometern oder mehr. Dies steht natürlich in krassem Gegensatz zu allem, was Sie tun wollen. Gerade jetzt wollen Sie das Problem mit ihm lösen, aber Sie müssen einsehen, daß das nicht möglich ist.

Gerade jetzt sind Sie in keiner leichten Position, und Sie empfinden wahrscheinlich eine Menge Qual und Schmerz. Dies ist der Mann, mit dem Sie sich vielleicht ein Leben aufbauen wollten. Aber das müssen Sie vergessen und sich selbst die Art von Freiraum verschaffen, den Sie brauchen, um erkennen zu können, was objektiv gesehen ablief.

Sagen Sie ihm, daß Sie beide Zeit und Raum brauchen, um die Dinge zu überdenken. Aber in Wirklichkeit sind *Sie* die Person, die Zeit und Raum braucht, denn Sie sind die Person, die durch sein unsinniges Verhalten gefangen wurde.

Räumen Sie Ihre Wohnung auf. Befreien Sie sich von den Dingen, die Sie an ihn erinnern. Werfen Sie sie weg, wenn Sie können, und wenn nicht, dann packen Sie sie in eine Schachtel, binden Sie diese zu und verstauen Sie sie ganz hinten in einem Schrank. Denken Sie daran, wieviel schlechter Sie dran wären, wenn Sie ihn geheiratet hätten.

4. Er hält Verabredungen nicht ein und ändert Pläne.

Ihre typische Reaktion:
Wenn Sie noch mit ihm zusammen sind, sind Sie von den Widersprüchen in seinem Verhalten so verwirrt, und alles, was Sie wollen, ist eine Erklärung. Wenn er Sie nicht sehen will, warum traf er dann die Verabredung? Wenn er nicht mit Ihnen reden will, warum ruft er dann an? Ihr Urteil ist wahrscheinlich schief, Ihr Selbstwertgefühl auf dem Nullpunkt.

Sie haben eine Menge emotionelle Kraft in diesen Mann investiert, und alles, was Sie wollen, ist, daß er wieder so wird wie am Anfang. Aber Sie wissen nicht, wie Sie das schaffen sollen, deshalb versuchen Sie alle möglichen Ansätze, von kalter Wut bis zu fast mütterlicher Toleranz. Unglücklicherweise scheint nichts zu klappen.

Sein Verhalten:
In seiner Vorstellung wird er sich weniger schuldig und verwirrt fühlen, wenn es ihm gelingt, Sie zu überzeugen, daß er Sie nicht liebt – auf die gleiche Art, wie er Sie am Anfang überzeugte, daß er sie liebt. Es ist fast, als versuche er jetzt, alles zurückzunehmen, was er Ihnen am Anfang gab. Erinnern Sie sich an einige der Gefühle, die er Ihnen vermittelte – das Gefühl der Sicherheit, das Gefühl, geliebt zu werden, die überwältigende Vertrautheit? Nun will er all das zurücknehmen.

Sie müssen einsehen, daß die Beziehung so nahe vor einer festen Bindung steht, daß sein inneres Alarmsystem so laut läutet, daß er sich selbst nicht hören kann. Deshalb kann er auch nicht denken – er quält sich herum und versucht, den Ausstieg zu finden.

Wenn ich von den Interviews mit den Männern ausgehe, muß ich Ihnen fairerweise auch sagen, daß er auf Sie sauer ist, weil Sie diese Gefühle in ihm provozieren. Er kann vielleicht sogar einsehen, daß es irrational ist, Ihnen die Schuld zuzuschieben, aber so empfindet er es jedenfalls.

Die vernünftige Reaktion:
Erkennen Sie, was er tut, und machen Sie sich klar, daß es nichts gibt, was Sie tun oder sagen können, »um seine Meinung zu ändern und ihn zum Bleiben zu bewegen«. Machen Sie sich keine Gedanken darüber, was er braucht, um sich besser zu fühlen. Vergeuden Sie Ihre Energie nicht damit, über unterschiedliche Ansätze nachzudenken, die etwas bewirken könnten. Das einzige, was selbst jetzt noch funktionieren könnte, ist, daß Sie auf Distanz gehen. Wenn Sie versuchen, ihm nahe zu bleiben und es sozusagen »auszusitzen«, werden Sie diejenige sein, die den meisten unmittelbaren Schaden erleidet. Sie müssen sich ihrerseits zurückziehen, weil es nur noch eine Frage der Zeit ist, bis er es tut.

5. Er ist die meiste Zeit launisch, aber er schiebt es immer noch auf etwas anderes; er geht vielleicht sogar so weit zu sagen: »Es liegt nicht an dir.«

Ihre typische Reaktion:
Einer der Hauptgründe, warum eine Frau im Endstadium verwirrt wird, ist, daß sie akzeptiert, was der Bindungsscheue ihr erzählt (genau wie sie es am Anfang tat). Wenn Sie je in solch einer Situation waren, dann wissen Sie, daß Sie ihm glauben, weil Sie ihm glauben wollen. Vielleicht gehen Sie so weit, wieder einmal zu versuchen, sich wie eine pflichtbewußte Ehefrau zu benehmen. Er sagt, daß Sie nicht der Grund für seine Launen sind, deshalb denken Sie vielleicht, daß etwas ernstlich nicht in Ordnung ist. Sie neigen dazu, die kleinen Konflikte in seinem Leben zu überdramatisieren, weil Sie eine Erklärung suchen. Sie tun alles, was Sie können, um verständnisvoll und tolerant zu sein, egal wie unentschuldbar sein Verhalten ist.

Sein Verhalten:
In seinem Kopf passiert folgendes: Er hat definitiv beschlossen, Sie zu verlassen, aber bezüglich seiner Entscheidung gibt es noch große Fragezeichen. Und nicht zu vergessen, er fühlt sich schuldbewußt – nicht so schuldbewußt, daß er seine Entscheidung ändern würde, aber nichtsdestoweniger schuldbewußt.

Er weiß besser als jeder andere, daß Sie nichts falsch gemacht haben und daß Ihr einziger Fehler ist, daß Sie eine dauerhafte Beziehung mit ihm haben wollen. Er weiß, daß Sie ihn quälen, ohne daß das wirklich Sie sind. Sie müssen einsehen, daß er das nicht mit Ihnen diskutieren will, denn wenn er es täte, könnten Sie versuchen, das Problem zu lösen, und dann wäre er wirklich angebunden.

Zu diesem Zeitpunkt trifft er sich vielleicht mit einer anderen Frau. Seine Verwirrung darüber, was er mit ihr tut, kann ebenfalls zu seiner Launenhaftigkeit beitragen. Aber egal, ob es eine andere Frau gibt oder nicht, er würde Sie gerne verlassen, ohne daß Sie überhaupt merken, daß er es getan hat. Auf diese Weise würde, falls er seine Meinung ändert und zurückkommen will, alles wieder so sein, wie es war. Was auch immer in seinem Kopf vorgeht, er will nicht, daß Sie ihm irgendwie näherkommen. Wenn Sie fragen, was nicht stimmt, kommt er deshalb mit einem Dutzend von Ausflüchten und hofft, daß Sie ihm eine davon oder eine Kombination von ihnen abkaufen.

Die vernünftige Reaktion:
Denken Sie nicht, daß Sie seine Frau seien und seine Launen verstehen müßten. Nebenbei, da Sie das genaue Gegenteil von dem fühlen, was er fühlt, ist es für Sie fast unmöglich, in seine Haut zu schlüpfen und ihn zu verstehen. Sie wollen sich binden, und er will sich trennen. Das ist es, was ihn umtreibt.

Es gibt wahrscheinlich kein überlebensgroßes Drama in seinem Leben, das seine Launen rechtfertigen würde, deshalb sollten Sie sich keine romantischen Szenen vorstellen, in denen er echte Probleme hat und Sie zu Ihrem Mann stehen.

An diesem Punkt würde ich einfach voraussetzen, daß er an eine andere Frau denkt, wenn er sich nicht tatsächlich schon mit einer trifft. Glauben Sie nicht, daß es sie zum Verschwinden bringt, wenn er Sie öfter trifft.

Sie sind zu weit vorgedrungen, und er ist zu sehr in Panik, als daß Sie etwas anderes tun könnten, als zu versuchen, sich selbst in den Griff zu bekommen und sich zurückzuziehen. Bewahren Sie sich Ihre emotionelle Energie, damit sie Ihnen hilft, eine sehr schwierige Periode durchzustehen. Vergeuden Sie sie nicht für seine Launen.

6. Er verwirrt Sie weiterhin durch das, was er sagt, und sendet sehr widersprüchliche Signale aus: In der einen Minute kann barsche Zurückweisung und Suche nach Fehlern vorherrschen, in der nächsten sentimentale Liebe oder völlige Zuwendung.

Ihre typische Reaktion:
Wenn er Ihnen etwas Nettes sagt, halten Sie sich daran fest und schöpfen Hoffnung. Wenn er etwas Abweisendes sagt oder tut, beten Sie, daß es vorbeigeht. Sie sind wahrscheinlich deprimiert, außerordentlich ängstlich, unsicher und fühlen sich absolut miserabel.

Sein Verhalten:
Natürlich hat er noch Gefühle für Sie. Wann immer er daran

denkt, Sie für immer zu verlassen, erinnert er sich an die guten Dinge. Sie tauchen so oft plötzlich in seinen Gedanken auf, daß er keinen klaren Schlußstrich ziehen kann.

Er kann sich nicht einmal vor sich selbst darauf festlegen, daß es vorbei ist. Er kann nicht vor und nicht zurück. Deshalb schwankt er ständig hin und her.

Wenn er sich schuldig fühlt, sagt er vielleicht Dinge, damit Sie sich besser fühlen. Er beschränkt vielleicht viel vom wechselseitigen Kontakt zwischen Ihnen beiden auf Telefonanrufe, und er macht vielleicht sogar nette kleine Anrufe, fast wie er es am Anfang tat. Das verwirrt Sie eher noch mehr.

Nebenbei besteht bei diesen Anrufen die Gefahr, in wütende Auseinandersetzungen umzuschlagen, weil Sie versuchen, ihn festzunageln. In der Zwischenzeit zeigt er klassische »Kampf-oder-Flucht«-Symptome. Fern von Ihnen fühlt er sich entspannt und vermißt Sie – aber der leiseste Kontakt mit Ihnen kann Gefühle des Gefangenseins auslösen.

Er sendet wirre Botschaften aus, weil seine Gefühle verwirrt sind.

Die vernünftige Reaktion:

Sie öfter zu treffen, wird ihn nicht weniger verwirrt machen. Es wird nur dazu führen, daß er noch schneller davonrennt. Fragen Sie ihn nicht, warum er sich so widersprüchlich verhält. Das ist, als wollten Sie versuchen, vom Finanzamt eine verbindliche Erklärung zu bekommen.

Sie bekommen vielleicht das Gefühl, daß er versucht, Sie auf »Halde zu legen« – indem er Ihnen gerade noch genug gibt, um die Beziehung mit Ihnen aufrechtzuerhalten. Machen Sie nicht den Fehler, das so zu interpretieren, als hieße es, daß er weiß, was er tut, und daß er, wenn Sie an der Beziehung festhalten, Sie mit seiner Liebe belohnt – er tut es nicht, und er will es nicht.

Wenn Sie diesen Punkt erreicht haben, sind Sie so wenig darauf eingestellt, daß Sie wahrscheinlich ganz betäubt sind von der Art, wie er Ihr Selbstgefühl zerstört hat. Das sollte Ihnen nicht peinlich sein, denn das geschah vielen, vielen anderen Frauen. Das ist traurig, aber wahr. Sie müssen tun, was nötig ist, um sich gefühlsmäßig so positiv und ungeschädigt wie möglich loszureißen. Ich weiß, das ist leichter gesagt als getan, aber Sie müssen es versuchen.

Sie dürfen nicht den Fehler machen, die Intimität, die zwischen Ihnen bestand, als Freundschaft anzusehen. Erwarten Sie nicht von ihm, daß er Ihr bester Freund ist oder daß er sich gefühlsmäßig um Sie sorgt. Sie müssen das selbst für sich tun. Sitzen Sie nicht am Telefon und warten auf seine Anrufe, indem Sie sich an den Glauben klammern, daß er Sie nicht verlassen wird, solange Sie für ihn da sind. Das wird nicht klappen.

Sie müssen die Tatsache akzeptieren, daß er für Sie gefühlsmäßig nicht mehr erreichbar ist, und Sie müssen sicherstellen, daß Sie gefühlsmäßig nicht mehr für ihn erreichbar sind.

7. Er zieht sich sexuell zurück und schiebt es auf die Arbeit, auf Erschöpfung oder Krankheit. Er unterstellt, daß Sie das verstehen würden, wenn Sie wirklich verständnisvoll wären.

Ihre typische Reaktion:
Dies erscheint Ihnen wie der letzte Schritt im Zurückweisungsprozeß, und Sie sind verletzt, fühlen sich verraten und verwirrt. Unglücklicherweise wollen und lieben Sie ihn wahrscheinlich immer noch.

Sein Verhalten:
Für gewöhnlich hebt er sich den totalen sexuellen Rückzug bis zuletzt auf. Er will nicht mit Ihnen ins Bett, weil er zu hart daran arbeitete, sich loszulösen. Er fürchtet, wenn er mit Ihnen schläft, wird das falsch ausgelegt, und Sie werden meinen, daß sich die Beziehung verbessert. Seine Entscheidung, nicht mit Ihnen zu schlafen, ist eine bewußte Entscheidung. Er wird Ihnen wahrscheinlich erzählen, daß er irgendwelche anderen emotionalen Probleme hat und andeuten, daß sein sexueller Rückzug vorübergehend ist. Auf diese Weise wird die Tür nicht völlig zugeschlagen.

Die vernünftige Reaktion:
Würde es etwas helfen, wenn ich Ihnen sagte, daß fast jede Frau, die ich interviewte, Erfahrungen aus erster Hand hatte mit dieser Art von sexuellem Rückzug? Es scheint sich um ein echtes bindungsphobisches Standardverhalten zu handeln.

Was immer Sie tun, versuchen Sie nicht, ihn zu verführen, und versuchen Sie nicht, seine Meinung zu ändern. Hier die Gründe dafür:

- Wenn Sie versuchen, ihn zu verführen, und es geht schief, was wahrscheinlich ist, fühlen Sie sich noch schlechter.
- Die Frauen, denen es gelang, den Mann zu diesem Zeitpunkt zu verführen, berichteten, daß er fast unmittelbar danach die Flucht ergriff und die Beziehung für immer beendete.

Es ist sein Problem – machen Sie es nicht zu dem Ihren. Fühlen Sie sich nicht zurückgestoßen, und fühlen Sie nicht das Bedürfnis, sich zu beweisen. Seien Sie nett zu sich selbst und bleiben Sie ihm fern.

8. Er will überhaupt nichts tun, um die Beziehung zu verbessern – er will nicht einmal darüber reden.

Ihre typische Reaktion:
Sie glauben immer noch, daß Sie mit ihm reden können.

Sein Verhalten:
Er will überhaupt nichts tun; er will über gar nichts reden. Über das Problem zu reden, verstärkt es nur, denn es beunruhigt ihn, daß Sie einen Weg finden könnten, diese Sache zu meistern. In seinem Kopf fühlt er sich wie ein Bursche in der Todeszelle, und Ihr Verhalten wirkt auf ihn, als würden Sie anbieten, beim Aufstellen des elektrischen Stuhls zu helfen. Ich weiß, das klingt ein wenig übertrieben, aber glauben Sie mir, so denkt er.

Die vernünftige Reaktion:
Hier gibt es nichts zu diskutieren. Sie müssen sich jetzt um Ihr eigenes Leben kümmern. Machen Sie keine Drohungen, tun Sie es einfach. Nehmen Sie seine Weigerung, an der Beziehung zu arbeiten, als das, was sie ist – eine Weigerung, an der Beziehung zu arbeiten. Geben Sie's auf und steigen Sie aus.

Tun Sie, was Sie tun müssen, um Ihre Prioritäten zu setzen, und stellen Sie sicher, daß er nicht eine davon ist. Und erinnern Sie sich an eines: Wenn er ein Bindungsscheuer ist, war es nicht Ihr Fehler.

11. KAPITEL

Das bittere Ende einer bindungsphobischen Beziehung

Das bittere Ende

Ich hoffe, die meisten von Ihnen gelangen nie an diesen Punkt. Wenn es jedoch der Fall ist, kann Ihnen vielleicht die Einsicht helfen, daß der Mann, der die Ursache dafür ist, daß Sie sich so schlecht fühlen, nichts so »Besonderes« ist. Es handelt sich um einen Bindungsscheuen mit einem bekannten Verhaltensmuster und erkennbarer Taktik. Seine Taktik und seine Mätzchen als das zu erkennen, was sie sind, können zwar wohl den Schmerz, den Sie fühlen, nicht auslöschen, aber sie können Ihnen helfen, eine aussichtslose Situation als das zu erkennen, was sie ist.

Das bittere Ende ist die letzte Inszenierung des hochgradig Bindungsscheuen. Wenn Sie das Pech haben, eine Beziehung mit einem Mann zu haben, der Sie so weit treibt, sollten Sie im Gedächtnis behalten, daß – egal was er Ihnen sagt, egal wie sehr er sich an die Brust schlägt oder welche anderen theatralischen Gesten er sonst bringt – er nicht Laurence Olivier ist, und der einzige Oscar, den er erhalten kann, ist der für Spezialeffekte.

Ich will hier nicht übertrieben lustig erscheinen, und ich glaube auch nicht, daß es angemessen ist, Ihr Unglück mit Humor zu kaschieren. Er hat Sie unglücklich gemacht, und Sie haben das Recht, sich unglücklich zu fühlen. Aber ich denke, daß Sie besser imstande sein werden, baldigst mit Ihrem normalen Leben fortzufahren, wenn Sie das Melodrama dieses Mannes als das erkennen, was es ist – eben ein anderer Weg, eine Bindung zu vermeiden.

Er kann nicht bleiben, aber er kann sich auch nicht darauf festlegen, zu gehen

Wenn Sie einen weiteren Beweis dafür brauchen, daß es sich bei dem betreffenden Mann um einen Bindungsscheuen handelt, betrachten Sie einmal, wie er Beziehungen auflöst. Er kann sich ebenso schwer auf das Weggehen wie auf das Bleiben festlegen. Endresultat: Selbst am bitteren Ende sendet er widersprüchliche und verzerrte Botschaften aus – er scheint fast unfähig, Ihnen eine ehrliche und aufrichtige Darstellung seiner Gefühle oder seiner Absichten zu geben.

Warum es endet

Es endet, weil er, wenn er mit Ihnen zusammen ist, sich fühlt, als müsse er nach Luft schnappen. Er liebt Sie vielleicht immer noch, aber er hat nicht das Gefühl der Freiheit, und Freiheit ist das, wonach er sich verzehrt. Zu dem Zeitpunkt, an welchem Ihre Beziehung das bittere Ende erreicht, hat sich der Bindungsscheue nicht mehr unter Kontrolle. Er ist so empfindlich gegenüber dem, was Sie verkörpern, daß er nicht auf eine Art mit Ihnen umgehen kann, die normalem Verhalten ähnelt. Er ist wie ein Mensch mit Höhenangst, den man an den Füßen über die Dachkante des Empire State Building baumeln läßt. In seinen Augen ist alles, was Sie tun, als ob Sie ihn dabei an den Zehen kitzeln würden. Er will nur noch sein Unbehagen beenden.

Weniger als fünfzig Arten, eine Geliebte zu verlassen

Der typische hochgradige Bindungsscheue beendet eine Beziehung auf eine von drei möglichen Arten oder einer Kombination daraus: Er *provoziert* Sie, sie zu beenden; er *zieht sich* langsam auf den Punkt *zurück*, an dem keine Beziehung mehr übrig ist; er *verschwindet*.

Welchen Weg er auch wählt, es gelingt ihm oft, Sie, die Frau, die ihn liebt, soweit zu bringen, daß Sie eine – oder alle – der folgenden Rollen akzeptieren:

Mutter
Therapeutin
Beste Freundin

Wenn Sie diese Rollen annehmen, wird von Ihnen verlangt, sein emotionelles Wohlbefinden über Ihres zu stellen. So wird er die wichtigere Person in der Beziehung.

Das funktioniert so: Als Mutter packen Sie seine Koffer, während Sie ihn als Therapeutin fragen, ob er sicher sei, daß er weiß, wohin er gehen will, und als beste Freundin fahren Sie ihn zum Flugplatz.

Wenn dies geschieht, sind Ihre Bedürfnisse ausgelöscht – verloren in dem Wirrwarr. Irgendwie hat sich alles ins Gegenteil verkehrt, und er verwendet diese Mittel, um Sie nahe bei sich zu halten, bis er Sie nicht mehr braucht und nachdrücklich die Tür schließt. In der Zwischenzeit können Sie typischerweise einfach nicht glauben – wenn Sie an all das denken, was Sie miteinander teilten –, daß es je vorbei sein wird. Erst nachdem er gegangen ist, wird die Wirklichkeit bedrückend klar. Ihre Verwirrung hält oft lange an und macht die Zeit der Erholung doppelt schwierig.

Drei Arten, wie der Bindungsscheue eine Geliebte verläßt

1. Er provoziert Sie, Schluß zu machen, indem er einen riesigen Streit anfängt oder sich besonders eklig benimmt.

Ihre typische Reaktion:
»Ich kann nicht glauben, was ich mir gefallen ließ. Er fing an, andere Frauen zu treffen, und traf immer mehr von Ihnen, und mich sah er immer weniger. Aber wenn ich ihn fragte, ob wir uns trennen sollten, sagte er stets nein. Infolgedessen wußte ich nie, wann ich ihn sehen würde – es war, wie mit einem verheirateten Mann befreundet zu sein. Ich versuchte ein paarmal, die Sache abzubrechen, aber er sagte, er liebe mich, und er wisse eigentlich auch nicht, warum ich mir das von ihm gefallen ließe. Ich weinte und fragte ihn, ob er Schluß machen wolle, und er sagte stets nein. Er deutete gewissermaßen an, daß er mehr Zeit brauche. Er rief mich jeden Tag an, und ich dachte, er würde

sich ändern. Eines Tages rief ich bei ihm zu Hause an, und eine Frau war am Apparat und sagte, er sei unter der Dusche. Ich fühlte mich so gedemütigt... ich konnte einfach nicht mehr. Ich weigerte mich, ihn zu sehen – und dieses Mal wirkte es.«

Es ist typisch, daß Sie mit Ihrer Weisheit am Ende sind, wenn der Bindungsscheue Sie schließlich fallenläßt. Sie sind zu unglücklich, zu angewidert und zu entmutigt, um nur eine Minute weiterzumachen. Sie haben endlich genug, und das sagen Sie ihm. Er schließt nicht eher die Tür, bis Sie anfangen zu weinen und sich fragen, ob Sie das Richtige taten. Nun sind Sie ohne ihn. Was werden Sie tun? Alles, woran Sie denken können, ist, wie Sie ihn zurückkriegen können. Sie erinnern sich, wie er am Anfang war, und fragen sich, was Sie denn taten, um seine Liebe zu verlieren.

Sein Verhalten:
Tief in seinem Herzen weiß er, daß Sie sich das nicht ewig gefallen lassen können, und er treibt es eben so weit, bis Sie den Punkt erreichen, mit ihm zu brechen. Egal, ob er sich dessen völlig bewußt ist oder nur teilweise, die Motivation ist dieselbe: Er will gehen, aber er will, daß Sie dafür die Verantwortung übernehmen. Männer wissen, was Frauen an den Punkt ohne Umkehr bringt. Oft ist das ein Verhalten, wegen dem es in der Vergangenheit schon viele Kämpfe gegeben hat. Einige typische Beispiele:

»Ich brachte Joan in Donnas Wohnung und schlief dort mit ihr, während Donna bei der Arbeit war. Natürlich fand Donna es heraus. Donna sagte, am meisten hätte sie gekränkt, daß ich Joan ihren Bademantel anziehen ließ. Ich kann nicht glauben, daß ich so dumm war.«

»Ich war erstaunlich offen mit meinen Affären, und schließlich fand sie es heraus, und sie übte mit Recht Vergeltung.«

»Ich ließ sie am Silvesterabend allein und ging zu einer Party bei meiner Schwester, ohne sie mitzunehmen. Ich wußte, Sie würde explodieren, und das tat sie auch.«

»Ich kritisierte sie die ganze Zeit – ich weiß auch nicht warum, ich war tatsächlich der Kontrolliertere von uns beiden. Eines

Abends kochte sie ein Essen für meinen Geburtstag. Sie machte sich offensichtlich eine Menge Mühe, und sie machte mir drei Geschenke, die mir wirklich gefielen. Nach dem Essen liebten wir uns. Danach ging ich in die Küche. Sie hatte die schmutzigen Teller vom Geburtstagskuchen auf einem Brett stehenlassen. Ich sagte ihr, daß es mich sehr störe, immer schmutzige Teller vorzufinden. Sie wurde wütend und stürmte davon. Ich bin sicher, sie hätte Zeit finden können, sie abzuwaschen, wenn sie es wirklich gewollt hätte. Es ist wohl ganz gut, daß wir uns trennten – wir waren zu verschieden.«

»Ich nahm sie nicht auf die Hochzeit meines Vetters mit.«

»Ich mietete eine neue Wohnung, und aus irgendeinem Grund wollte ich nicht, daß sie diese sah. Ich weiß auch nicht warum – aber ich wollte sie einfach nicht dort haben. Schließlich tauchte sie eines Abends vor meiner Tür auf, und als ich öffnete, warf sie mir alle Kleider, die ich in ihrer Wohnung gelassen hatte, vor die Füße.«

Die vernünftige Reaktion:
Sie sollten Ihre Entscheidung keinen Moment bedauern. Sie müssen wissen, daß er will, daß Sie das tun. Es war nicht Ihr Fehler, und er trieb Sie dazu. Das einzige, was Sie bedauern sollten, ist, daß Sie es nicht früher getan haben.

Wenn Sie diesen Punkt erreichen, sollten Sie auch aufpassen, daß Sie nichts tun, was Sie vollends zum Narren macht. Wenn Sie im Begriff sind, sich zu guter Letzt gedemütigt zu fühlen, weil Sie sich in der Öffentlichkeit »gehen ließen«, dürfen Sie das nicht überbewerten: Das Verhalten dieses Mannes könnte eine Heilige dazu bringen, sich wie eine Verrückte zu verhalten.

2. Er zieht sich so total zurück (er zieht vielleicht sogar um), daß die Beziehung an Auszehrung stirbt.

Ihre typische Reaktion:
»Wir durchliefen alle Stadien... sinnlose Brüche, Kämpfe, Versöhnungen... aber schließlich endete es, weil sich unsere Beziehung gewissermaßen abnutzte, bis nichts mehr da war. Er

nahm alles, und schließlich war nichts mehr übrig. Er fing damit an, mich weniger oft zu treffen, mit einer Menge von Gründen dafür. Dann mietete er mit Freunden ein Sommerhaus und sagte, es gäbe dort keinen Platz für Gäste, mich eingeschlossen. Ich sagte, es sei offensichtlich, daß er mich nicht mehr sehen wolle, aber er leugnete es. Wir brauchten rund ein Jahr, bis wir an dem Punkt angekommen waren, wo nichts mehr übrig war. Wir sahen einfach immer weniger voneinander. Ich erinnere mich nicht einmal mehr, wie es wirklich endete.«

Irgendwie werden Sie durch sein Verhalten allmählich so eingestellt, daß Sie immer weniger erwarten, Sie benehmen sich wie eine Frau, deren angebeteter Mann sich auf einer ausgedehnten Reise befindet. Während der ganzen Zeit erwarten Sie, daß er sich ändert, denn irgendwie machte er klar, daß Sie die Frau seines Lebens seien. Wenn das nicht der Fall ist, sind Sie oft so daran gewöhnt, zu Hause zu bleiben und auf seine Anrufe oder seine Besuche zu warten, daß Sie kein wirkliches Leben mehr haben.

Sein Verhalten:

Weil er einfach zu schuldbewußt ist, um ein Ende zu machen, hofft er, daß die Beziehung sich vielleicht in Luft auflöst. Er gibt gerade noch genug, um sie dürftig am Leben zu erhalten, aber kein bißchen mehr. Ihnen gegenüber hat er alle möglichen Entschuldigungen, um zu rechtfertigen, was er tut:

»Ich weiß nicht... ich brauche mehr Zeit.«

»Ich muß abwarten, wie das mit meiner Arbeit läuft... viel hängt von der Beförderung ab.«

»Ich bin noch zu jung, um mich häuslich einzurichten... vielleicht nächstes Jahr...«

»Ich bin zu alt... Ich weiß nicht, ob ich das jetzt machen kann... aber andererseits fühle ich morgen vielleicht anders.«

»Ich weiß, die neue Stelle ist sehr weit weg, aber das heißt doch nicht, daß wir uns nicht sehen können.«

Oft versuchen Sie ihn anzurufen, um ihn dazu zu bringen, etwas zu sagen, Ihnen irgendeine Art von Erklärung zu geben, oder Sie versuchen vielleicht ihn zu treffen. Wenn eine andere Frau eine Rolle spielt – was oft der Fall ist –, machen Sie sich Sorgen, daß Sie ihn anrufen könnten, wenn sie gerade da ist. Sie hoffen weiter, daß Sie aufwachen und entdecken, daß es gar nicht geschah. In der Zwischenzeit versuchen Sie sich Wege auszudenken, um das alte Band zwischen Ihnen beiden neu zu knüpfen.

Sein Verhalten:
Er weiß, daß er die Beziehung so weit kommen ließ, wie er gehen konnte. Weiter kann er nicht. Er ist schon zu weit gegangen. Er sieht keine Möglichkeit, mit Ihnen darüber zu sprechen, was er fühlt. Er fühlt sich wie ein Gefangener, und Flucht ist für ihn der einzige Ausweg. Das heißt nicht, daß er Sie nicht mag. Er hat nur die Beziehung zu weit getrieben, und das wollte er nicht.

Aber niemand weiß besser als er, wie er Sie angeführt hat. Infolgedessen ist er überwältigt von einer Kombination aus Schuldgefühl und Angst. Er versteht genau, warum Sie mehr von ihm erwarten und verdienen. Weil er erkennt, daß das allein seine Sache ist, kann er Ihnen nicht gegenübertreten. Was sollte er schon sagen?

So bewältigt er seine Schuldgefühle, indem er Sie nicht trifft und sich Ihnen nicht stellt. Er hofft, daß seine Schuldgefühle verschwinden, wenn er sich vormacht, daß Sie nicht existieren – indem er Sie zumindest zeitweise aus seinem Leben verbannt. Hier einige typische Reaktionen:

»Ich konnte es einfach nicht länger aushalten. Ich fühlte mich schlecht – ich wußte, ich hätte sie anrufen müssen, aber ich konnte mich einfach nicht dazu aufraffen. Deshalb verschob ich es. Jeder Tag, den ich es hinausschob, machte es unmöglicher für mich, es je zu tun.«

»Ich hatte mich zu weit vorgewagt, und es schien der einzige Ausweg zu sein. So wie ich ihr nachstellte, schaufelte ich mein eigenes Grab. Ich weiß, ›ein richtiger Mann‹ hätte eine Erklärung gegeben, aber das hätte so lächerlich gewirkt. Wie hätte ich das jemandem erklären können, mit dem ich so intim gewesen war – wie hätte ich sagen können, das war's jetzt? Nennen Sie es Feigheit, nennen Sie es, wie Sie wollen. Ich konnte ihr einfach nicht ins Gesicht sehen.«

»Eines Tages wachte ich auf und erkannte, was ich getan hatte. Keine Frage – ich wollte nicht heiraten. Ich wollte sie nicht einmal mehr sehen.«

Die vernünftige Reaktion:
Das erste, was man verstehen muß, ist, daß es sich bei diesem Mann um einen ganz bestimmten Typ handelt. Ich nenne ihn Houdini, nach dem Entfesselungskünstler. Ein Houdini ist ganz besonders zerstörerisch, weil er fast immer derjenige ist, der darauf besteht, gefesselt zu werden. Sobald Sie tun, worum er bittet, verschwindet er. Wenn er wieder auftaucht, ist er völlig anders oder hat eine andere Frau, sozusagen eine Bühnenassistentin, bei sich. Eine Flucht à la Houdini ist in kurzen, intensiven bindungsphobischen Beziehungen am verbreitetsten. Ein Houdini geriet zu früh bis über beide Ohren hinein, und er muß einfach rauskommen.

Erkennen Sie den Typ und verstehen Sie, daß er von allen Bindungsscheuen der zerstörerischste ist. Wenn er das erste Mal verschwindet, müssen Sie sich sofort alles Folgende klarmachen: Er ist nicht tot; er liegt nicht in der Gosse und weint nach Ihnen; er wurde nicht von irgendwelchen kleinen bösen Männchen entführt. Er ist gegangen, weil er gehen wollte, und er ist ein Knilch.

Warten Sie nicht darauf, daß er Sie wieder anruft. Denken Sie nicht, daß er einen Nervenzusammenbruch hatte, aus dem er als sein altes, liebevolles Selbst wieder auftauchen wird. Tun Sie nichts, das irgend etwas mit ihm zu tun hat. Jede Sekunde, die Sie damit vergeuden, an ihn zu denken, über ihn zu reden oder mit ihm zu reden, wird nur noch mehr Schmerz verursachen.

Ihn aufzugeben und die Vorstellung von ihm – das ist härter als das Rauchen aufzugeben, aber es muß sein. Je eher Sie es tun, desto eher können Sie wieder Ihr eigenes Leben führen.

Wenn Ihnen so etwas passiert, sollten Sie wissen, daß das sehr vielen anderen Frauen auch schon passiert ist. Schämen Sie sich deshalb nicht. Reden Sie sich nicht weiter ein, daß er Sie wirklich liebte. Romantisieren Sie seine Probleme und seinen

Konflikt nicht. Reden Sie sich nicht ein, daß Sie eine wichtige Rolle in seinem Leben spielten.

Weitere Überlebenstips:

- Widerstehen Sie dem Drang, Ihren Zustand – oder seinen – zu dramatisieren.
- Widerstehen Sie dem Drang, in Ihrem Schmerz zu schwelgen – er wird nur länger dauern.
- Hören Sie auf, an all die Dinge zu denken, die er zu Ihnen sagte.
- Quälen Sie sich nicht damit, was Sie hätten tun können, hätten tun sollen oder vielleicht getan haben.
- Schlagen Sie sich nicht mit Gedanken daran herum, auf welch vielfältige Art er Sie verletzt hat.
- Hören Sie auf daran zu denken, was hätte sein können.
- Beziehen Sie etwas Befriedigung aus der Tatsache, daß Ihnen so etwas nie mehr passiert, weil Sie jetzt wissen, was Sie tun müssen.

Da capo

Es ist endlich vorbei. Langsam fangen Sie an, Ihr Leben wieder aufzubauen. Es ist Zeit, ihn zu vergessen und weiterzumachen. Obwohl es eine Menge Schmerz und Verletzungen gab, scheint das Schlimmste überstanden. Aber plötzlich kommt ein Brief, oder das Telefon klingelt, oder es klopft an der Tür. Er ist es – er ist wieder da. Er ist verzagt, elend, verzweifelt.

Es war ein schrecklicher Fehler, sagt er zu Ihnen, der größte Fehler seines Lebens. Er kann den Gedanken nicht ertragen, Sie nie mehr zu sehen. Er bittet Sie, seine Entschuldigungen anzunehmen – ihm noch eine Chance zu geben. Er verspricht, daß es diesmal anders sein wird... besser. Sie sind wie betäubt. Sie haben gerade angefangen, sich zu erholen, und nun brechen alle Wunden wieder auf. Alles stürzt wieder auf Sie ein. Sie wagen kaum, Ihren Ohren zu trauen – es ist alles, was Sie immer hören wollten.

HALTEN SIE SOFORT AN! Fragen Sie sich, was da vorgeht. Was denkt er?

Nun, die traurige Wahrheit ist, daß er wahrscheinlich *nichts* denkt. Es ist wieder ganz wie am Anfang. Sobald er Sie verließ, war der schlimmste Teil seines Problems vorbei. Ohne die Angst, ohne die Furcht, war er frei, Sie zu vermissen – sich an all Ihre guten Seiten zu erinnern und aufzuhören, nach den schlechten zu suchen. Deshalb ist er wieder da. Aber was bedeutet das wirklich?

Es bedeutet nichts. Er ist derselbe Mann, der er immer war. Er fängt vielleicht wieder an, um Sie zu werben, genau wie er es am Anfang tat. Typischerweise wiederholt er den ganzen Ablauf der Beziehung, indem er alle Stadien durchläuft. Nur handelt es sich diesmal um eine konzentriertere, schnellere Version.

Wenn er bereit ist, einen Eheberater aufzusuchen, haben Sie vielleicht eine Chance. Jedoch ist es nach allem, was ich gehört habe, höchst unwahrscheinlich, daß er fähig sein wird, seine bindungsphobischen Probleme zu überwinden, wenn er diesen Punkt erreicht, nachdem Sie sich schon mit ihm durch all die bereits erwähnten Stadien geschleppt haben. Tatsächlich hat er wahrscheinlich ein eigenes Verhaltensmuster aufgebaut, das es ihm wesentlich leichter macht, es zum zweitenmal zu wiederholen.

Diese läppischen Dinge – der Bindungsscheue und die Erinnerungsstücke

Hier noch ein weiteres sonderbares kleines Detail, das viele Frauen erwähnten: Wenn die Beziehung vorüber ist, weigert sich der Mann oft, ihre Sachen zurückzugeben oder versäumt es. Sie hat vielleicht zum Beispiel Kleidungsstücke oder Bücher oder Platten in seiner Wohnung zurückgelassen. Merilee, eine Designerin, war vom Verhalten ihres Exfreundes total verblüfft:

»Larry verließ mich wegen einer anderen Frau, und ich war ihm deshalb nicht gram, obwohl die Art, wie er es tat, wirklich übel war. Ich hatte jedoch ein paar Nachthemden, meinen Lieblingshut und eine Jacke in seiner Wohnung gelassen. Auch lieh ich ihm zwei Nächte, bevor er mir sagte, daß er mich nicht mehr sehen wollte, fünfzig Dollar, weil sein Bankautomat nicht funktionierte, aber meiner. Nun, jetzt wollte er nichts davon zurückgeben. Er verdient zehnmal so viel Geld wie ich, aber das ist nicht der Punkt. Meine Sachen sind meine Sachen, und unter den Umständen ärgerte ich mich darüber, daß er mein Geld behielt. Ich dachte, er würde sich so schuldig fühlen, daß er mir das Geld schließlich schicken würde, aber er tat es nicht. Ich habe alles Vernünftige versucht. Ich schickte eine Rechnung. Ich schickte ihm eine frankierte, adressierte Versandtasche, so daß er sie einfach in den Briefkasten stecken konnte. Er will es nicht tun, und ich weiß nicht, warum.«

Darum will er Ihnen Ihre Sachen nicht zurückgeben: Kennen Sie die alte Redensart »Es ist nicht wirklich vorbei, bis es vorbei ist«? Nun, in seiner verdrehten, verworrenen Art zu denken, sind Ihre Sachen seine Rettungsleine zu Ihnen. Er weiß es, und er weiß, daß Sie es wissen. Er hat Sie in die Dünung geworfen, aber das heißt nicht notwendigerweise, daß er will, daß Sie an einem fernen Strand landen. Ehrlich gesagt, hätte er es gern, daß Sie auf ihn warten. Warten worauf? Er hat keine Ahnung. Vielleicht trifft ihn eines Tages der Blitz, und er ändert seine Meinung. Für diesen Fall hat er nun einen Anlaß, wieder mit Ihnen anzuknüpfen. Wieder einmal handelt es sich um ein klares Beispiel für seine Unfähigkeit, sich festzulegen – in jeder Richtung.

12. KAPITEL

Wie man eine bindungsphobische Beziehung vermeidet – Regeln, die man befolgen sollte

Regel Nr. 1: Denken Sie daran, daß er nicht denkt wie Sie.

Man setzt leicht voraus, daß der Bindungsscheue ebenso denkt wie man selbst – aber das ist nicht der Fall. Die Dinge, die dazu führen, daß Sie sich sicher fühlen, vermitteln ihm das Gefühl, zu ersticken. Manches, was Sie als Liebe empfinden, empfindet er als Falle. Zu oft läuft ein Bindungsscheuer weg, nur weil eine Frau ihm das gibt, von dem sie denkt, daß er es will. Diese Art gefühlsmäßiger Ausrichtung funktioniert nicht, und es wird Zeit, daß Sie sich mehr darum kümmern, was *Sie* wollen.

Regel Nr. 2: Sie bestimmen das Tempo.

Ungeachtet, wie verführerisch es ist, daß er Sie von den Füßen reißt und die Führung übernimmt, *Sie* müssen das Tempo der Beziehung kontrollieren – das ist das einzige, um das typische bindungsphobische Szenarium zu vermeiden. Er möchte eine stürmische Romanze – schnell und heftig. Aber nur ein langsames und ständiges Wachstum der Beziehung kann den Grundstein für etwas Dauerhaftes legen. Und das Schlüsselwort hier ist *langsam.* Wenn es zu schnell geht, wird er erschrecken. So einfach ist das. Es ist wichtig, langsam anzufangen, ihn langsam zu akzeptieren, ihm langsam zu vertrauen, langsam das Schlafzimmer zu erreichen. Denken Sie daran: Wenn die Geschichte die Romanze des Jahrhunderts werden sollte, haben Sie ein Jahrhundert lang Zeit, um sie zu genießen. Deshalb werden Sie nicht viel versäumen, wenn Sie die Zügel fest im Griff haben, und Sie können alles gewinnen. Wenn er Ihr langsameres Tempo nicht akzeptieren kann, ist das nur ein weiteres Anzeichen dafür, daß er nicht auf Dauer eingestellt ist.

Regel Nr. 3: Wirklichkeit, nicht Träume.

Wir alle hätten gerne eine Märchenbuch-Romanze, aber wie Sie vielleicht inzwischen gelernt haben, nehmen zu viele dieser Romanzen ein unglückliches Ende. Der Bindungsscheue ist oft ein hoffnungsloser Romantiker, der sich in eine Traumwelt verliert und verzweifelt versucht, Sie dazu zu bringen, sich ihm anzuschließen. Sie können sich auf seine Traumwelt nicht einlassen, so anziehend sie auch sein mag – und sie wird anziehend sein –, weil es sich eben nur um Phantasien handelt. Früher oder später müssen alle Träume enden, und mit einem Bindungsscheuen enden sie für gewöhnlich früher. Eine solide Beziehung beginnt, wächst und reift in der Wirklichkeit. Das ist so, obwohl die Wirklichkeit oft nicht annähernd so anziehend ist (und wie könnte sie das auch sein). Wenn Sie anfangen, die Kontrolle über sich selbst und Ihre Gefühle zu verlieren, sollten Sie sofort anhalten und sich auf einen realistischeren Pfad begeben – ganz schnell.

Regel Nr. 4: Sie müssen verstehen, daß Ihre Liebe ihn nicht ändert – allenfalls Ihre Unabhängigkeit.

Es gibt einen Mythos, an den viele Frauen glauben, genährt von den Filmen der vierziger und den Liebesromanen der achtziger Jahre, nämlich, daß die Liebe einer guten Frau jedes Hindernis überwinden kann. Der durchschnittlichen Frau hat man beigebracht zu glauben, daß sie, wenn sie genug liebt, schließlich für ihre Anstrengungen belohnt wird. Genug lieben heißt völlig treu, loyal, hilfreich usw. zu sein. Halte zu deinem Mann, und er wird erkennen, wie sehr er dich braucht! Das klappt im Film, aber nicht im wirklichen Leben. Er sah dieselben Filme wie Sie und schätzt Ihre Versuche, ihn mit Liebe zu überwältigen, richtig ein – aber *überwältigen* ist hier das Schlüsselwort. All dieses Übermaß an Liebe bewirkt, daß er sich von Furcht überwältigt fühlt.

Andererseits erlaubt Ihre Unabhängigkeit es ihm, zu atmen. Unabhängigkeit und Liebe schließen einander ja nicht aus, aber ein Bindungsscheuer denkt, er ertrinkt, wenn eine Frau ihn mit Liebe überschüttet.

Regel Nr. 5: Bemutterung erstickt.

Es ist leicht, mit diesem Burschen Mitleid zu haben. Er wirkt oft so sensibel und verwirrt – wie ein Kind. Was er braucht, ist ein bißchen mütterliche Fürsorge, nicht wahr? Falsch. In der Minute, in der Sie anfangen, sich um seine Bequemlichkeit zu sorgen, um seinen Schlaf, sein psychisches Wohlbefinden oder seinen Magen, betreten Sie die Gefilde der Bindungsangst. Wenn er sich bemuttert fühlt, fühlt er sich erstickt. Lassen Sie es also.

Merke: Es ist leicht, sich anzugewöhnen, für ihn zu kochen, hinter ihm herzuräumen und alle unerfreulichen Haushaltsdinge von ihm fernzuhalten, wie es seine Mutter in seiner Jugend tat. Aber tun Sie's nicht. Er ist ein vollwertiger Partner in der Beziehung – lassen Sie ihn sich wie einen solchen benehmen.

Regel Nr. 6: Spielen Sie nicht »trautes Heim«.

Wenn Sie nicht verheiratet sind, sollten Sie sich auch nicht so benehmen, als ob Sie es wären. Was heißt das? Ganz einfach: Lassen Sie ihn nicht in die Gewohnheit verfallen, Sie wie eine Ehefrau zu behandeln, während er sich wie ein zeitweiliger Gast benimmt.

Das funktioniert so: Sie, voller Sehnsucht, ihn zu sehen, fragen sonst nach nichts. Ihnen macht es nichts aus, etwas Gutes zu kochen und einen ruhigen Abend zu Hause zu verbringen. Aber oft wird so ein böses Muster festgelegt. Es endet schließlich damit, daß Sie all Ihre weiblichen Fertigkeiten vorführen – fast als hätten Sie den ganzen Tag nichts anderes zu tun, als sich auf ihn vorzubereiten. In der Zwischenzeit kommt er mit diesem »Ich-bin-ja-so-erschöpft«-Ausdruck im Gesicht an, und während er auf der Couch liegt und in die Röhre starrt, führen Sie das Einpersonenstück »Die perfekte Hausfrau« auf. Und das schlimmste ist, daß er tatsächlich den Eindruck gewinnt, daß Sie wirklich nichts Besseres zu tun haben, als für ihn zu sorgen. Das gibt ihm natürlich ein sehr unbehagliches Gefühl. Das ist einfach eine schlechte, ungleichgewichtige Situation. Und oft ist die Frau ebenso schuld daran wie der Mann, wenn nicht sogar stärker.

Trautes Heim zu spielen, wirkt sich nur nachteilig aus.

Regel Nr. 7: Glauben Sie, was er tut – nicht, was er sagt.

Der Bindungsscheue ist ein Mann von vielen Worten und wenig Taten. Lernen Sie die Unterschiede zwischen beidem erkennen. Auch wenn Sie seinen Worten glauben wollen, sollten Sie darauf nicht bauen oder gar (um Himmels willen!) ihretwegen Ihr Leben verändern, ehe er nicht durch Taten diese Worte mit wahrem und auf Dauer angelegtem Inhalt erfüllt. Wenn er das nicht tut, müssen Sie sich mit der Tatsache abfinden, daß seine Worte eben nur Worte waren.

Regel Nr. 8: Halten Sie sich die Türen offen.

Ein ungebundener Mann ist ein ungebundener Mann, unabhängig davon, was Sie denken oder hoffen, daß er es schließlich werden könnte oder werden will. Sie können sich nicht gesellschaftlich von allem absondern – zum Beispiel auch nicht von anderen Männern –, nur weil Sie voraussetzen, daß er mit Ihnen vielleicht die gewünschte Bindung eingehen wird. Zugegeben, Verabredungen zu treffen und gesellschaftliche Kontakte zu haben, kann manchmal eher unangenehm sein, und oft ist es viel einfacher, zu Hause zu sitzen, fernzusehen und an den Mann zu denken, den man liebt. Aber diese Art gesellschaftlicher Isolation ist nicht sinnvoll und kann oft sogar destruktiv sein. Ehe Sie also eine feste Zusage von ihm haben, sollten Sie keine Gelegenheit versäumen, Ihren Bekanntenkreis zu erweitern. Und wenn er eifersüchtig wird? Dann soll er eben etwas dagegen tun.

Regel Nr. 9: Suchen Sie keine Entschuldigungen für sein Verhalten.

Er hatte eine unglückliche Kindheit... er hat eine schwierige Mutter... er wurde nicht genug geliebt... er wurde zu sehr geliebt... er hat zuviel Streß bei der Arbeit... seine Arbeit fordert ihn zuwenig... er hatte eine schlimme erste Ehe... er hatte eine schlimme zweite Ehe usw. usf. Man findet stets eine gute Entschuldigung, um das Verhalten eines bindungsscheuen Mannes zu akzeptieren. Aber so ziemlich *jeder* Mann hatte einige große Probleme in seinem Leben und natürlich auch fast jede Frau. Und viele Männer mit weit größerem persönlichem Streß behandeln Frauen nicht so, wie Bindungsscheue es tun. Seine psychischen Probleme mögen sein bindungsphobisches Verhalten beeinflussen, aber sie rechtfertigen dieses Verhalten nicht. Wenn er Sie verletzt, ist sein Verhalten unentschuldbar, ungeachtet seiner Beweggründe, und es ist nicht Ihre Sache, Amateurpsychiater zu spielen. Kurz gesagt, akzeptieren Sie kein Verhalten, daß inakzeptabel ist, und versuchen Sie auch nicht, es wegzuerklären.

Regel Nr. 10: Übernehmen Sie nicht die Schuld für das Scheitern einer bindungsphobischen Beziehung.

Wenn eine Beziehung scheitert, übernehmen gutwillige Frauen allzuleicht die Schuld und die Verantwortung dafür. Wenn es sich jedoch um einen bindungsscheuen Mann handelt, sollten Sie sich daran erinnern, daß es sich bei diesem Problem nicht um Ihr Problem handelt. Seine Beziehungen scheitern wegen seines inneren Durcheinanders – nicht weil Sie eine schlechte Partnerin sind. Manche dieser Männer sind so gut im Zerstören von Beziehungen, daß sie wie abgehärtete Profis sind. Lassen Sie sich nicht die Schuld zuschieben und nehmen Sie nicht die Strafe für sein Verhalten auf sich.

Regel Nr. 11: Denken Sie an sich selbst.

Am wichtigsten überhaupt ist, daß Sie nie die Tatsache vergessen, daß die wichtigste Person in Ihrem Leben *Sie* sind – jetzt und für immer. Er wird für sich selbst sorgen. Sie müssen für sich sorgen. Sie haben Ihre Bedürfnisse, Ihre Arbeit, Ihre Freunde, Ihre Familie, Ihre Prioritäten, und Sie müssen stets auf sie achten. Sie dürfen sich nicht so von seiner Welt vereinnahmen lassen, daß Sie die Frau aus dem Blick verlieren, die ihn zuerst anzog.

Sie brauchen Raum – physisch und emotional –, und er auch. Sie brauchen Unabhängigkeit, und er auch. Erwarten Sie nicht, daß er seine Freiräume und seine Unabhängigkeit aufgibt, und was Sie auch tun, geben Sie Ihre nicht auf. Sicher, einige Kompromisse sind nötig, aber das erfordert, daß beide Seiten Zugeständnisse zugunsten der Beziehung machen und daß beide Seiten kompromißbereit sind.

Fürchten Sie nicht, daß Ihre Unabhängigkeit und Ihre Selbstbehauptung ihn beleidigen, ihn entfremden oder ihn sich abwenden lassen. Er mag sich darüber beklagen, aber glauben Sie mir, wenn Sie sich um Ihr eigenes Wohl kümmern (was für Sie selbst auf alle Fälle besser ist), ist es sogar *weniger* wahrscheinlich, daß *Sie* seine bindungsphobischen Ängste auslösen.

Regel Nr. 12: Sagen Sie nicht »Ich kann mich nicht ändern«.

Ein letzter Rat: Allzuoft treffe ich eine Frau, die am Ende einer besonders schmerzlichen Beziehung mit einem Mann, der sich nicht binden kann, steht, und sie sagt mir: »Ich kann mich einfach nicht ändern. Eines Tages werde ich einen Mann treffen, der mich so schätzt, wie ich bin – der mich aus den richtigen Gründen liebt.« Manchmal trifft dieselbe Frau dann einen anderen Mann, ist ebenso vertrauensselig, ebenso verletzlich, ebenso willig, sich auf sein Szenarium einzulassen, und wird aufs neue verletzt.

Ich habe eine angemessene Zahl von Veränderungen empfohlen, die meinem Gefühl nach entscheidend für das Wachsen einer Beziehung sind. Aber wenn ich davon rede, etwas zu ändern, rede ich nicht davon, jene Grundeigenschaften zu ändern, die Sie erst zu dem machen, was Sie sind. Ich möchte keineswegs empfehlen, daß Sie, oder irgendeine Frau überhaupt, den Kern ändern, der ihre Persönlichkeit ausmacht. Im Gegenteil – ich bitte Sie dringend, besser auf diesen Kern aufzupassen.

Ironischerweise sind es dieselben Frauen, die sagen, sie könnten sich nicht ändern, die sich viel zuviel ändern in dem Bemühen, die perfekte Geliebte, Ehefrau, Mutterfigur zu werden, die der Bindungsscheue zu wollen scheint. Mit anderen Worten, sie hören auf, sich wie sich selbst zu benehmen, wenn sie eine Beziehung eingehen. Wenn Sie zu diesen Frauen gehören, müssen Sie erkennen, *daß* Sie sich ändern – aber zum Negativen hin. Statt dessen bitte ich Sie, die Art von vernünftigeren, positiven Veränderungen zu vollziehen, die es Ihnen erlauben, sich zu schützen. Das heißt nicht, daß Sie weniger liebevoll, weniger aufrichtig, mehr manipulierend, weniger weiblich werden müssen. Es heißt vielmehr, daß Sie ganz besonders auf die Eigenschaften achten müssen, die für Ihr Persönlichkeitsbild wesentlich sind, und sich nicht in eine Beziehung stürzen dürfen, bevor Sie nicht wissen, daß diese Eigenschaften an Ihnen geschätzt werden. Vertrauen Sie Ihren Instinkten und seien Sie vorsichtig. Wenn Sie Ihre Beziehung langsam und behutsam aufbauen, ist die Wahrscheinlichkeit unendlich größer, daß Sie zu einer festen, lang dauernden Liebe finden.

ANHANG

Wenn er um Hilfe bittet

Ein Führer zur Behandlung der Bindungsangst

In einer vollkommenen Welt wäre jede Beziehung eine Angelegenheit des fünfzig zu fünfzig, in der beide Partner gleich große Anstrengungen machen, mit ihren Schwierigkeiten fertig zu werden. Wenn ein Problem wie die Bindungsangst auftritt, sind viele Männer unglücklicherweise nicht geneigt, derartige Anstrengungen zu unternehmen. Denn Sie müssen wissen, daß unglücklicherweise viele dieser Männer sich nicht wirklich ändern *wollen* – wenigstens nicht so sehr. Es ist keineswegs so, daß diese Männer ihren eigenen Lebensstil uneingeschränkt toll finden – oft sind sie recht einsam und deprimiert. Es ist nur so, daß ihnen das Gegenteil – die Bindung eben – noch viel schlimmer erscheint. Aus diesem Grund habe ich bis hierher immer hervorgehoben, wie Sie sich angesichts dieses Problems verhalten sollten.

Aber manche Männer wollen sich wirklich ändern oder versuchen wenigstens, sich zu ändern, besonders wenn sie mit einer Frau zusammen sind, die sie nicht verlieren wollen. Vielleicht können Sie sich an eine Gelegenheit erinnern, als ein Mann Ihnen gegenüber diesen Wunsch aussprach (wahrscheinlich mit Tränen in den Augen). Unglücklicherweise hatten Sie wahrscheinlich nicht die leiseste Idee, was Sie ihm sagen sollten, deshalb ließen Sie's gut sein und hofften, daß sein Wunsch, sich zu ändern, genug sein würde. Aber das war eben nicht der Fall.

Nur weil ein Mann den Wunsch ausdrückt, etwas wegen seines Problems in bezug mit Bindungen zu unternehmen, können Sie nicht voraussetzen, daß er auch tatsächlich fähig ist, selbst irgendwelche positiven Veränderungen herbeizuführen. Und Sie können das auch nicht als ein Signal nehmen, daß Sie die Rolle des Therapeuten übernehmen und versuchen sollten, ihn zu ändern. Sie sollten *nie* versuchen, ihn zu ändern, Sie können nur die Art, wie Sie mit ihm umgehen, ändern, um sich zu schützen und auf sich achtzugeben. Aber wenn er wirklich gewillt ist, etwas gegen sein Problem zu tun, steht professionelle Hilfe durch eine Vielzahl erfahrener Therapeuten zur Verfügung.

In diesem Kapitel will ich die spezielle Art von Hilfe, die es für Phobiker gibt, kurz zusammenfassen. Aber ein Wort zur Warnung: In diesem Kapitel geht es um Möglichkeiten, für *ihn* etwas gegen sein Problem zu tun. *Sie* können ihn nicht zum Therapeuten schleppen, und *Sie* können nicht für ihn einen Termin ausmachen. *Er* muß die Initiative ergreifen; er muß gehen, weil *er* gehen will; *er* muß die Verantwortung für seinen eigenen Wandel übernehmen. Alles, was Sie tun können, ist, zu helfen, ihn in die richtige Richtung zu lenken, seine Anstrengungen zu unterstützen und ihm alles Gute zu wünschen.

Phobie-Therapie: eine Vielzahl von Ansätzen

Im Verlauf dieses Buches habe ich erläutert, daß Bindungsangst eine echte Phobie ist, mit allen körperlichen und psychischen Symptomen. Ich habe auch viele Belege angeführt, die diese Einschätzung bestätigen. Aber wenn wir es mit einer echten Phobie zu tun haben, dann müssen wir sie auch entsprechend behandeln. Mit anderen Worten, ich glaube, daß es bei einem Problem wie diesem nicht einfach jede alte Therapie tun wird; um die größten Erfolgsaussichten zu gewährleisten, muß Bindungsangst meiner Meinung nach wie eine echte Phobie behandelt werden.

Es gibt nicht nur eine einzige Methode, um jede Art von Phobie zu behandeln. Es existiert eine Vielzahl therapeutischer Ansätze, jeder mit Vor- und Nachteilen. Zwar sind einige dieser Techniken bisher noch nicht für die Behandlung der Bindungsangst eingesetzt worden, aber es gibt keinen Grund für die Annahme, daß sie hier nicht ebenso effektiv sein könnten wie bei der Behandlung anderer Phobien auch. Auf den folgenden paar Seiten finden Sie eine kurze Zusammenfassung der populärsten Arten der Phobie-Behandlung. Es ist nicht meine Aufgabe, hier diese verschiedenen Arten zu bewerten; ich möchte Sie lediglich darüber informieren, welche Möglichkeiten Ihnen offenstehen. Der richtige »Ansatz« für einen Mann ist der, den er am einfachsten und hoffentlich am hilfreichsten findet.

Psychoanalyse/Psychotherapie

Der psychoanalytische Ansatz zur Behandlung von Phobien beruht auf der Annahme, daß sich Phobien entwickeln, wenn eine verdrängte Angst plötzlich an die Oberfläche kommt. Diese Angst stammt, entsprechend der psychoanalytischen Theorie, aus ungelösten, unterdrückten emotionalen Konflikten aus sexueller und/oder aggressiver Natur, im typischen Fall aus der Kindheit.

Der Analytiker geht davon aus, daß die Phobie verschwinden wird, wenn diese Konflikte aufgedeckt und gelöst werden. Deshalb ist es Aufgabe des Analytikers, dem Patienten zu helfen, tief in seine emotionelle Vergangenheit einzutauchen, auf der Suche nach diesen begrabenen Konflikten, und dem Patienten zu helfen, diese Konflikte zu bewältigen, wenn sie erst einmal enthüllt sind.

Während eine strenge Psychoanalyse Jahre dauern kann, bringen verschiedene modifizierte psychotherapeutische Techniken oft innerhalb einer relativ kurzen Zeitspanne positive Ergebnisse.

Verhaltenstherapie

Verhaltenstherapeuten glauben, daß der beste Weg zur Behandlung von Phobien darin besteht, die Symptome zu behandeln, nicht die angebliche Quelle dieser Symptome. Die Theorie hinter den verschiedenen verhaltenstherapeutischen Techniken ist, daß phobische Angst reduziert oder ausgemerzt werden kann, wenn der Patient kontinuierlich der Quelle seiner Furcht ausgesetzt wird (natürlich unter entsprechender Kontrolle). Die verbreitetsten verhaltenstherapeutischen Techniken sind die folgenden:

Systematische Desensibilisierung

Ziel der systematischen Desensibilisierung ist es, die Angst durch einen Prozeß der kontinuierlichen Konfrontation und der positiven Verstärkung abzubauen. Wenn Patienten sich einer systematischen Desensibilisierung unterziehen, ist das erste, was sie lernen, wie sie ihre Angst durch tiefes Atmen, Meditation, Muskelkontrolle und andere Entspannungstechniken unterdrücken. Als nächstes wird der Patient gebeten, eine Rangfolge furchteinflößender Situationen aufzustellen, damit man eine Hierarchie seiner Ängste entwickeln kann.

Bei der Arbeit mit dem Therapeuten wird der Patient veranlaßt, sich jede dieser Situationen vorzustellen, immer je eine, in der Reihenfolge zunehmender Furcht. Bei jedem Schritt werden die verschiedenen Entspannungstechniken angewandt, um die Angst zu neutralisieren. Wenn der Patient an irgendeinem Punkt unkontrollierbar ängstlich wird, wird er angewiesen, zu einem weniger furchteinflößenden Szenarium zurückzukehren, zu entspannen und dann wieder vorwärtszugehen. Am Ende sollte der Patient in der Lage sein, sich die furchteinflößendste Situation vorzustellen und dabei dennoch ruhig zu bleiben. Dieser Prozeß wird immer wieder wiederholt, um dieses Gefühl der Gelassenheit zu verstärken. Schließlich hofft man, daß der Patient den Punkt erreicht, wo er fähig ist, dieser Situation auch in Wirklichkeit gegenüberzutreten, ohne ängstlich zu werden oder in Panik zu verfallen.

Für einen Mann, der Bindungen fürchtet, sieht seine Beziehungsangst-Hierarchie (denken Sie daran, er hat wahrscheinlich ebensogut noch andere Bindungsängste) vom am wenigsten bis zum am meisten furchteinflößenden Punkt vielleicht folgendermaßen aus:

Einer Frau vorgestellt werden
Eine Frau zum erstenmal um eine Verabredung bitten
Zum ersten Rendezvous gehen
Mehrere Verabredungen mit derselben Frau haben
Mit einer Frau schlafen
Eine monogame Beziehung haben
Zusammenleben
Sich verloben
Heiraten
Eine Familie haben

In-vivo-Desensibilisierung

Für viele Phobiker ist die In-vivo-Desensibilisierung eine noch effektivere Art, phobische Angst zu neutralisieren. Anstatt sich die Situationen in der Angsthierarchie vorzustellen, wird bei dieser Methode der Patient ermutigt, sich wirklich diesen Situationen auszusetzen und sich langsam die Leiter hochzuarbeiten. Bei dieser Methode der Behandlung von Bindungsangst wird der Therapeut den Patienten wahrscheinlich ermutigen, sich langsam durch die vielen Schritte hindurchzuarbeiten, die zu einer festen monogamen Beziehung führen (natürlich unter Mitarbeit der Frau). Wie bei der systematischen Desensibilisierung werden Entspannungstechniken auch bei der In-vivo-Desensibilisierung benutzt, um die Angstreaktion auf jeder Ebene der Hierarchie zu kontrollieren.

Überflutung und Implosion

Zwei andere populäre Verhaltenstherapien sind Überflutung und Implosion. Die Theorie hinter diesen beiden Arten der Verhaltensmodifizierung ist, daß der beste Weg, Angst zu überwinden, darin besteht, ihr bewußt die Stirn zu bieten und sie zu empfinden, anstatt sie zu verdrängen.

In der Überflutungstherapie wird der Patient unter der Aufsicht des Therapeuten ermutigt, während einer längeren Zeitspanne direkt seinem phobischen »Auslöser« gegenüberzutreten. Wenn ein Mann Angst vor Bindungen hat, könnte der Therapeut ihn ermutigen, dieser Furcht bewußt zu begegnen, indem er sich sozusagen mit einer monogamen Beziehung »überflutet« (wieder mit Unterstützung der Frau). Von Vermeidung oder Flucht soll er dabei abgebracht werden. Man hofft, daß die Angst sich so schließlich »selbst ausbrennt« und der Patient keine Furcht mehr empfindet.

Bei der Implosionstherapie konfrontiert der Therapeut die Patienten unmittelbar mit ihren Ängsten, indem er sie über eine längere Zeitspanne hinweg verbal erschreckt. Es ist nicht erlaubt, zu weinen oder sich zu weigern, die Sitzung fortzusetzen, da beides als Fluchtversuch betrachtet wird. Theoretisch solle das Endresultat der Implosion dasselbe Resultat sein, das von der Überflutungstherapie erwartet wird: »Ausbrennen« der Angst, Erschöpfung, keine Furcht mehr.

Weitere verhaltenstherapeutische Techniken

Zu den weiteren Techniken der Verhaltensmodifizierung gehören Hypnosetherapie, Atem- und Entspannungsübungen, Modell-Therapie und Biofeedback. Den möglichen Nutzen jeder dieser Techniken sollte der Bindungsscheue mit seinem Therapeuten erörtern.

Behandlung mit Medikamenten

Immer mehr Hinweise legen den Gedanken nahe, daß die meisten (wenn nicht alle) Phobien auch wenigstens einige *physiologische* Komponenten haben – seien sie nun chemisch, anatomisch oder durch andere noch unbekannte Faktoren bedingt. Es wurde auch schon die Meinung vertreten, daß bestimmte Personen eine physiologisch bestimmte Anlage für Phobien haben – einen hypersensitiven Angstmechanismus, der sie für derartige Probleme anfälliger macht. (Diese Themen wurden zum Beispiel behandelt in »The Anxiety Disease« von Dr. David Sheehan, Verlag Scribner 1983, und in »Phobia Free« von Dr. Harold Levinson und Steven Carter, Verlag Evans 1986.)

Unter diesen Aspekten sollte es nicht überraschen zu erfahren, daß viele Psychiater große Erfolge bei der Behandlung von Phobien mit Medikamenten oder Diätmaßnahmen haben. Die Wirksamkeit dieses Therapieansatzes sollte mit einem oder mehreren qualifizierten Ärzten diskutiert werden, und es sollte nie eine medikamentöse Therapie unternommen werden ohne die Leitung und Aufsicht eines berufenen Arztes.